一代儒宗钱大昕

一代儒宗钱大昕
纪念展特辑

嘉定博物馆 编

一代儒宗 钱大昕 纪念展特辑

嘉定博物馆 编

一代儒宗——钱大昕纪念展

主办单位

嘉定博物馆

协办单位

观雪斋

上海翥云艺术博物馆

『明止堂』中国字砖陈列馆

嘉定区外冈镇文化体育服务中心

展览总策划

姚　强

学术支持（按姓氏笔画为序）

王光乾　朱明岐　李经国　周　嘉

顾建清　徐征伟　陶继明

策展人

林介宇

项目负责

朱匀先

展览实施

诸　雯　马剑颖　叶　婷　杜以志　李　达

张行刚　金晓红　郭明月　罗一农

展　务

慕　颖　王佳佳　王前坤　王碧云　田崇新

朱　青　张婷钰　周海韵

社会教育

袁晔珺　王晓珺　陈　蓉　顾　旭　程燕妮

本书编委会

主　任

姚　伟

副主任

陈　菲

统筹

朱匀先

主　编

林介宇

委　员（按姓氏笔画为序）

王光乾　叶　婷　田崇新　朱匀先　朱明岐

杜以志　李经国　陈　菲　林介宇　周　嘉

姚　伟　袁晔珺　徐征伟　诸　雯　慕　颖

图录文字整理（按姓氏笔画为序）

王光乾　李经国　林介宇　徐征伟　郭明月

前言

钱大昕（一七二八—一八〇四），字晓征，号辛楣，又号竹汀，江苏嘉定（今属上海）人。清代著名经史学家、文学家、教育家，乾嘉学派代表人物。乾隆十六年（一七五一），乾隆帝首次南巡，钱大昕迎驾献赋，得到赏识，特赐为举人，授内阁中书。乾隆十九年（一七五四）中进士，先后任翰林院编修，右春坊右赞善，山东、湖南、顺天乡试主考官，官至詹事府少詹事。

钱大昕早年以诗赋享誉文坛，与王昶、曹仁虎、王鸣盛、吴泰来、赵文哲、黄文莲合称『吴中七子』。

钱大昕博通经学，考辨审实，造诣精深。江藩在《汉学师承记》中称赞他『不专治一经而无经不通，不专攻一艺而无艺不精』。凌廷堪更称之为『一代儒宗』，认为钱氏之学『体大思精，识高学粹，集通儒之成，祛俗儒之弊，直绍两汉』（《校礼堂文集》卷二十四）。钱大昕于史学锲而不舍，撰成其史学代表作《廿二史考异》。该书以实事求是为原则，对《史记》《汉书》至《金史》《元史》等二十二部正史进行全面考证、辨异、校勘、补遗，开清代史学考证之先河。钱大昕治学范围博大，不仅于经学、史学有突出贡献，对小学、算学、校勘学、金石学等均有深入研究，造诣精深。他极重视金石碑版的搜求，认为金石之学对于考史补史极为重要。梁启超论清代学术，称金石学在清代『彪然成一科学』，顾炎武为该学之滥觞，而继起诸大家则首推钱大昕。

钱大昕性情宽和，与当时的名公巨卿、硕学宿儒多有交谊，如纪昀、王鸣盛、王昶、戴震、赵翼、翁方纲、曹仁虎、朱筠、段玉裁、毕沅、阮元、程晋芳、陆锡熊、卢文弨、姚鼐等，构建了庞大的交游圈。

致仕后，钱大昕先后出任南京钟山书院、太仓娄东书院、苏州紫阳书院院长，执掌杏坛几三十年，作育英才，树人树德。受业于钱大昕门下者二千余人，都秉承实事求是的精神，钻研实学，形成了影响深远的潜研学派。

此外，钱大昕不仅自身成就斐然，他还引领其弟、其子、其侄倾心向学，铸就了一个声名显赫的学术世家。江藩《国朝汉学师承记》中对嘉定钱氏家族做出这样的评价：『先生之弟大昭，从子塘、坫、东垣、绎、侗，子东壁、东塾，一门群从皆治古学，能文章，可谓东南之望矣。』

基于上述认识，嘉定博物馆联合上海图书馆、观雪斋、上海翥云艺术博物馆、明止堂中国字砖陈列馆，共同举办『一代儒宗——钱大昕纪念展』，借以传播优秀传统文化，展示江南文化魅力，为打造上海文化品牌贡献力量。

目录

前言 1

壹 钱大昕墨迹与著作 1

钱大昕隶书七言联 2
钱大昕隶书轴 3
钱大昕行书轴 4
钱大昕《竹石灵芝图》轴 5
钱大昕楷书扇面 6
王敬铭山水轴 钱大昕等题跋 7
钱大昕致毕沅书札 8
钱大昕致毕沅书札 10
钱大昕致卢登焯书札 12
钱大昕致王昶书札 14
钱大昕致冯集梧书札 16
钱大昕致听松书札 18
钱大昕致听松书札 19
钱大昕致王鸣韶书札 20
钱大昕致张夔书札 22
钱大昕先生手简十五通 23
钱宫詹帖册 52
钱大昕撰《嘉定钱氏潜研堂全书》二十一种 92
钱大昕撰《元史艺文志》四卷 92
钱大昕撰《天一阁碑目》不分卷 93
钱大昕撰《十驾斋养新录》二十卷《十驾斋养新余录》三卷 93
钱大昕撰《廿二史考异》一百卷 94
钱大昕撰《潜研堂金石文跋尾续》七卷 94

贰 钱大昕师友弟子手迹 95

秦大成行书轴 96
周颢竹石图册页 97
王鸣盛行草七言联 98
瞿中溶花卉轴 99
阮元行书横幅 100
王尔达致曹仁虎诗札 102
王元勋致曹仁虎诗札 104

曹学闵致钱大昕书札 106
卢文弨致钱大昕书札 108
谈泰致钱大昕书札 110
严元照致钱大昕书札 112
沈德潜致沈廷芳书札 114
袁枚致汪大榅书札 116
吴骞书札 118
翁方纲致丁兆隆书札 120
朱筠书札 122
程瑶田致汪梧凤书札 123
孙星衍致法式善书札 124
钱维乔致钱大昕书札 126
陈鸿寿致吴文澂书札 128
王昶致王鸣盛书札 130
黄易至武亿书札 132
伊秉绶致黄海书札 134
王鸣韶致钱大昕书札 135
李锐致何元锡书札 136
李赓芸致钱大昕书札 138
纪昀书札 140

叁 钱氏子弟及相关文献 141
钱坫篆书五言联 142
金启绘《钱坫像》轴 143
钱东塾、许荫基书画立轴 144
钱侗行书轴 145
钱庆曾隶书中堂轴 146
钱大昕墓志铭并盖 147

肆 图版释文 149

錢大昕

壹

钱大昕墨迹与著作

钱大昕隶书七言联
嘉定博物馆藏

名酒过於求赵璧

异书浑似耤荆州

竹汀钱大昕

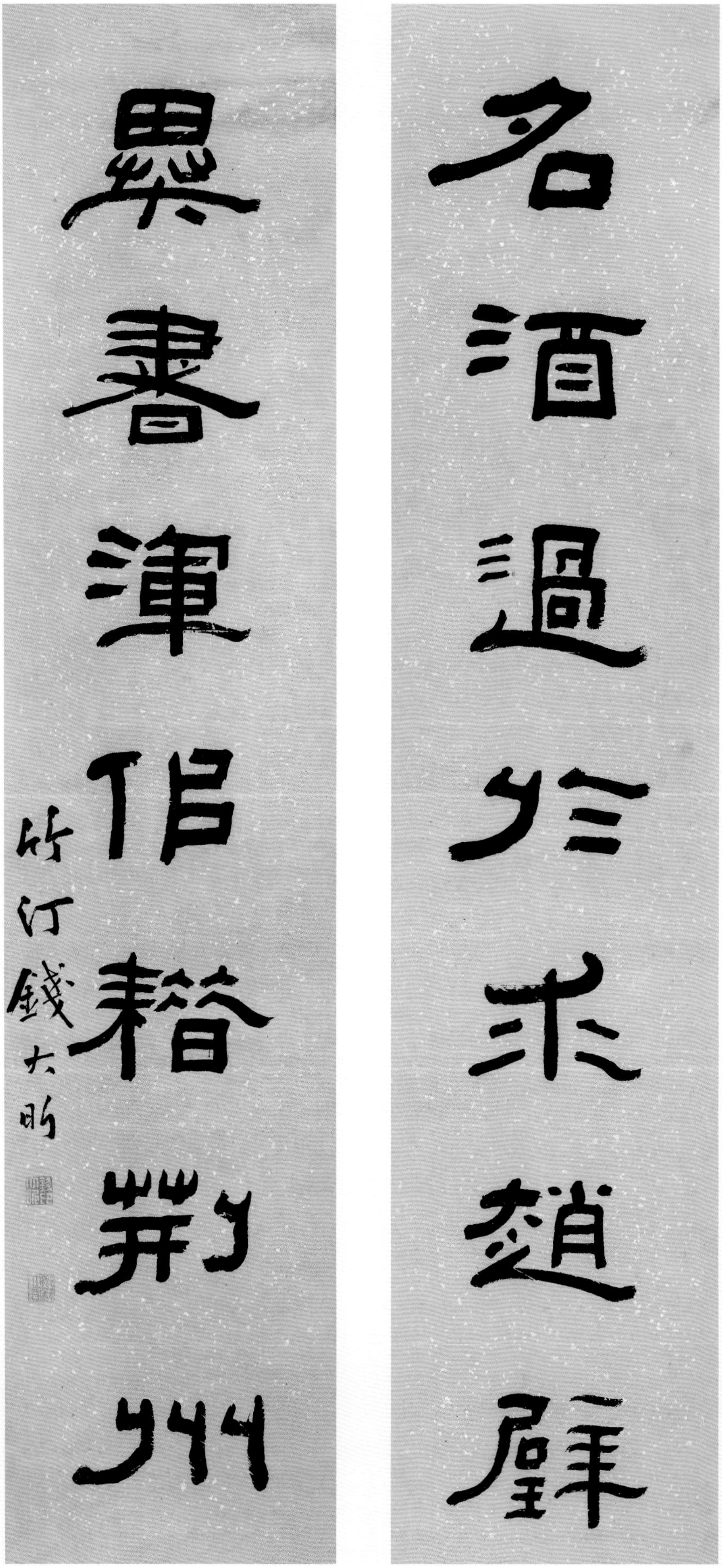

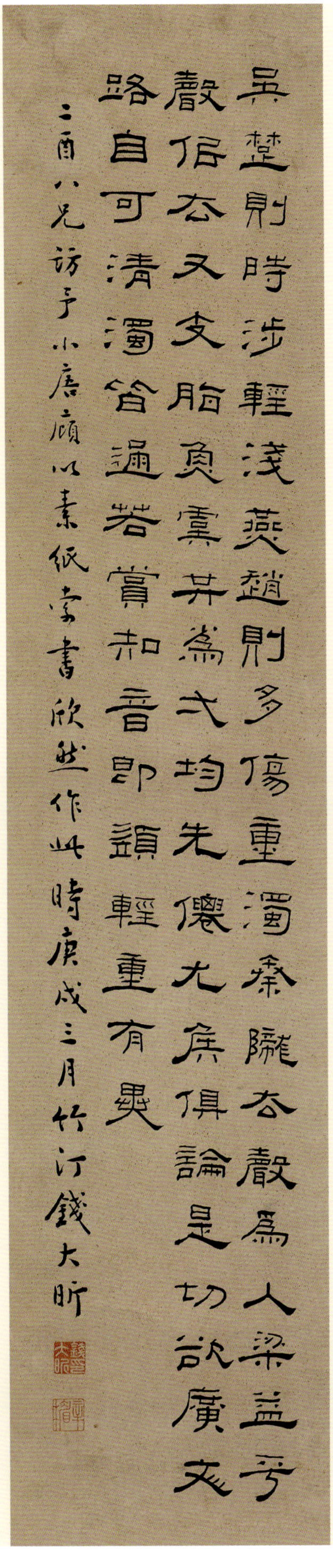

钱大昕隶书轴
嘉定博物馆藏

钱大昕行书轴
嘉定博物馆藏

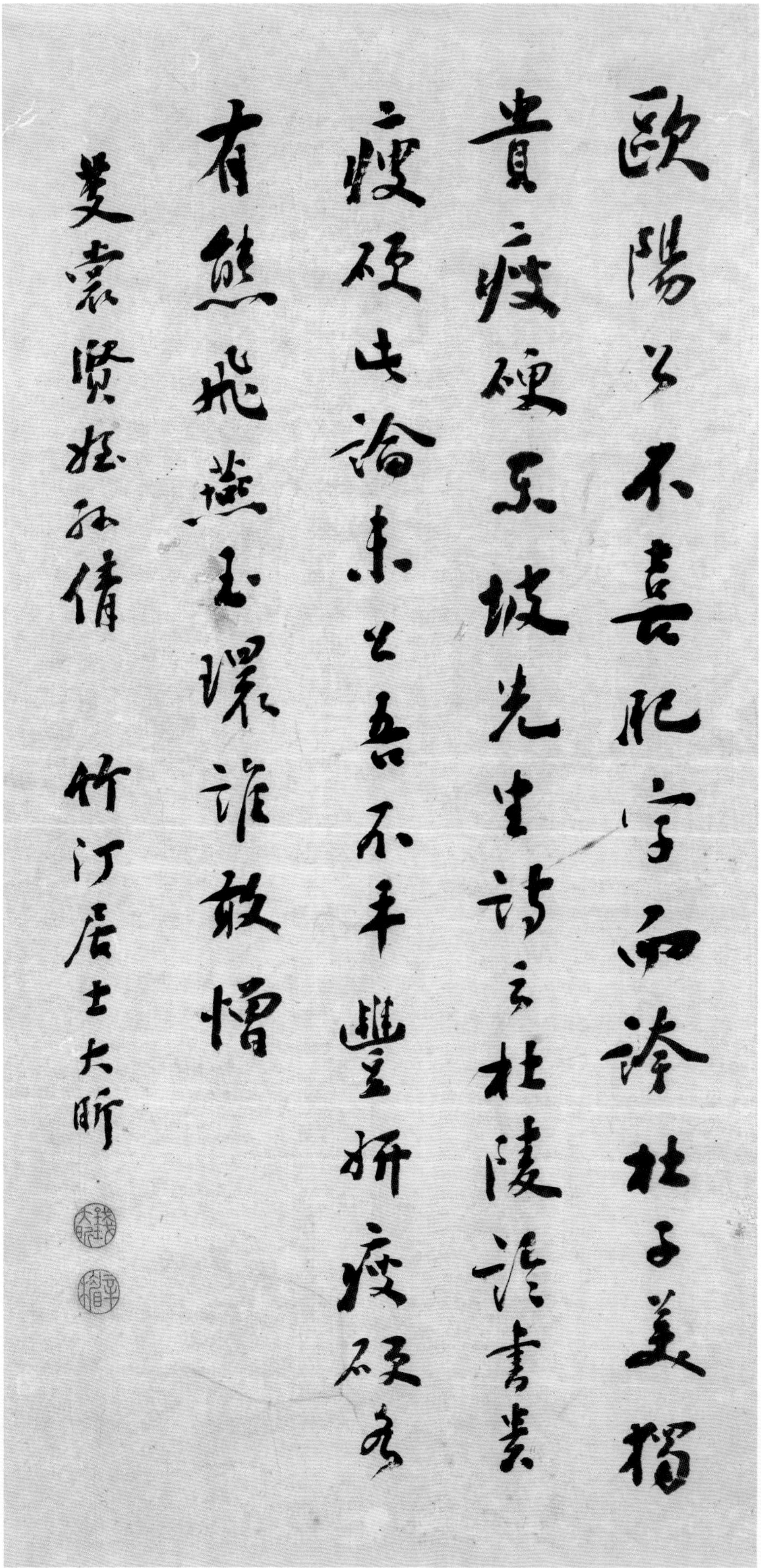

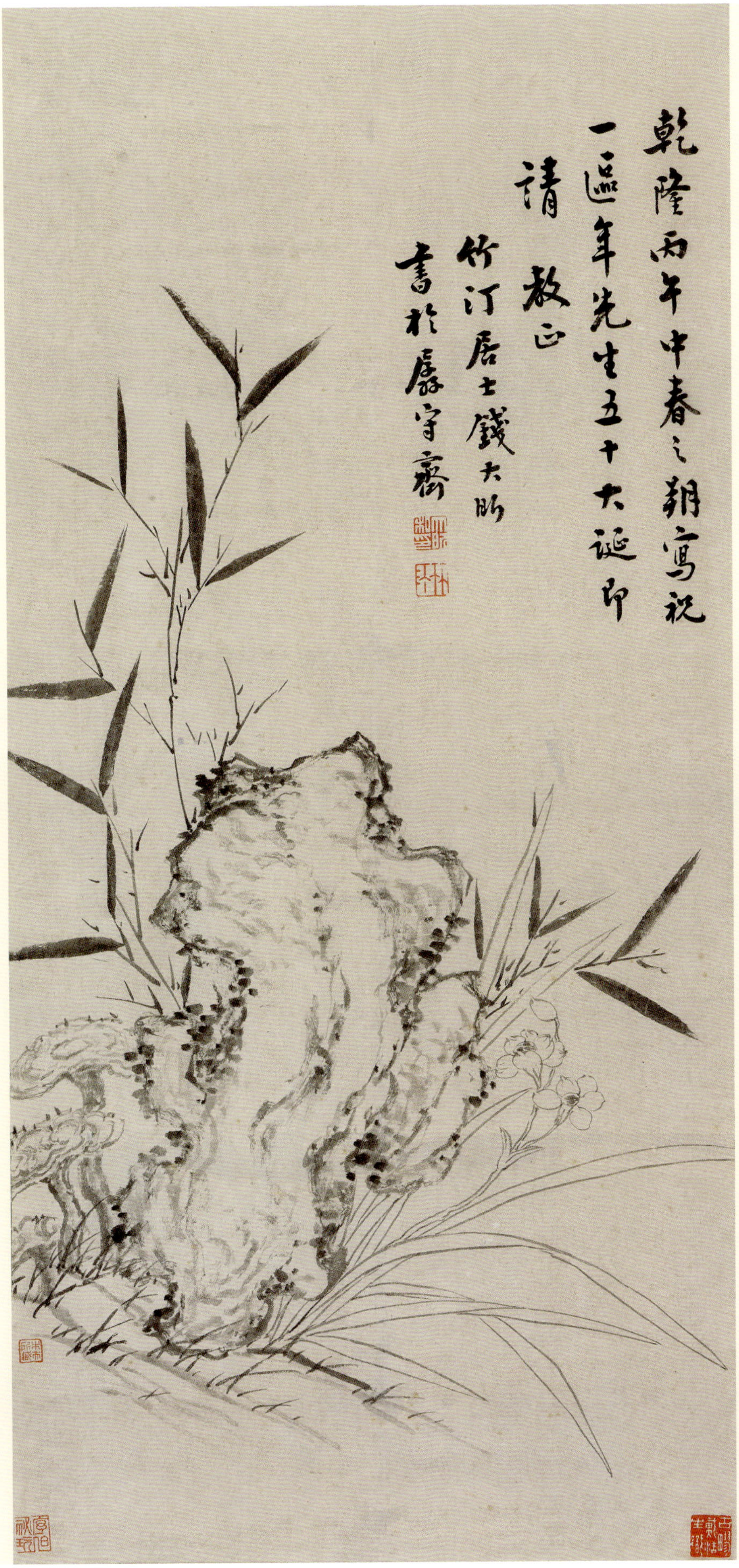

钱大昕《竹石灵芝图》轴
嘉定博物馆藏

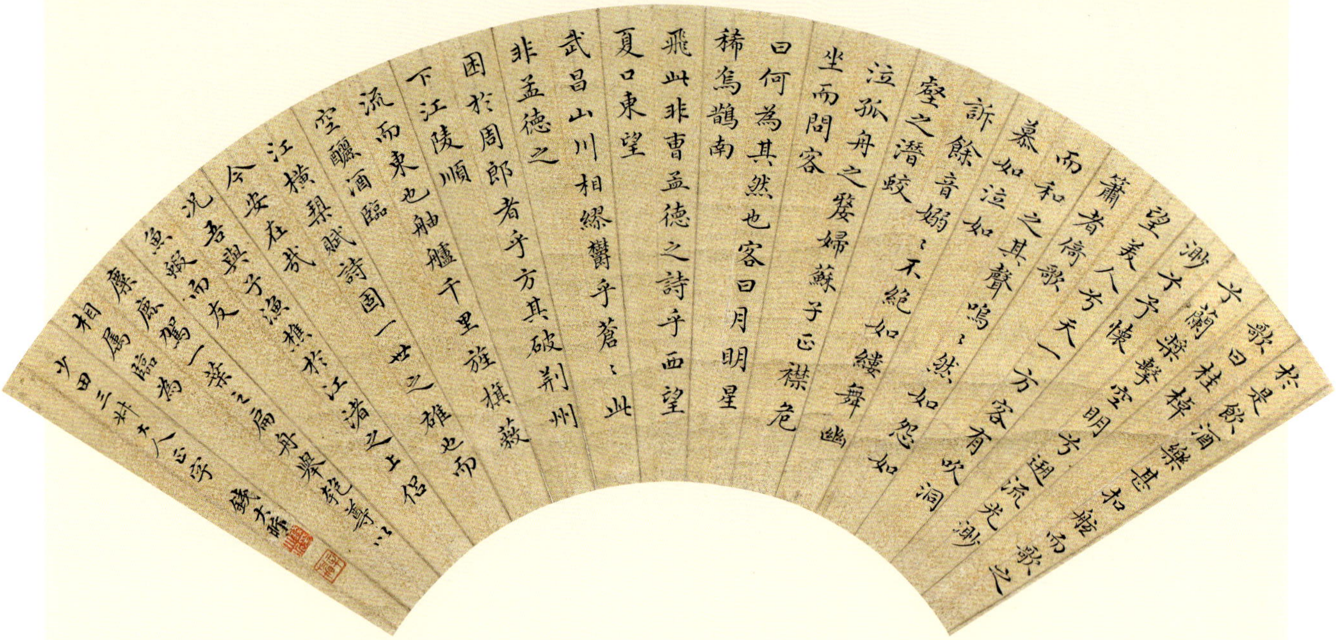

钱大昕楷书扇面
上海翥云艺术博物馆藏

王敬铭山水轴
钱大昕、王鸣盛、余绍宋题跋
嘉定博物馆藏

王敬铭（一六六八—一七二一），字丹思，号未岩，别号味闲，嘉定（今属上海）人。康熙五十二年（一七一三）恩科状元。工山水，清腴闲远。

此作品原系王鸣韶旧藏，辗转近二百年后为王元增所得，后捐赠给嘉定博物馆。上有钱大昕、王鸣盛与余绍宋题跋。

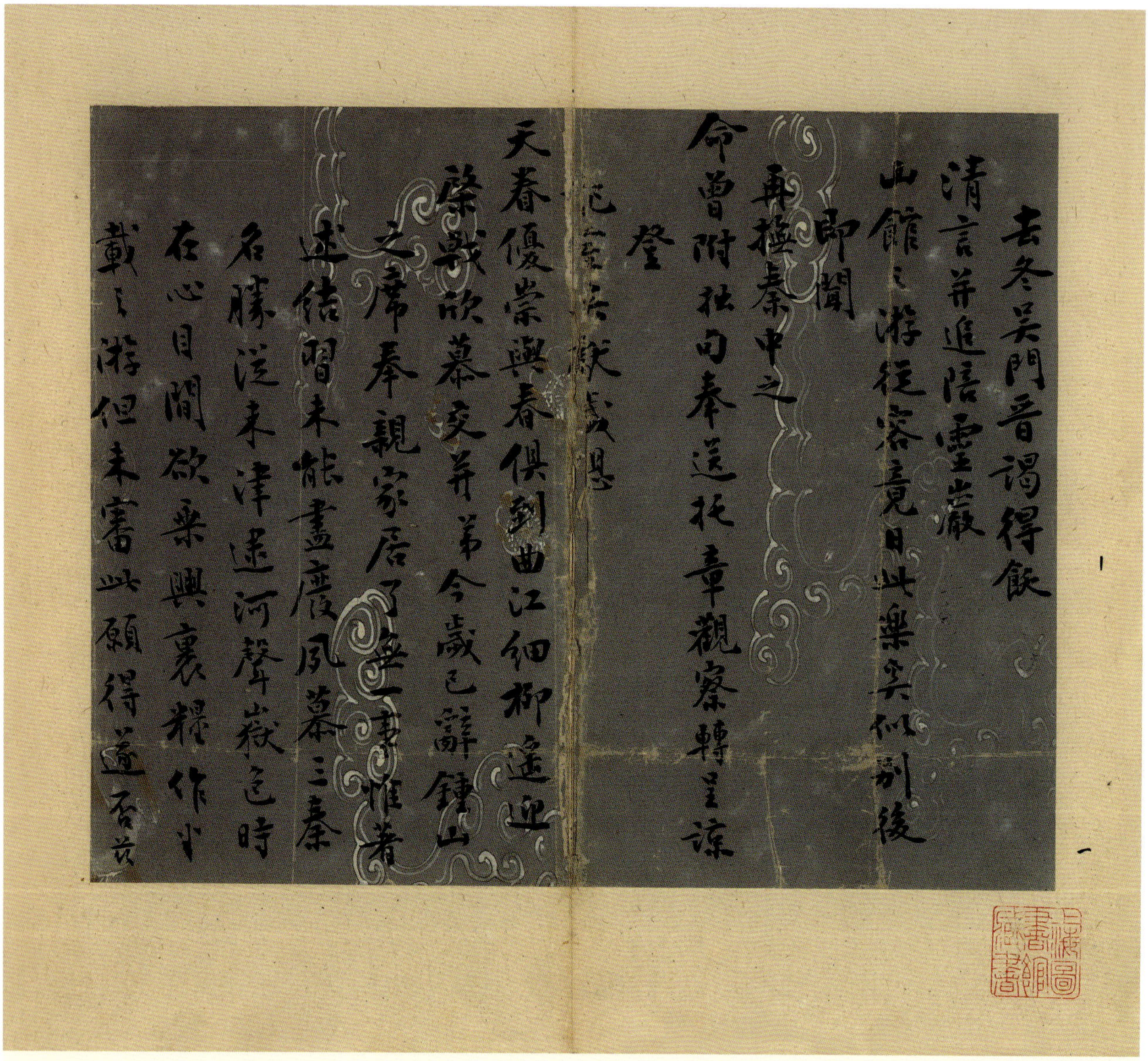

去冬吴門晋謁得飫
清言并進陪靈巖
山館之游從容竟日此樂實似別後
即聞
再撫秦中之
命曾附杜句奉送柁韋觀察轉呈諒
登
記室矣新歲想
天眷優崇與春俱到曲江細柳逢迎
榮戟欣慕交并弟今歲已辭鍾山
之席奉親家居了無一事惟著
述結習未能盡廢風慕三秦
名勝從未津逮河聲嶽色時
在心目間欲乘興裹糧作半
載之游但未審此願得遂否茲

钱大昕致毕沅书札
上海图书馆藏

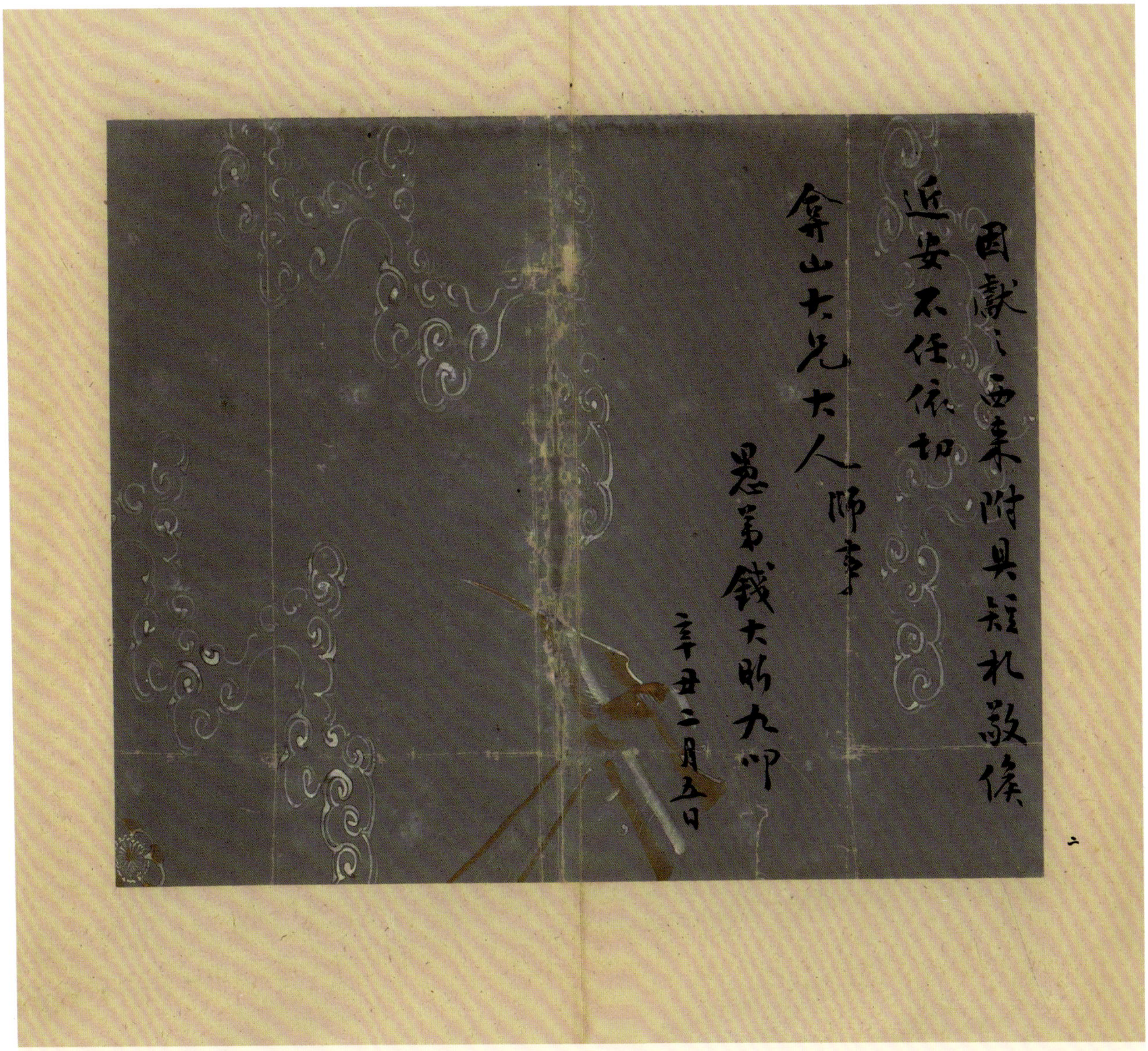
因獻之西來附具疑札敬候
近安不任依切
弇山大兄大人 師事
愚弟錢大昕九叩
辛丑二月五日

毕沅（一七三〇—一七九七），字秋帆，镇洋县（今属江苏太仓市）人。乾隆二十五年（一七六〇）状元。官至河南巡抚、湖广总督。

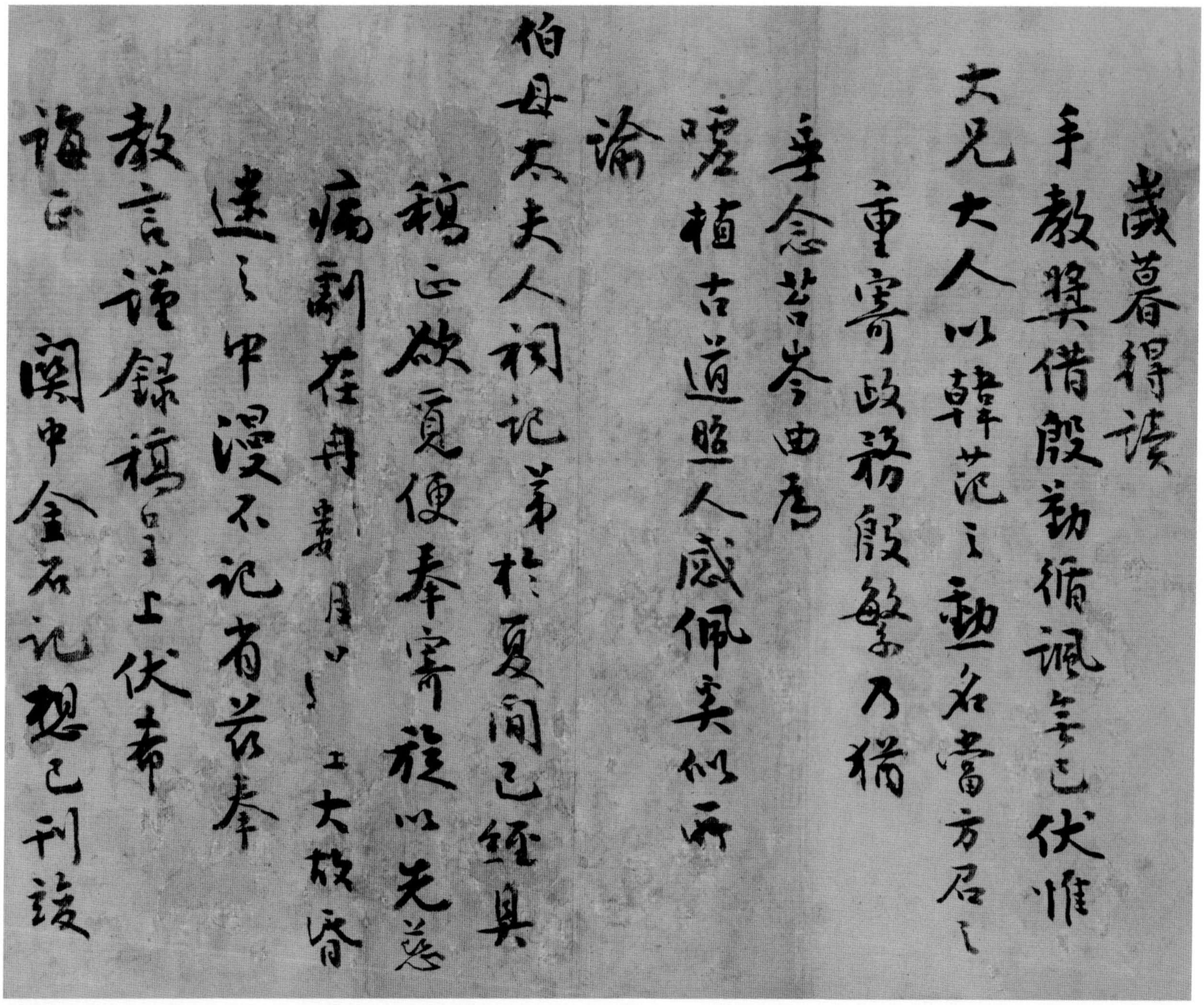
歲暮得讀
手教獎借殷勤循諷無已伏惟
大兄大人以韓范之勳名當方岳之
重寄政務殷繁乃猶
垂念苔岑曲爲
嘘植古道照人感佩奚似所
諭
伯母太夫人祠記弟於夏間已經具
稿正欲覓便奉寄旋以先慈
病劇在舟裏月以[illegible]丁大故昏
迷之中漫不記省茲奉
教言謹錄稿呈上伏希
誨正　閱中金石記想已刊竣

钱大昕致毕沅书札
上海图书馆藏

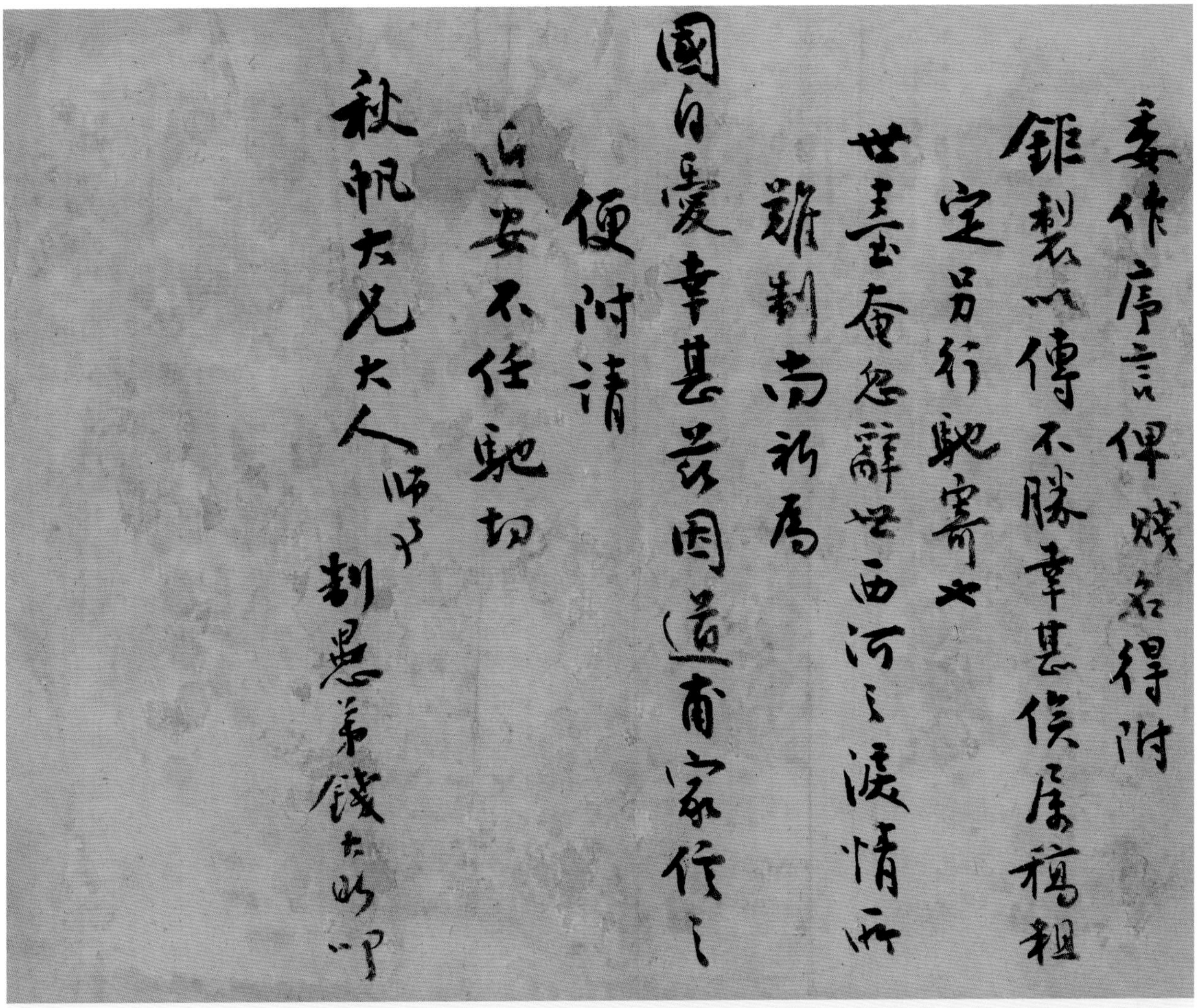

委作序言俾賤名得附
鉅製以傳不勝幸甚僕屢稿粗
定另行馳寄也
世基奄忽辭世西河之淒情所
難制南行屬
國自愛幸甚甚因道甫家信之
便附請
近安不任馳切
秋帆大兄大人閣下
制愚弟錢大昕叩

別後忽又易秋而冬迴思
題襟花袂之樂嵩塵不
遠時在心目間
三兄書城坐擁評衣品硯
定多樂趣 弟到家後似
務碌碌刻無寧晷近惟
精眼可以整理筆墨而
天寒日短工夫有限聊以

钱大昕致卢登焯书札
上海图书馆藏

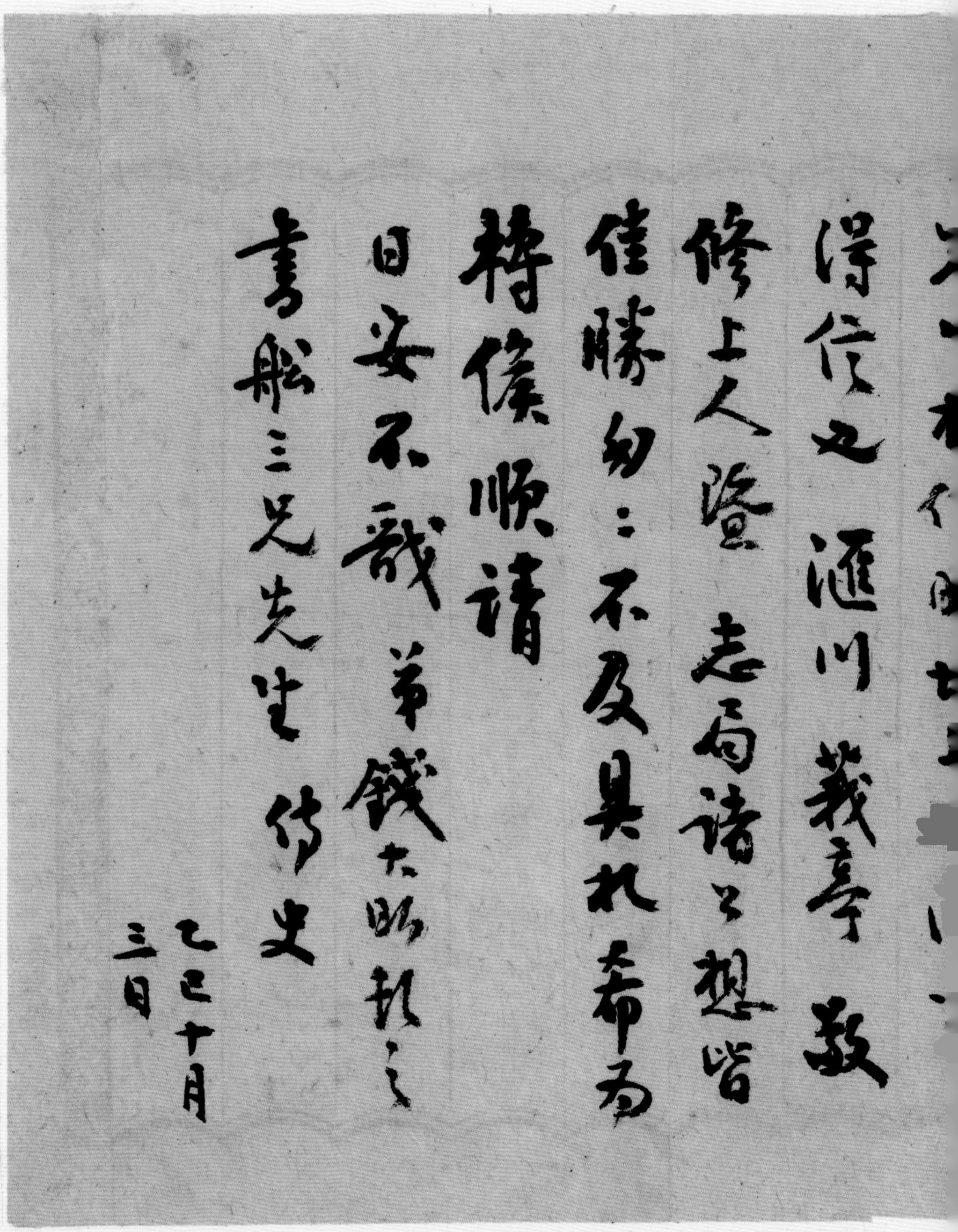
得侍丈涵川 義亭 敬
修上人蹬 志局諸公想皆
佳勝匆匆不及具札希為
特候順請
日安不戩 弟錢大昕頓首
書船三兄先生 侍史
乙巳十月三日

卢登焯（生卒年不详），一名焯，字震沧，一作晋昌，号书船，一作云船，又号东溟，鄞县（今属浙江宁波市）人。国子生。工诗文，善书画，精篆刻，喜考订金石。

钱大昕

字及之又字晓徵號辛楣又號竹汀嘉定人乾隆甲戌進士官至少詹事六經百家無所不通凡經義之聚訟難決者皆能剖析源流文字音韻訓詁天算地理氏族金石以及古人爵里事實年齒莫不瞭如指掌繼崑山秀水而起當代推為通儒尤精算術通中西兩法有梅氏所不能言者衍漢三統術據班志以闡劉歆之說二千年已絕之學復明所為文皆經史精液不矜法以自雄有潛研堂文集十駕齋養新錄唐石經考異經典文字考異聲類廿二史考異南北史雋修唐書史臣表唐五代學士年表宋學士年表元史氏族表補元史藝文志三史拾遺諸史拾遺通鑑注辨證四史朔閏考潛揅堂金石文跋尾金石文字目錄恒言錄竹汀日記鈔潛揅堂詩集吳興舊德錄先德錄洪文惠文敏王厚齋王弇州年譜天一閣碑目疑年錄三統術衍風俗通義逸文詞垣集長興縣志鄞縣志等書

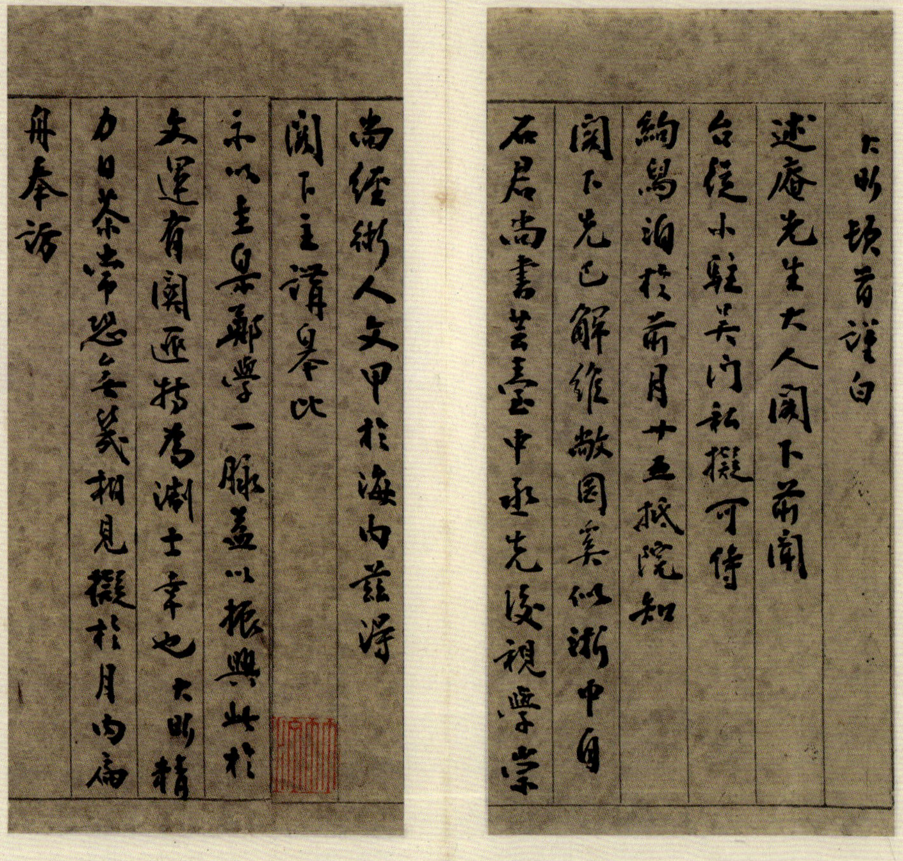
大昕頓首謹白
述庵先生大人閣下前聞
台從小駐吳門私擬可侍
絢鳥泊於前月十五抵浣知
閣下先已解維歉悵實似衹中自
石君尚書芸臺中丞先後視學崇
尚經術人文甲於海內蘇浙
閣下主講皋比
示以孟皋鄭學一脈益以振興此於
文運有關匪特為浙士幸也大昕精
力日衰常恐無幾相見擬於月內扁
舟奉訪

钱大昕致王昶书札
上海图书馆藏

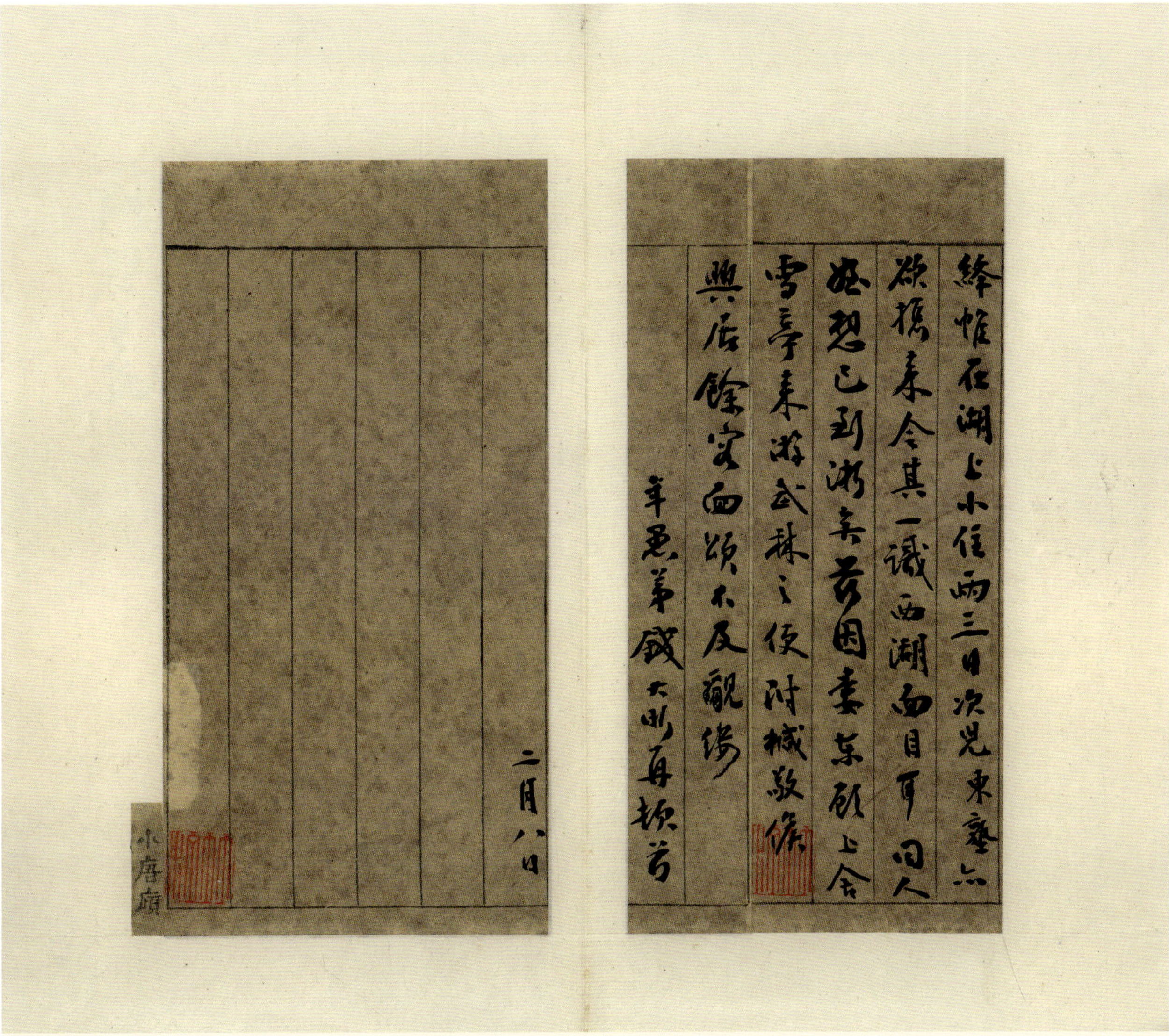

絳帷在湖上小住兩三日次兒東壁亦
欲携來令其一識西湖面目耳同人
然想已到浙矣吾因袁東硯上舍
雪亭來游武林之便附緘敬候
興居餘容面頌不及覼縷
辛丑愚弟錢大昕再頓首
二月八日

王昶（一七二五—一八〇六），字德甫，号述庵，青浦（今属上海）人。清代著名文学家、金石学家。与王鸣盛、吴泰来、钱大昕、赵文哲、曹仁虎、黄文莲并称『吴中七子』。与钱大昕同年中进士。

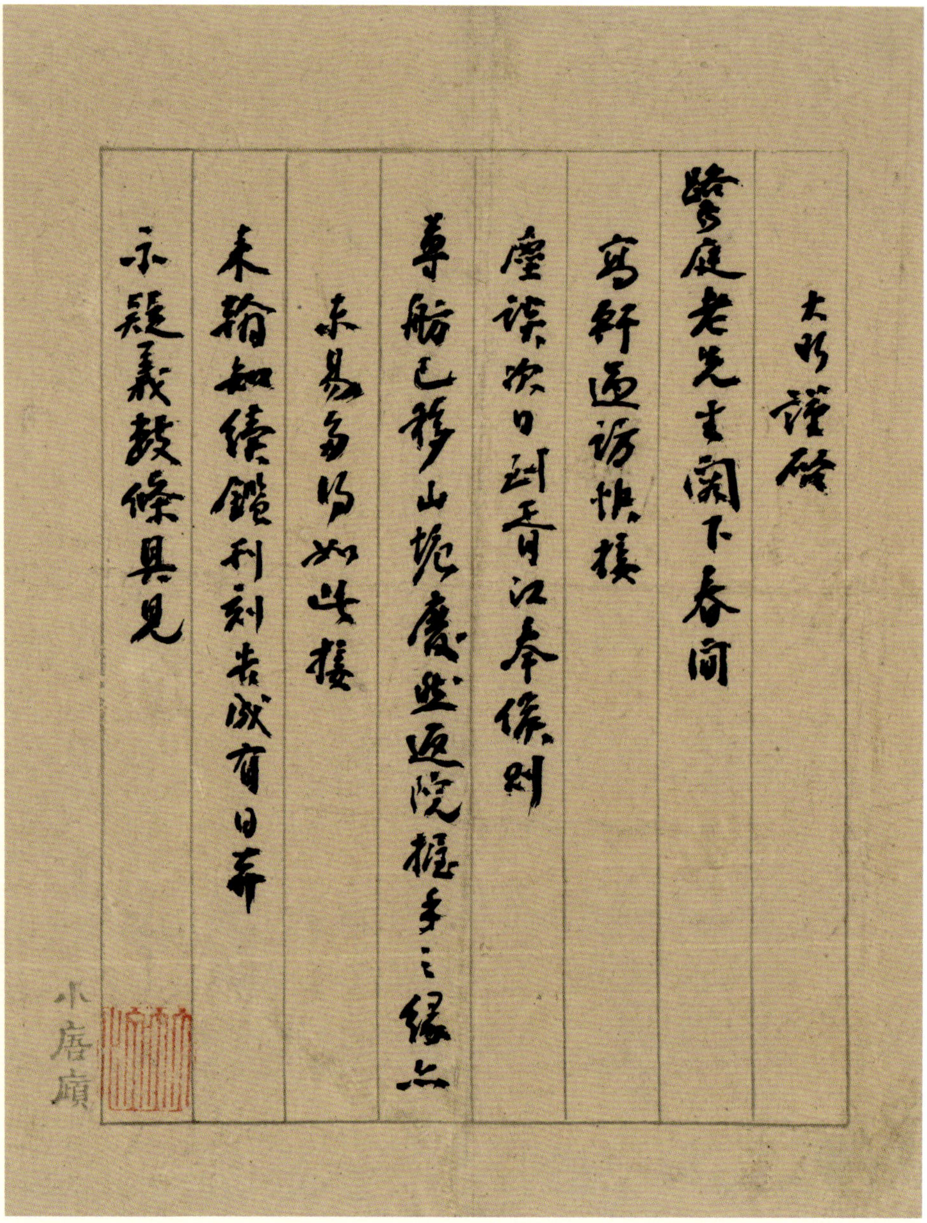
大昕謹啓
鷺庭老先生閣下春間
高軒過訪快接
塵談次日到晉江奉候則
華舫已移山塘處並返院握手之緣亦
未易多得如此接
來翰知續録刊刻告成有日矣
示疑義數條具見
小唐廎

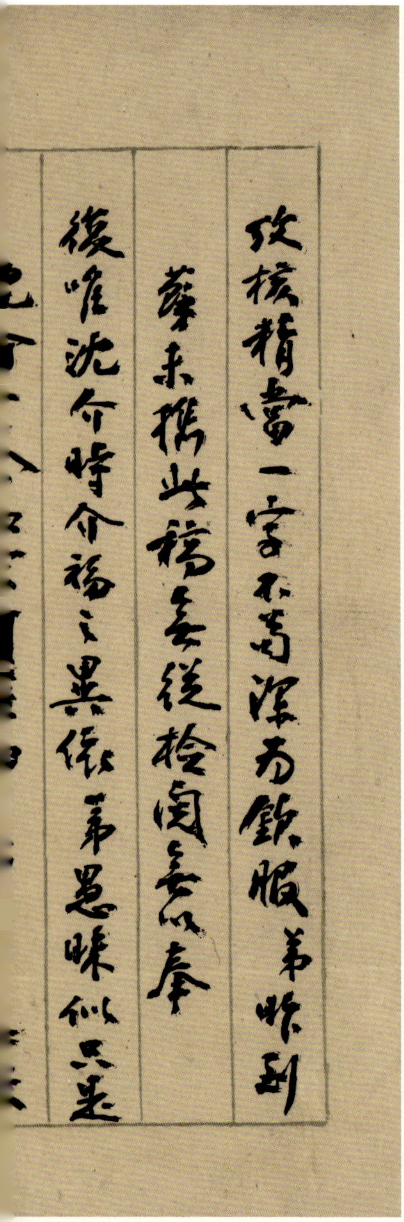
攷核精審一字不苟深爲欽服弟昨到
蘇未帶此稿無從檢閱無以奉
復唯沈介時介福之異儀弟愚昧似只是

钱大昕致冯集梧书札
上海图书馆藏

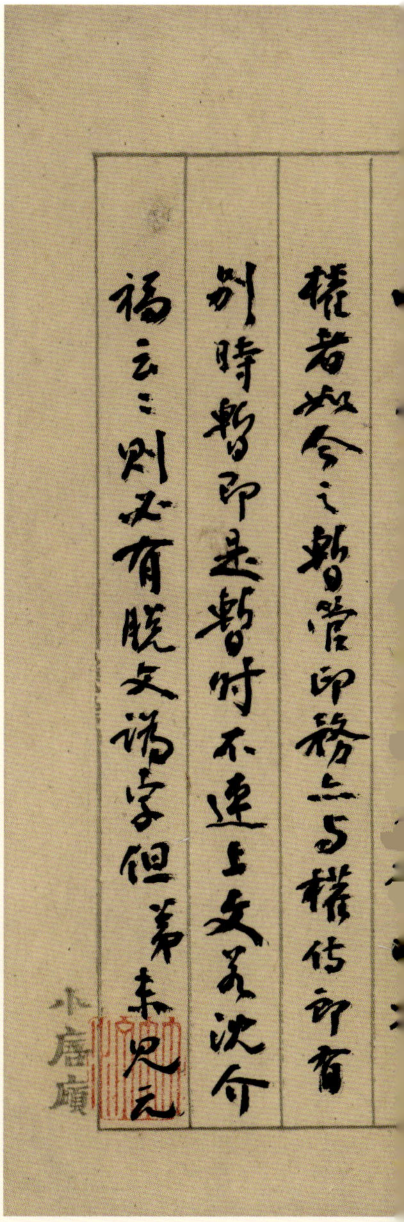

權者如今之暫管印務亦與權仿部首
別時暫印是暫時不違上文義決介
福云云則必有脫文諱字但弟未見元

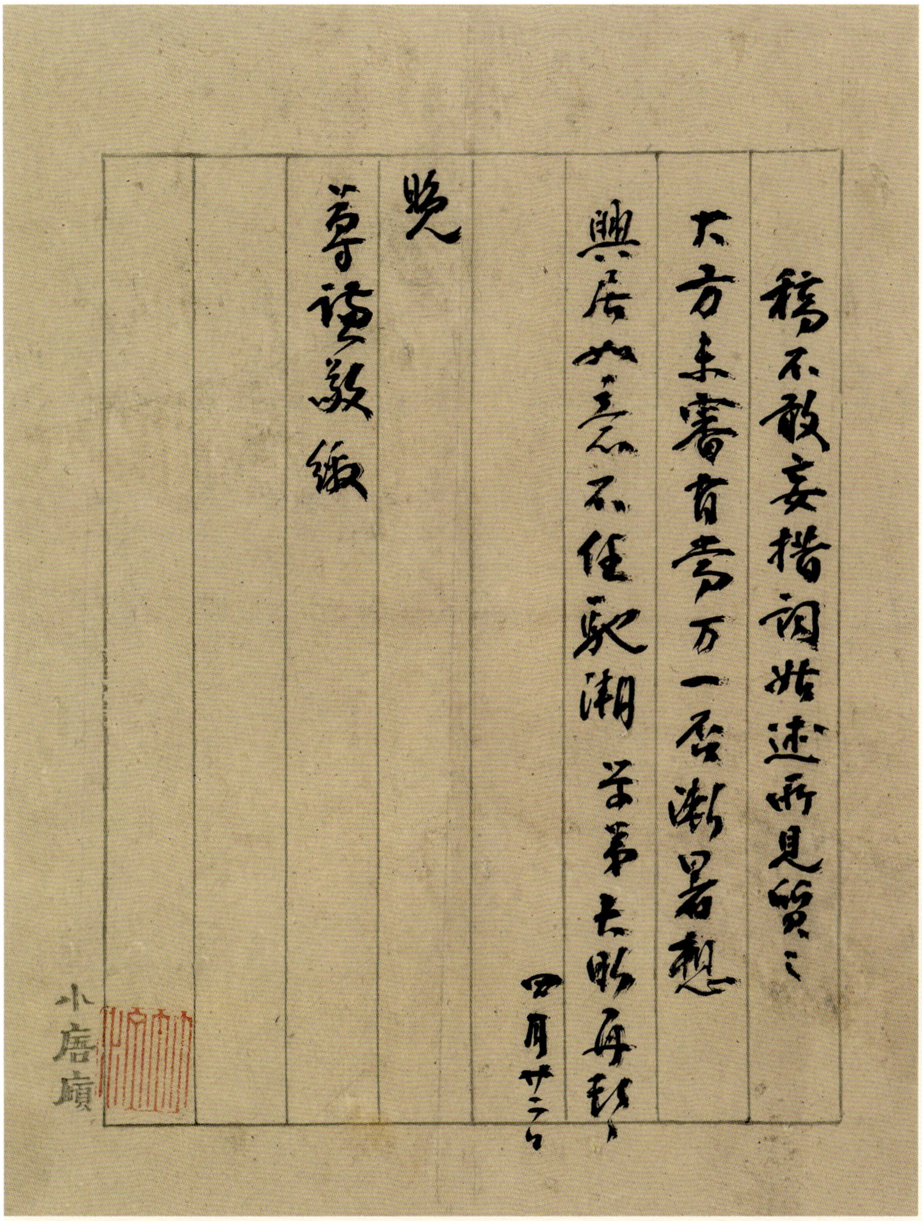

稿不敢妄揩詞姑述所見質之
大方未審肯首万一否漸暑熱
興居如意不任馳溯 弟大昕再拜
四月廿六日
覽
尊諳敬緘

冯集梧（生卒年不详），字轩圃，号鹭亭，桐乡（今属浙江嘉兴市）人。乾隆四十六年（一七八一）进士。札云『接来翰知《续鉴》刊刻告成有日』，《续资治通鉴》冯集梧序署『嘉庆六年三月』，则此札当作于一八〇一年。

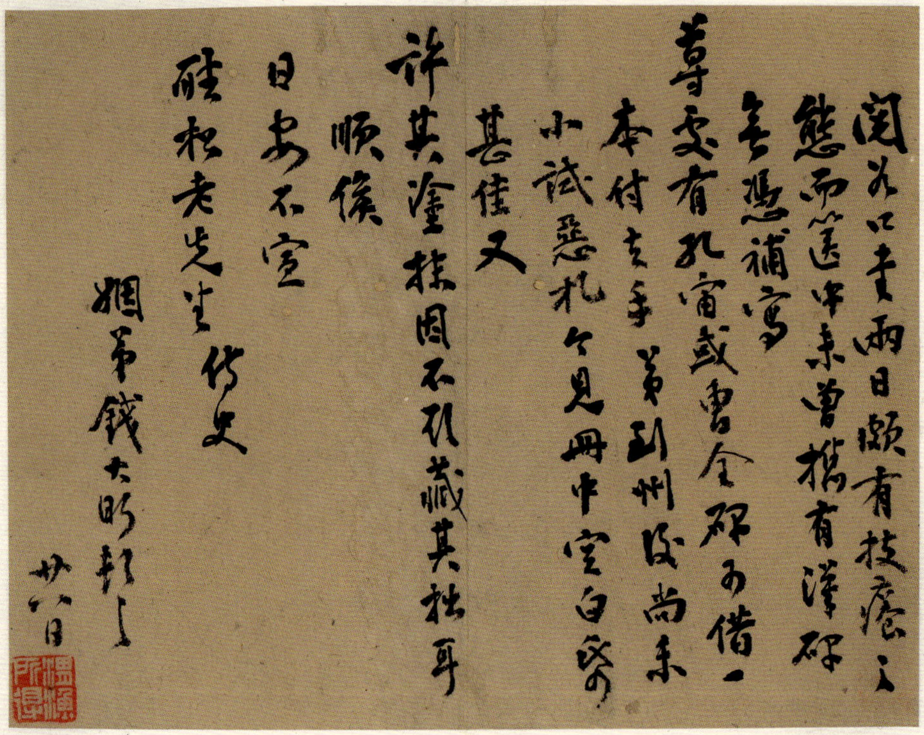

钱大昕致听松书札
上海图书馆藏

听松，疑为陆时化（一七一四—一七七九）。时化字润之，号听松，太仓（今属江苏）人。富藏书。

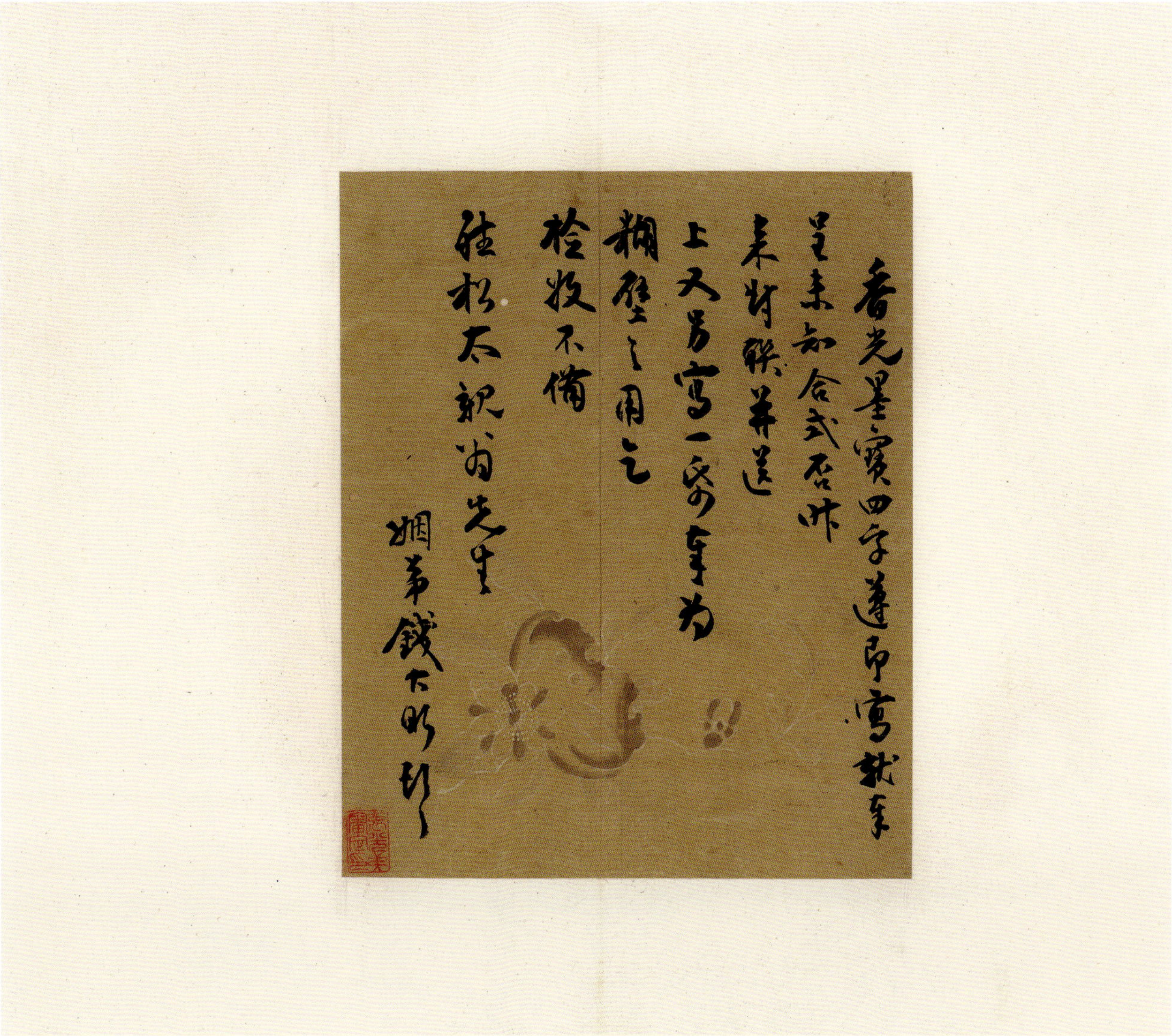
香光墨寶四字遵即寫就奉
呈未知合式否昨
來對聯並送
上又另寫一條奉為
糊壁之用也
檢收不備
聽松太親家先生
姻弟錢大昕頓首

钱大昕致听松书札
上海图书馆藏

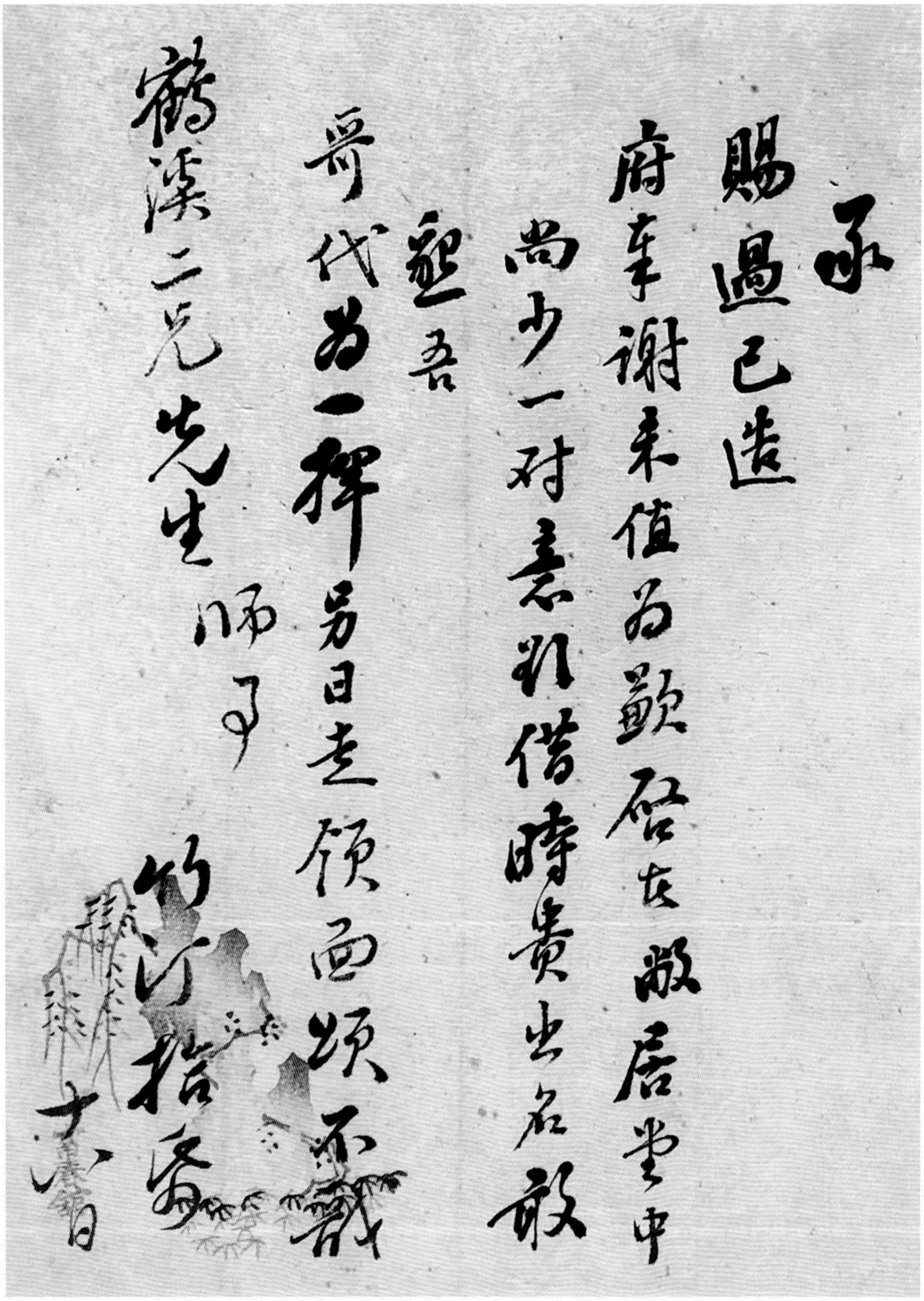
承
賜過已遣
府車謝來值爲歉啟安敝居堂中
尚少一對素兒借時賢出名款
題吾
哥代爲一揮另日走領面頌不戩
鶴溪二兄先生 師
弟 竹汀[illegible]
十八日

钱大昕致王鸣韶书札
观雪斋藏

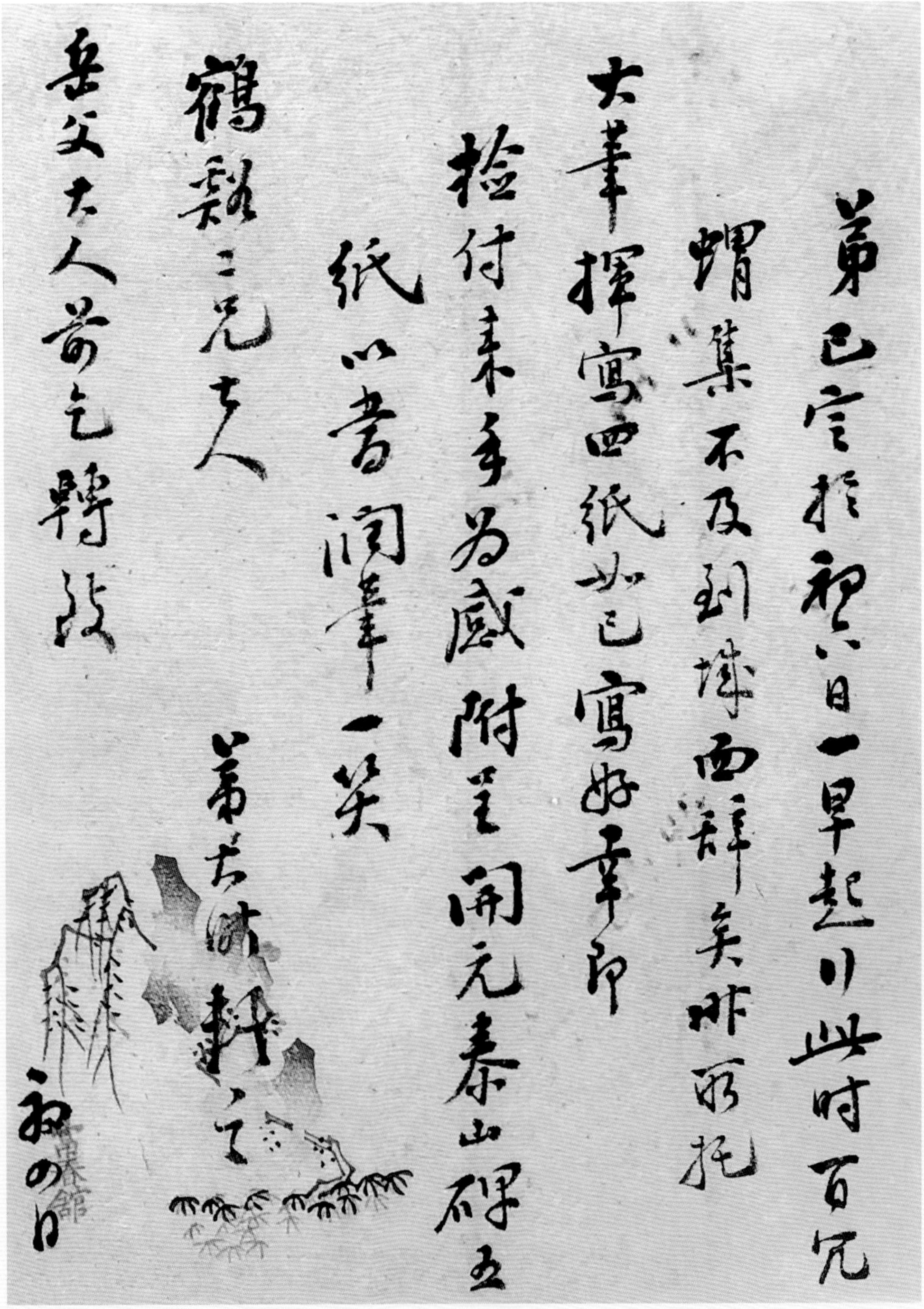

王鸣韶（一七三二—一七八八），初名廷谔，字鹗起，号鹤溪，嘉定（今属上海）人。清诸生。少时与兄王鸣盛、姊夫钱大昕共学。三人经常共同考订经史，互相启发。

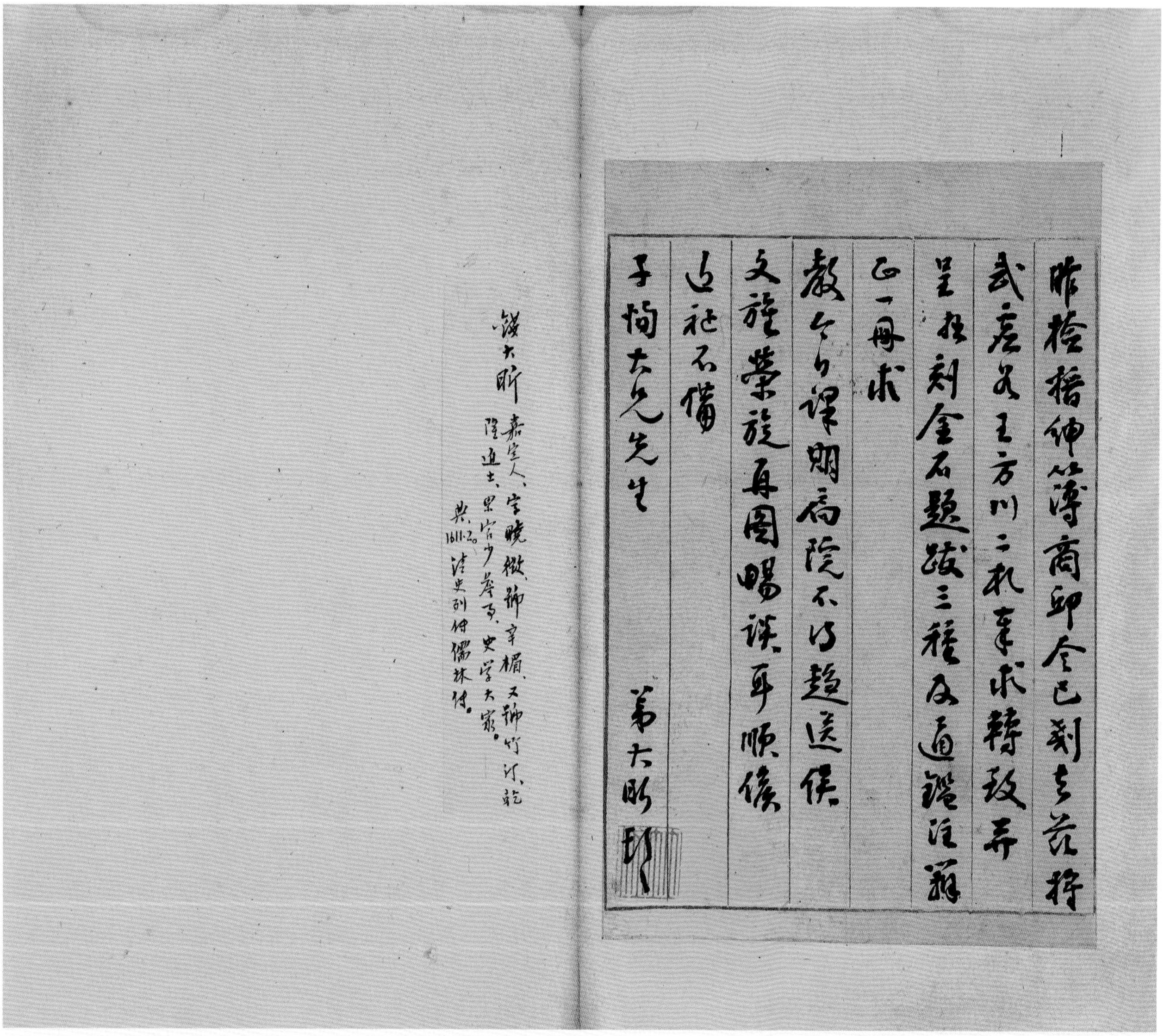

钱大昕致张燮书札
观雪斋藏

张燮（生卒年不详），字子恂，常熟（今属江苏苏州市）人。博雅多闻，喜鉴藏金石。为钱大昕金石友，尝赠钱大昕《邑主造石像碑》《赠太傅罗周敬墓志铭》《万通造弥勒像記》等碑拓。

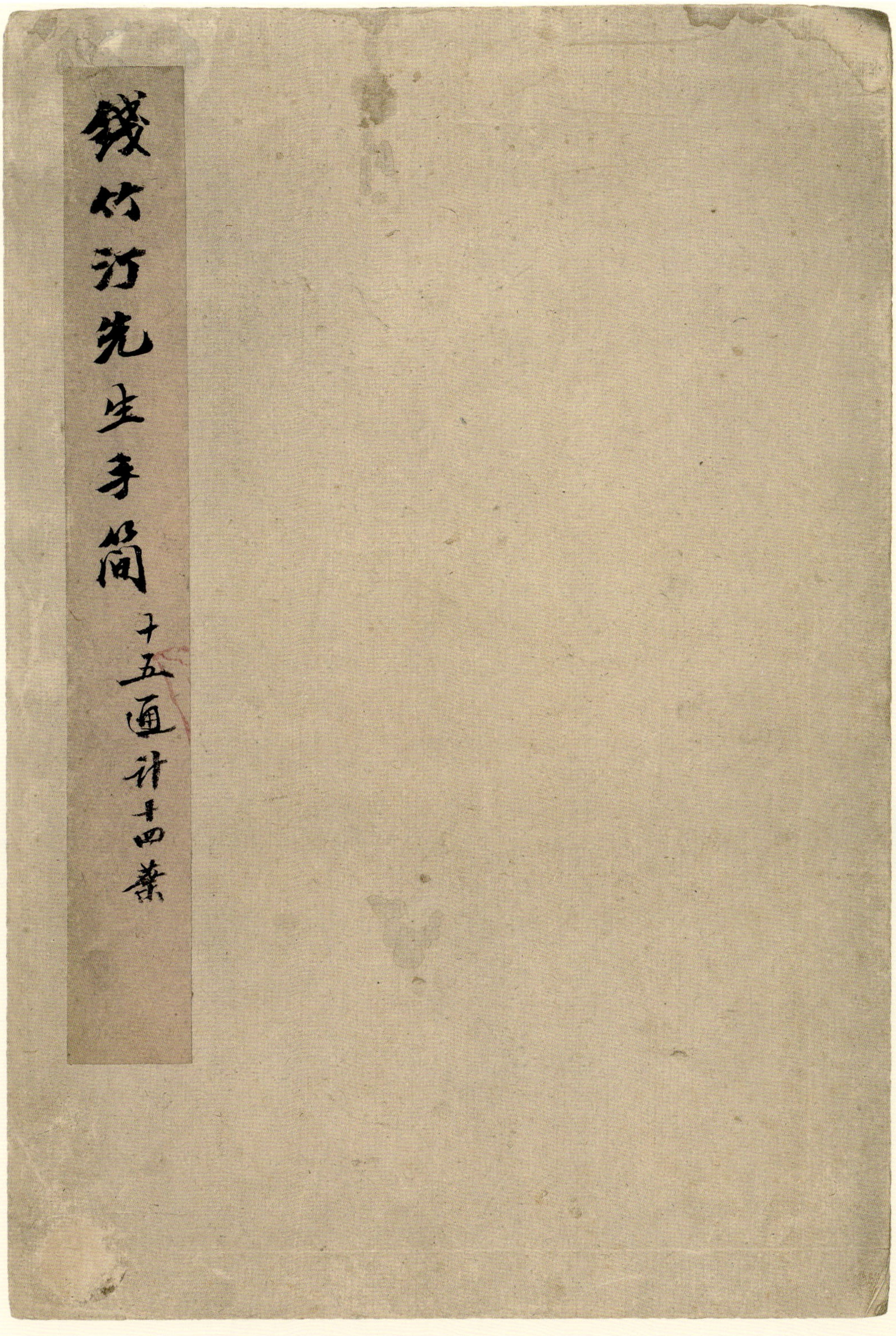

钱大昕先生手简十五通（又名家书册）封面
钱东壁、尹炎武、陈垣递藏　观雪斋藏

我自起身以後。上下俱平安。九月初三日出榜。定於十二
日起身進京。今於十一日下午接到部文。知蒙
恩着廣東學政。即赴新任。不必來京請
訓。隨即在此略辦行裝。俟有兵部勘合。即起身赴廣
矣。此時已交冬令。且山東路上亦難行。今歲斷乎不
能接家眷矣。拜匣上鑰匙。昨已遺失。即可另配
開出。箱內存銀。隨時取用。用去即記一總帳。
庶不致遺忘。我到廣後。有人賫摺進京。汝等再
商量起身。不可造次。起身已有定局。然後將

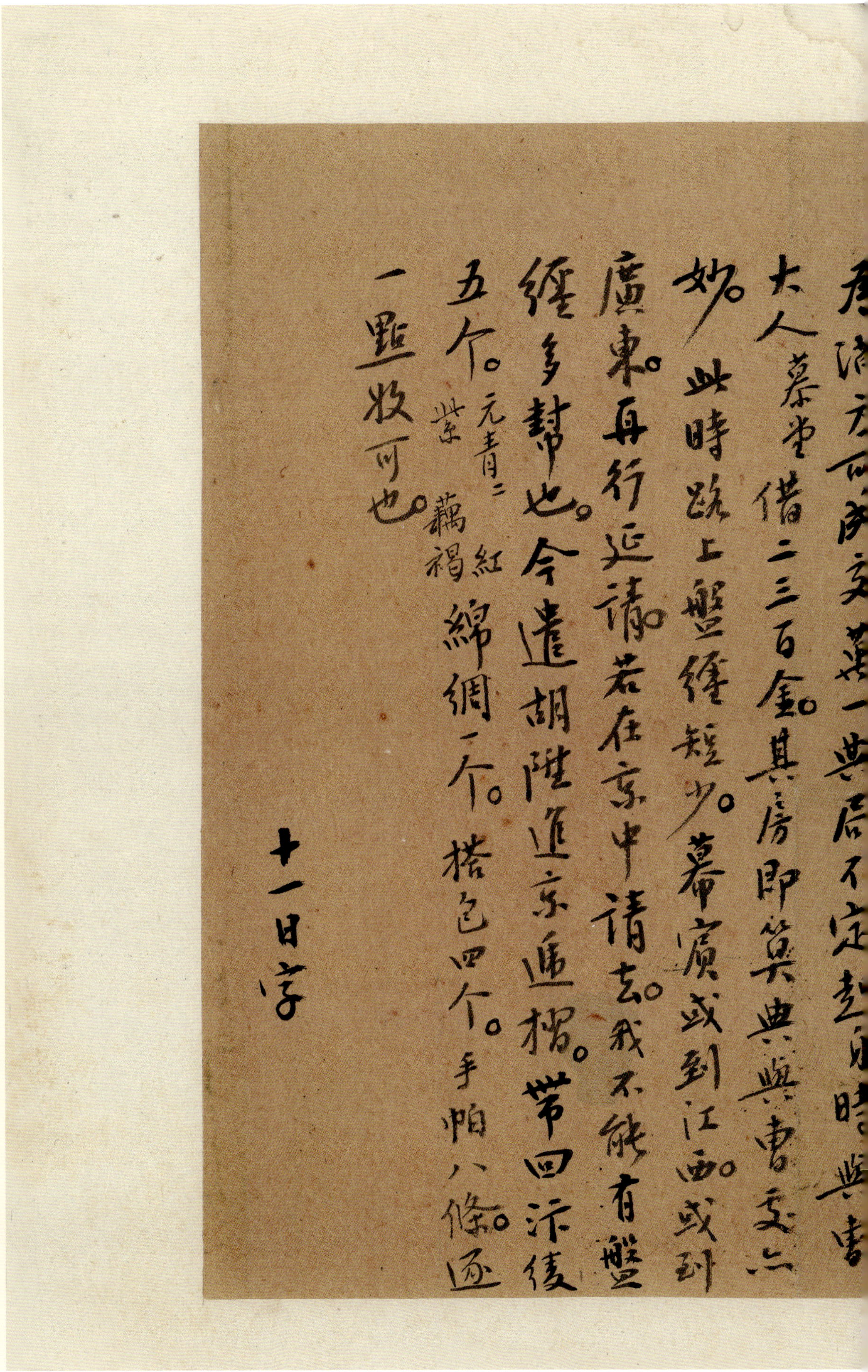

大人慕堂借二三百金。其房即莫典與曹受之
妙。此時既上盤纏短少。幕賓或到江西。或到
廣東。再行延請。若在京中請去。我不能有盤
纏多幫也。今遣胡陞進京通稟。帶回汴綫
五个。元青二 紫 藕褐 紅 綿綢一个。搭包四个。手帕八條。逐
一點收可也。
十一日字

钱大昕先生手简十五通（又名家书册）之一
钱东壁、尹炎武、陈垣递藏　观雪斋藏

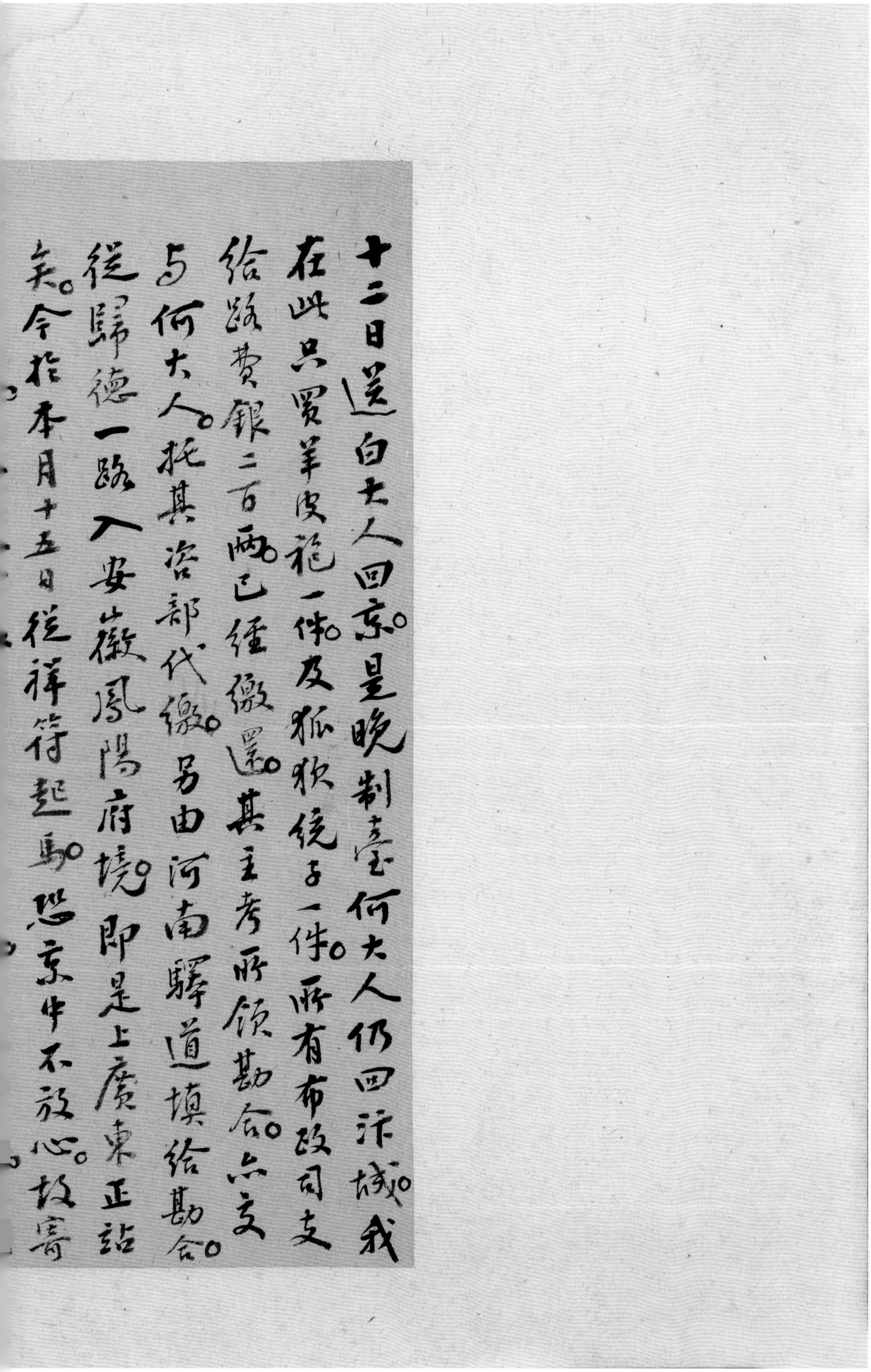

十二日送白大人回京。是晚制臺何大人仍回汴城。我
在此只買羊皮褂一件。及狐肷統子一件。所有布政司支
给路費銀二百兩。已經繳還。其主考所領勘合。亦交
与何大人。托其咨部代繳。另由河南驛道填给勘合。
從歸德一路入安徽鳳陽府境。即是上廣東正站
矣。今於本月十五日從祥符起身。恐京中不放心。故寄

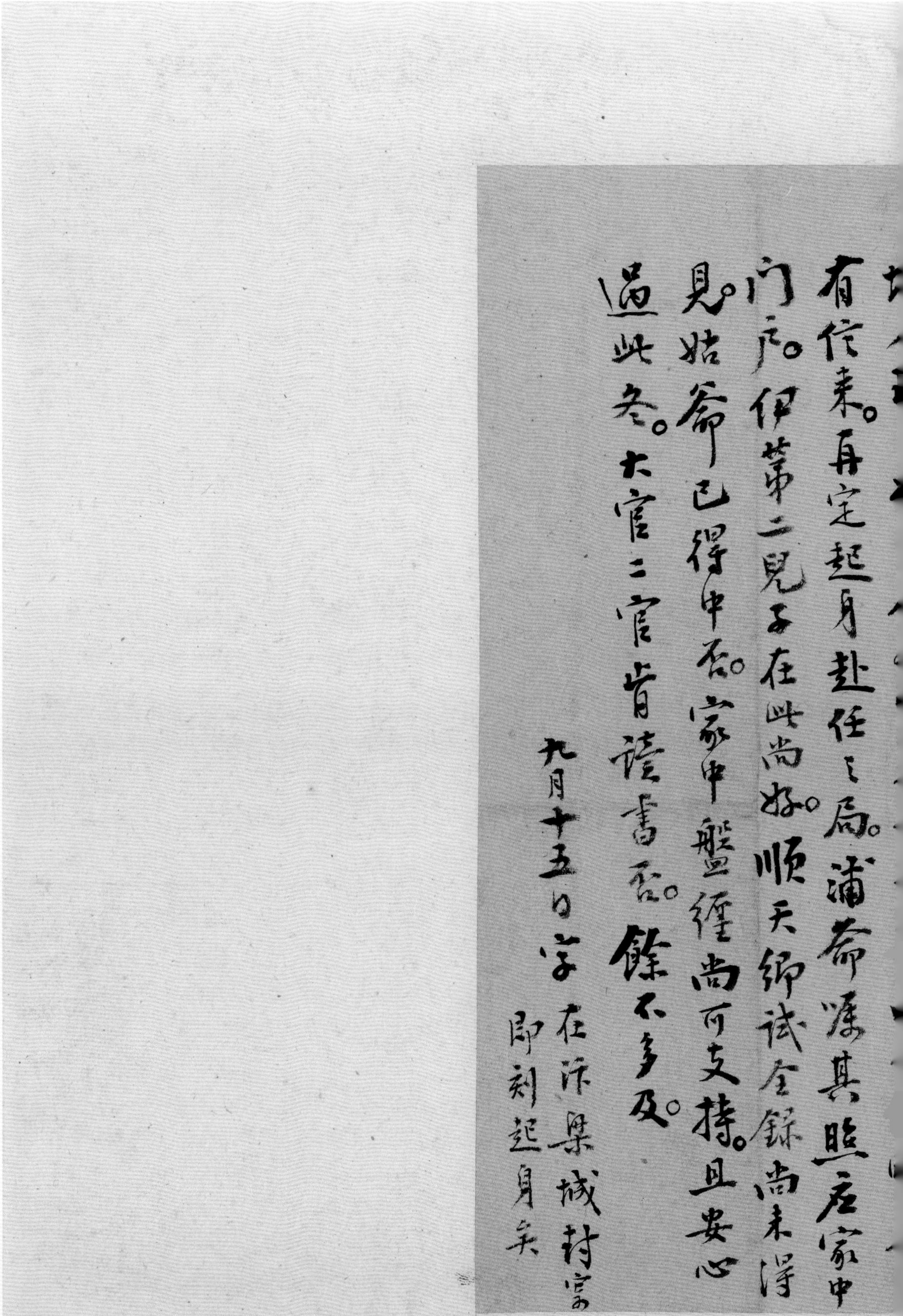
有信來。再定起身赴任之局。浦爺屬其照應家中
門戶。伊第二兒子在此尚好。順天鄉試全錄尚未得
見。姑爺已得中否。家中盤纏尚可支持。且要心
過此冬。大官二官皆讀書否。餘不多及。
九月十五日字 在汴梁城封字
即刻起身矣

钱大昕先生手简十五通（又名家书册）之二
钱东壁、尹炎武、陈垣递藏　观雪斋藏

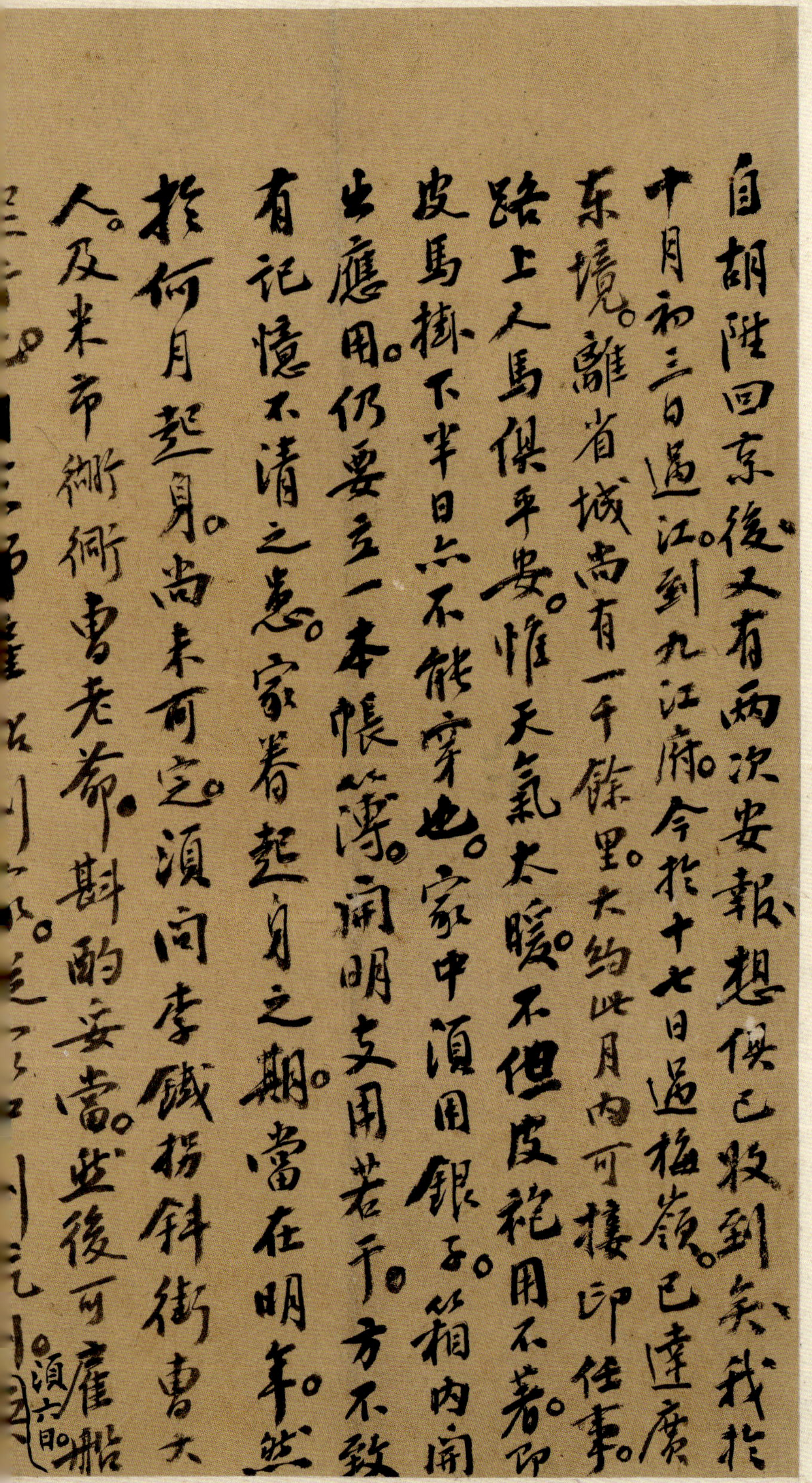
自胡陞回京後、又有兩次安報、想俱已收到矣、我於
十月初三日過江。到九江府。今於十七日過梅嶺。已達廣
東境。離省城尚有一千餘里。大約此月內可接印任事。
路上人馬俱平安。惟天氣太暖。不但皮袍用不著。即
皮馬掛下半日亦不能穿也。家中須用銀子。箱內開
出應用。仍要立一本帳簿。開明支用若干。方不致
有記憶不清之患。家眷起身之期。當在明年。然
於何月起身。尚未可定。須向李鐵拐斜街曹大
人及米市衚衕曹老爺斟酌妥當。並後可雇船

一代儒宗
錢大昕

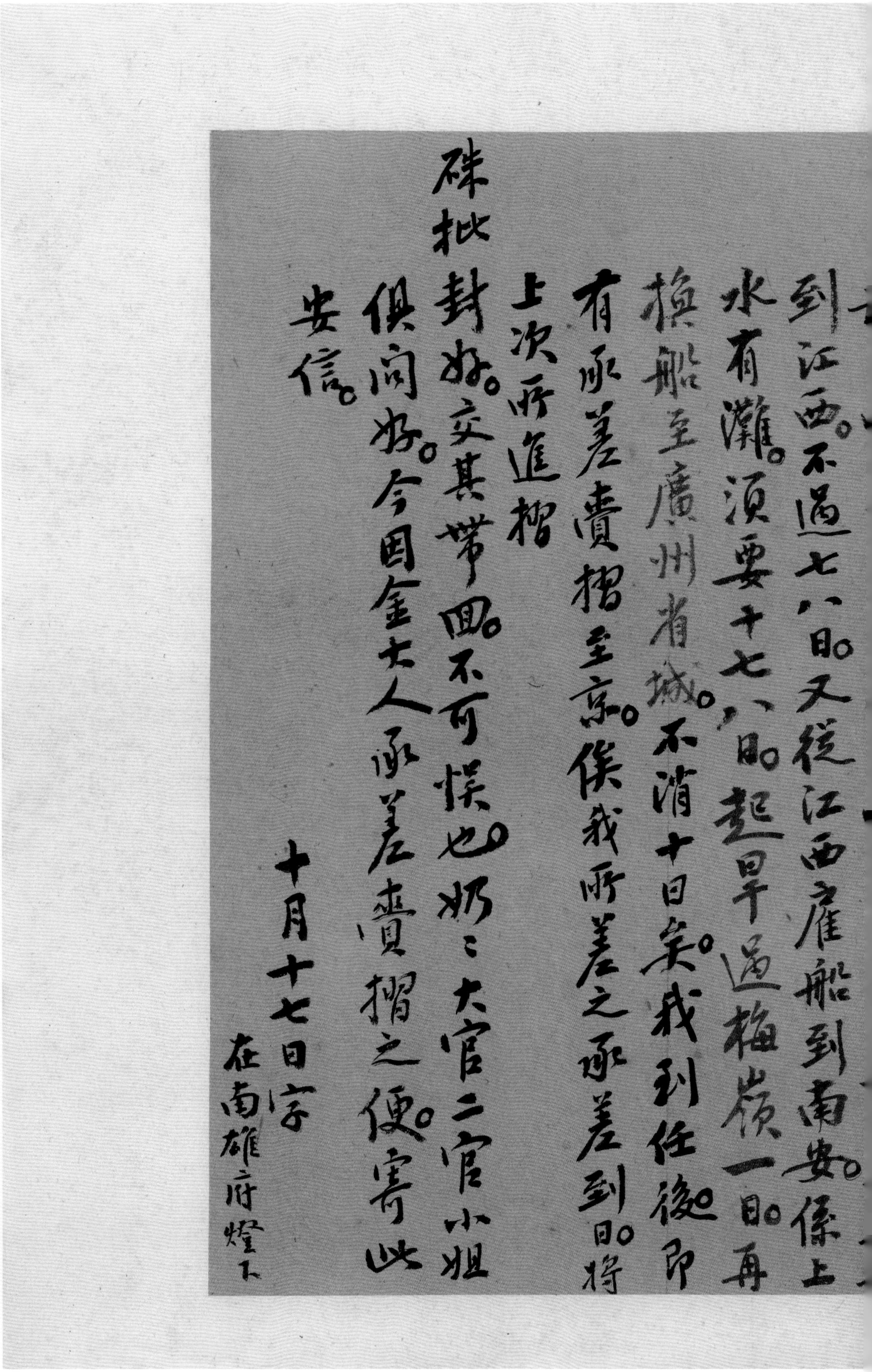

到江西。不過七八日。又從江西之雇船到南安。係上
水有灘。須要十七八日。起旱過梅嶺一日。再
換船至廣州省城。不消十日矣。我到任後。即
有承差賫摺至京。係我所差之承差到日。將
上次所進摺
硃批封好。交其帶回。不可悞也。奶奶大官二官小姐
俱問好。今因金大人承差賫摺之便。寄此
安信。
十月十七日字
在南雄府燈下

钱大昕先生手简十五通（又名家书册）之三
钱东壁、尹炎武、陈垣递藏　观雪斋藏

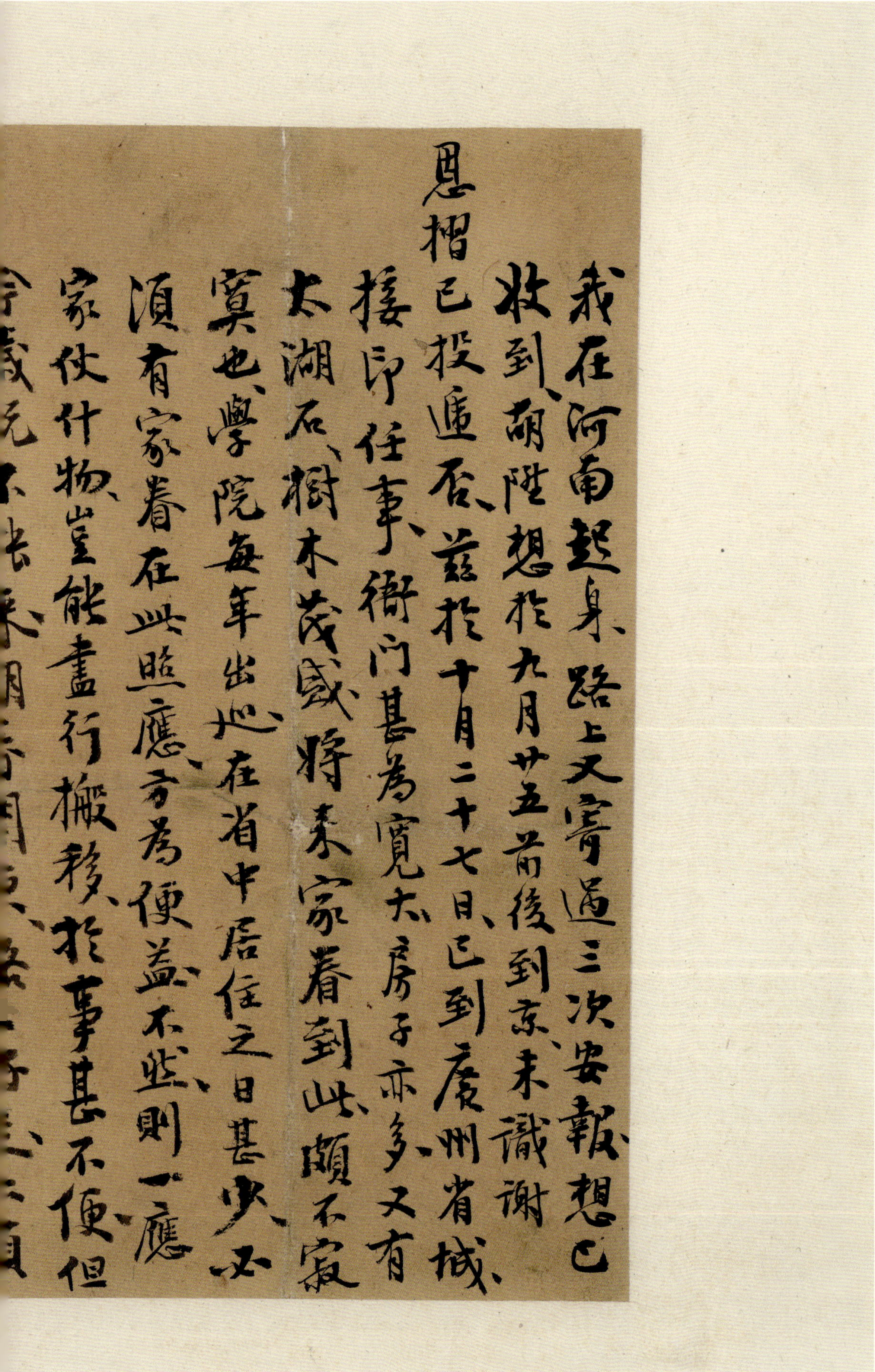
我在河南起身、路上又寄過三次安報、想已
收到、胡陞想於九月廿五前後到京、未識謝
恩摺已投遞否、茲於十月二十七日、已到廣州省城、
接印任事、衙门甚為寬大、房子亦多、又有
太湖石、樹木茂盛、將來家眷到此、頗不寂
寞也、學院每年出巡、在省中居住之日甚少、必
須有家眷在此照應、方為便益、不然則一應
家伙什物、豈能盡行搬移、於事甚不便、但

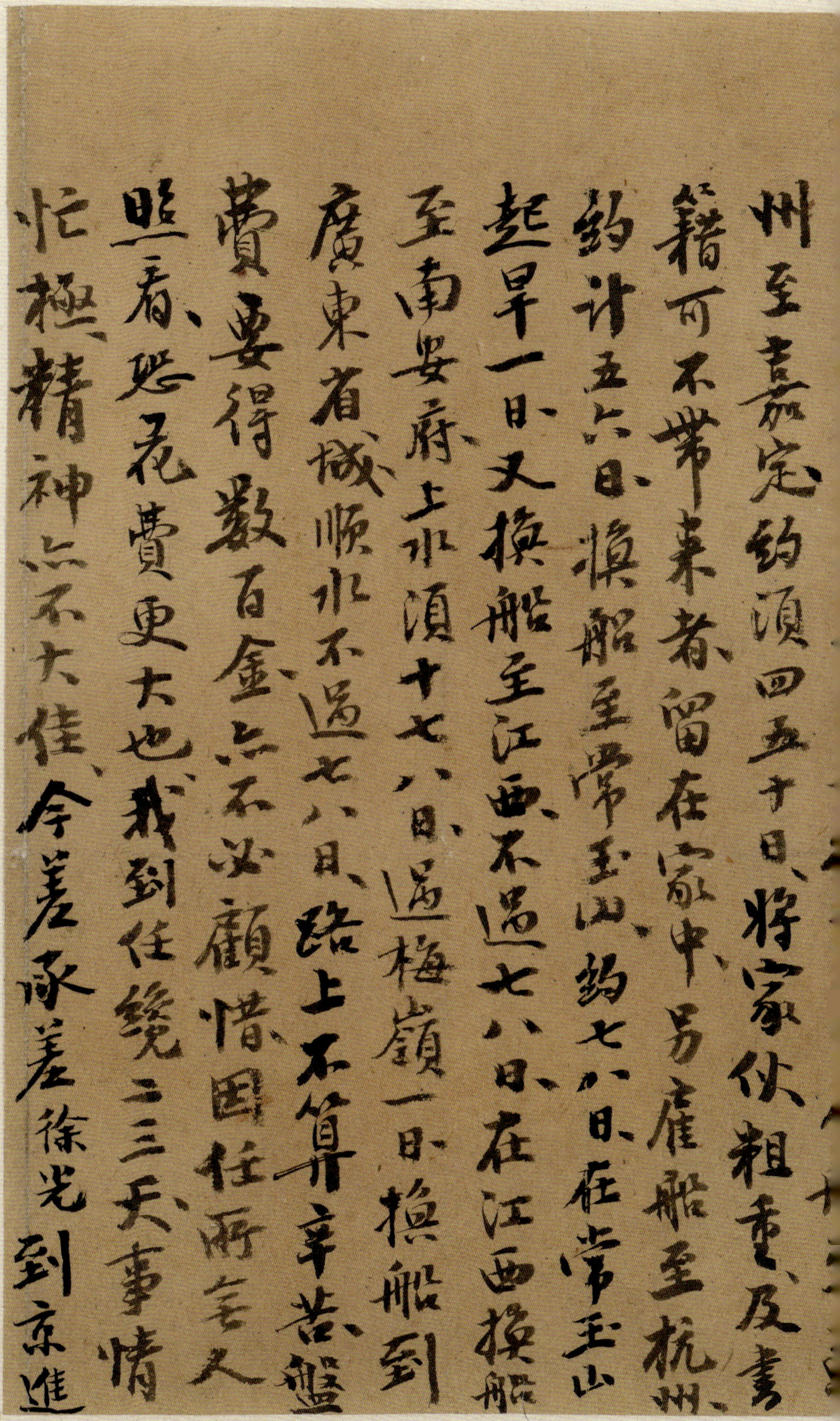
州至嘉定约須四五十日、将家伙粗重、及書
籍可不带来者、留在家中、另雇船至杭州、
约计五六日、換船至常玉山、约七八日、在常玉山
起旱一日、又換船至江西、不過七八日、在江西換船
至南安府上水須十七八日、過梅嶺一日、換船到
廣東省城、順水不過七八日、路上不算辛苦、盤
費要得數百金、亦不必顧惜、因任所空久
賠看、恐花費更大也、我到任纔二三天、事情
忙極、精神亦不大佳、今差承差徐光到京進

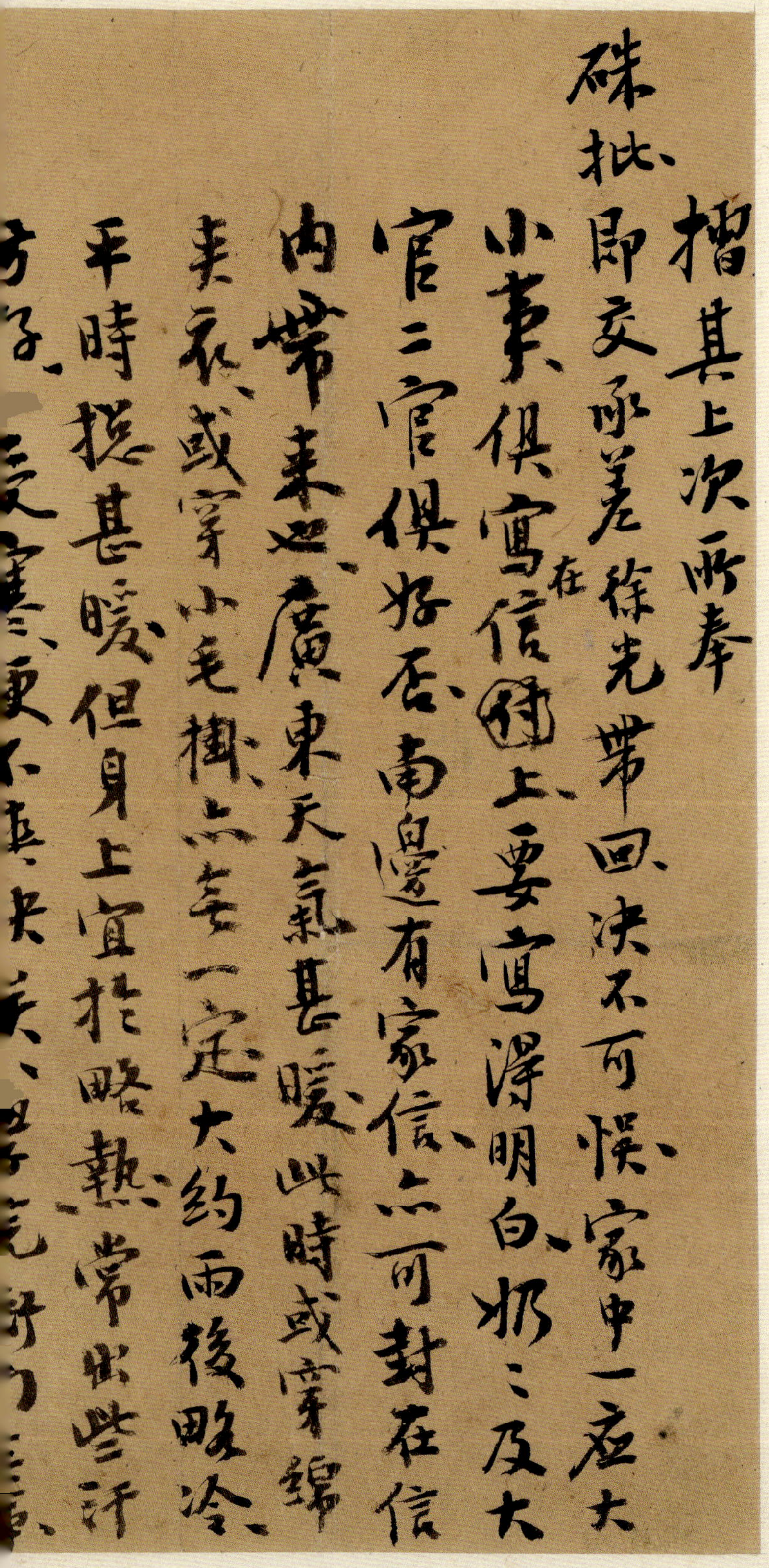
摺其上次所奉
硃批、即交承差徐先帶回、決不可悞、家中一應大
小事、俱寫信付上、要寫得明白、奶奶及大
官二官俱好否、南邊有家信、亦可封在信
內、常來也、廣東天氣甚暖、此時或穿綿
夾衣、或穿小毛褂亦無一定、大約雨後略冷、
平時揔甚暖、但身上宜於略熱、常出些汗
方好、[illegible]

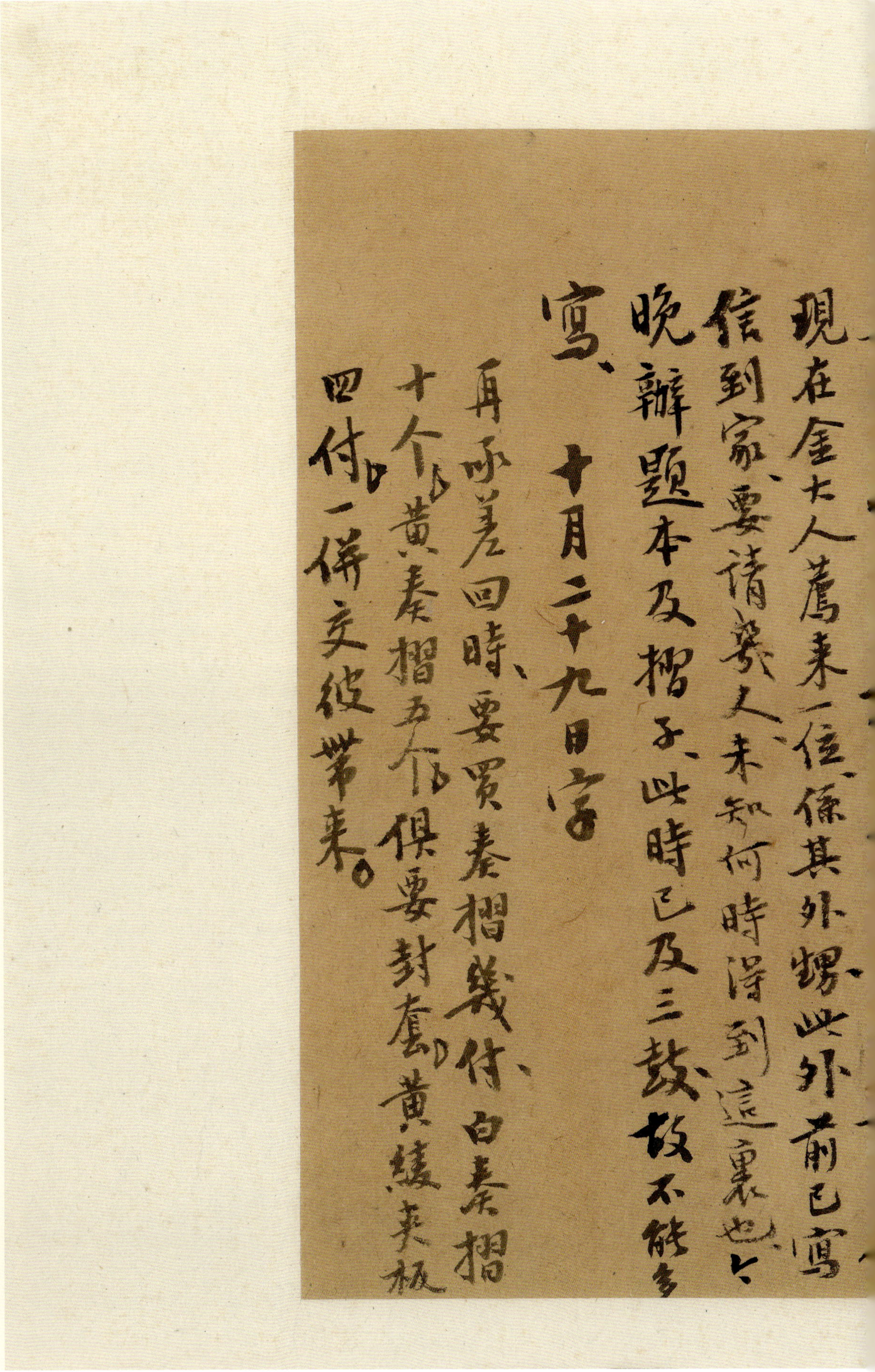

現在全大人薦來一位，係其外甥，此外前已寫信到家，要請幾人來，未知何時得到這裏也。今晚辦題本及摺子，此時已及三鼓，故不能多寫。

十月二十九日字

再承差回時，要買奏摺幾付，白奏摺十个，黄奏摺五个，俱要封套，黄綾夾板四付，一併交彼帶來。

钱大昕先生手简十五通（又名家书册）之四
钱东壁、尹炎武、陈垣递藏　观雪斋藏

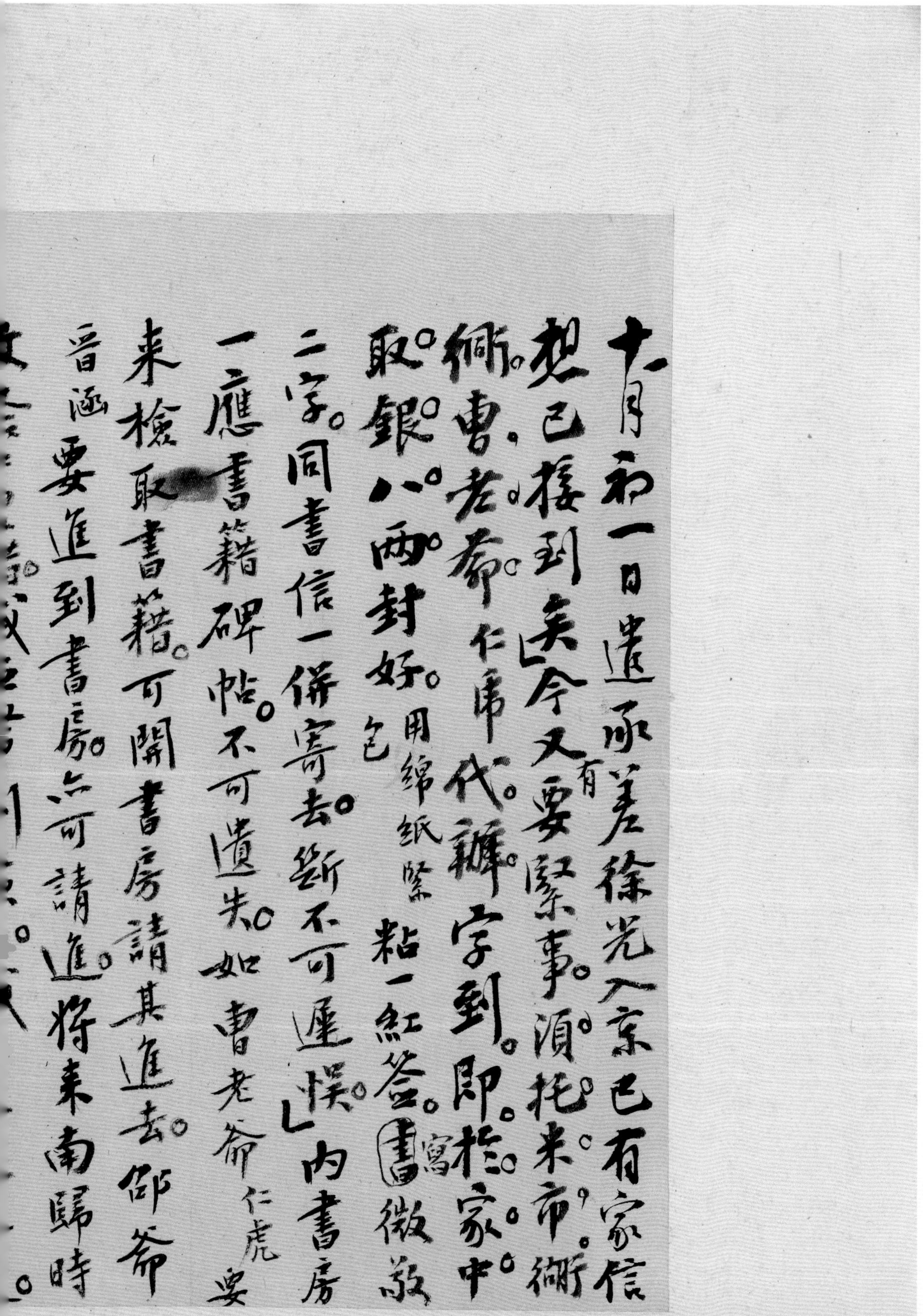
十月初一日遣承差徐光入京，已有家信，想已接到矣。今又有要緊事，須托米市衚衕曹老爺仁甫代辦。字到即於家中取銀八兩封好，包用綿紙，緊粘一紅簽，寫書徵敬二字。同書信一併寄去，斷不可遲悞。內書房一應書籍碑帖不可遺失。如曹老爺仁虎要来檢取書籍，可開書房請其進去。邵爺晉涵要進到書房，亦可請進。將來南歸時

一代儒宗 錢大昕

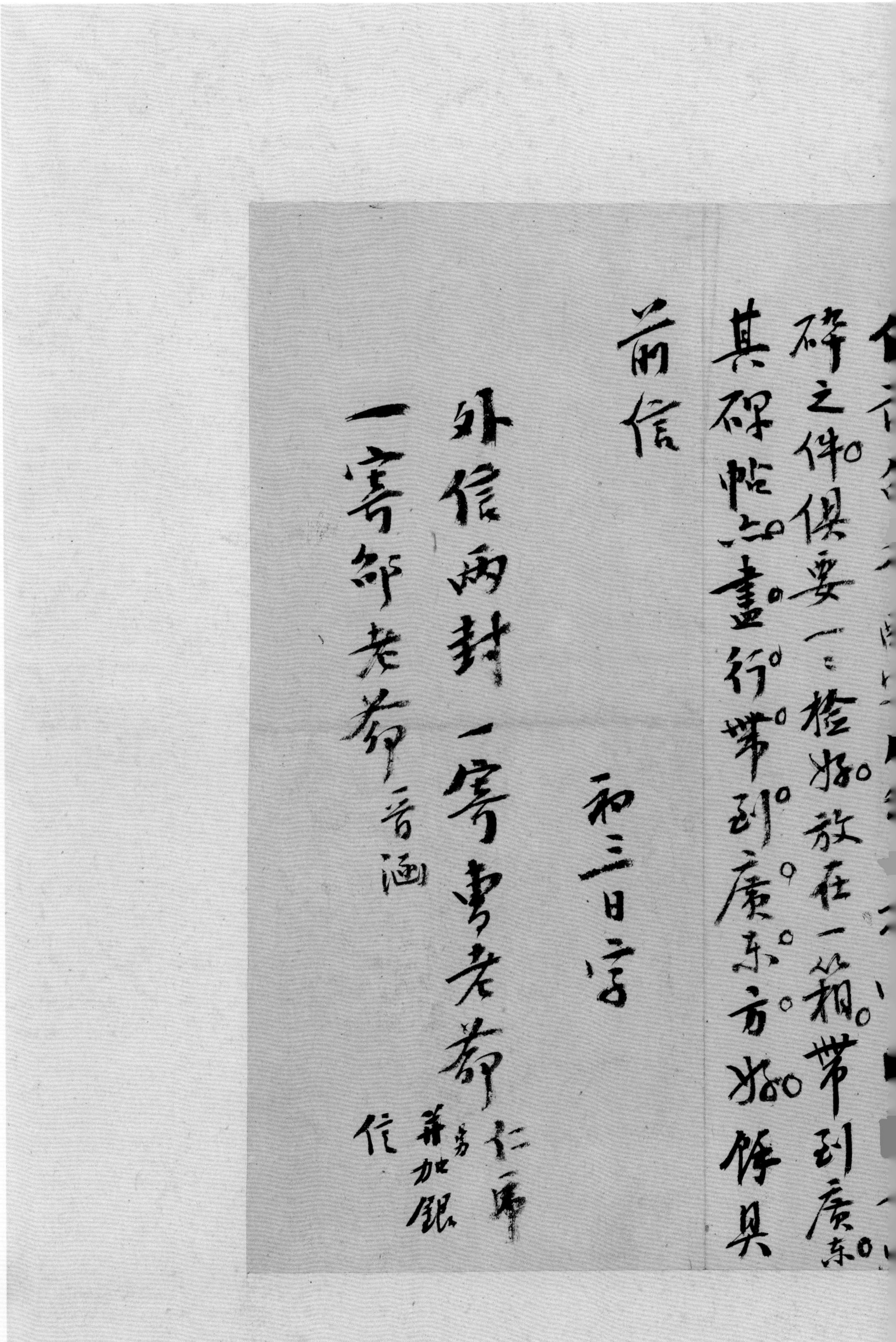
碑之件俱要一一检好放在一箱带到广东
其碑帖、画、行带到广东方好余具
前信
初三日字
外信两封 一寄曹老爷仁甫并另加银
一寄邹老爷晋涵信

钱大昕先生手简十五通（又名家书册）之五
钱东壁、尹炎武、陈垣递藏　观雪斋藏

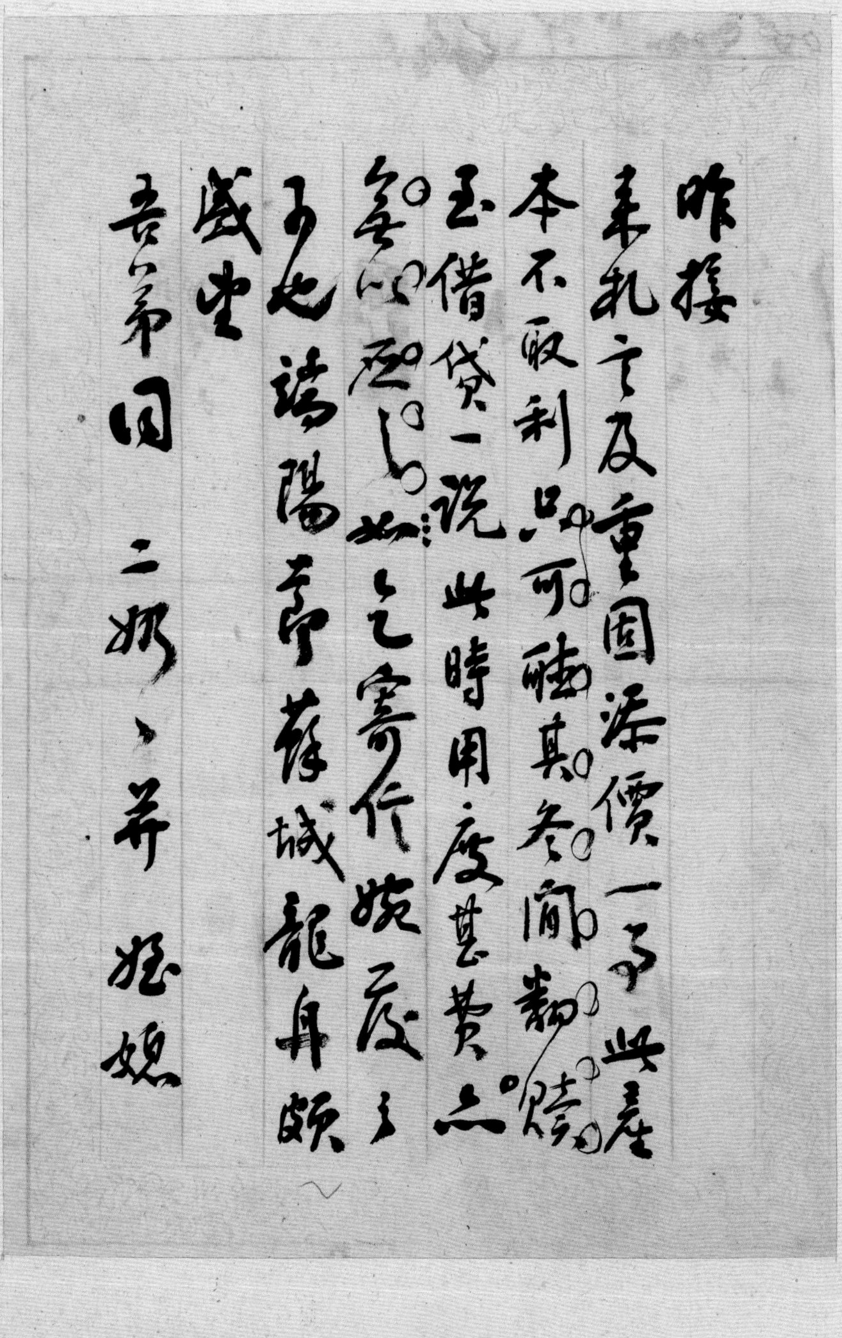

昨接
來札，言及重圍添價一事，此屋
本不取利，只可聽其參酌，勸賠
玉借貸一說，此時用度甚費，亦
無以應之，如之寄作娘處亦
可也。請陽節蘇城龍舟頗
盛也。
吾弟 同 二姊、姊并 姪媳

一代儒宗 錢大昕

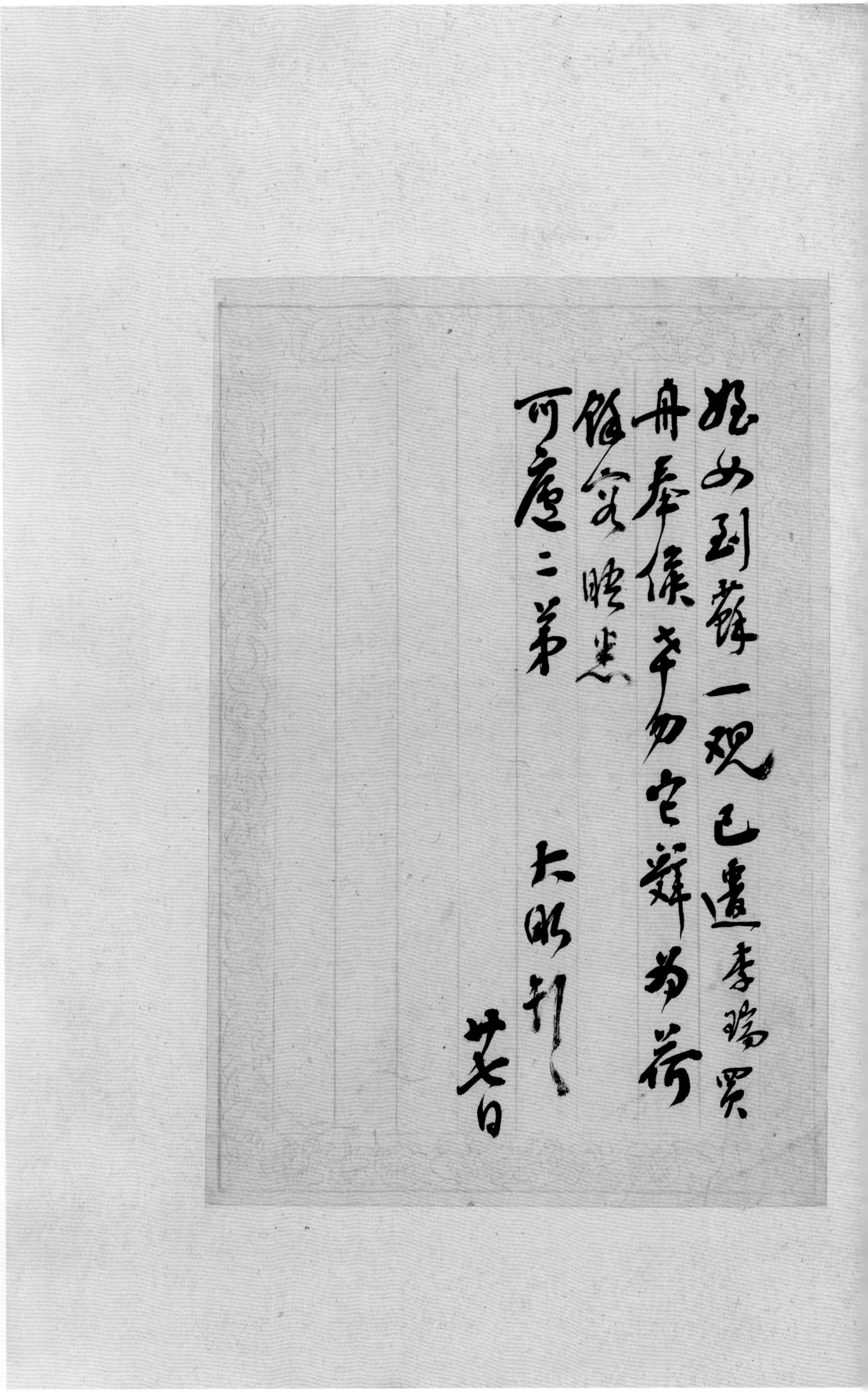

钱大昕先生手简十五通（又名家书册）之六
钱东壁、尹炎武、陈垣递藏　观雪斋藏

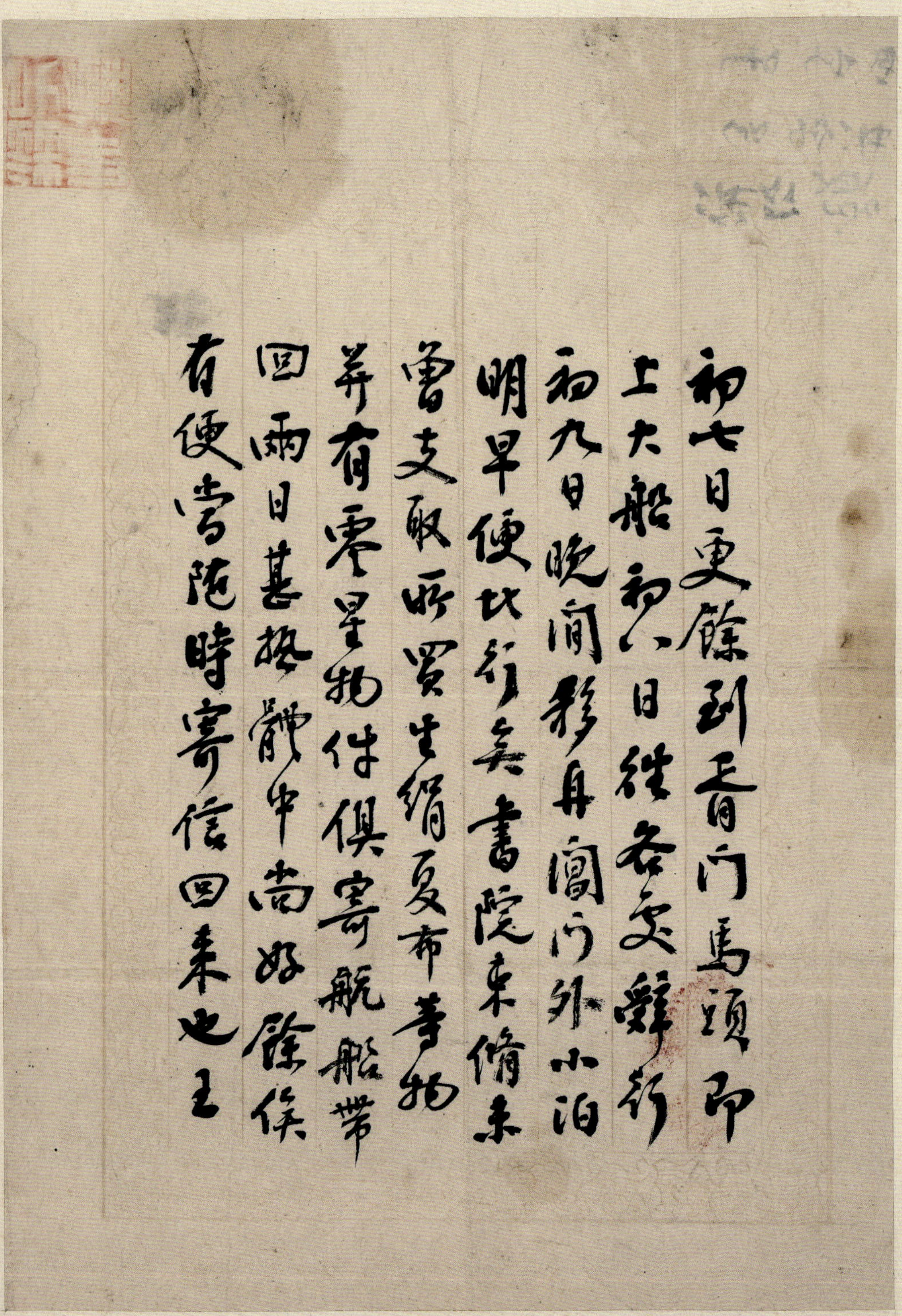
初七日更餘到胥门馬頭即
上大船初八日往各处辭行
初九日晚間移舟閶门外小泊
明早便北行矣書院束脩未
曾支取所買生絹夏布等物
并有零星物件俱寄航船帶
回兩日甚热體中尚好餘俟
有便當随時寄信回來也王

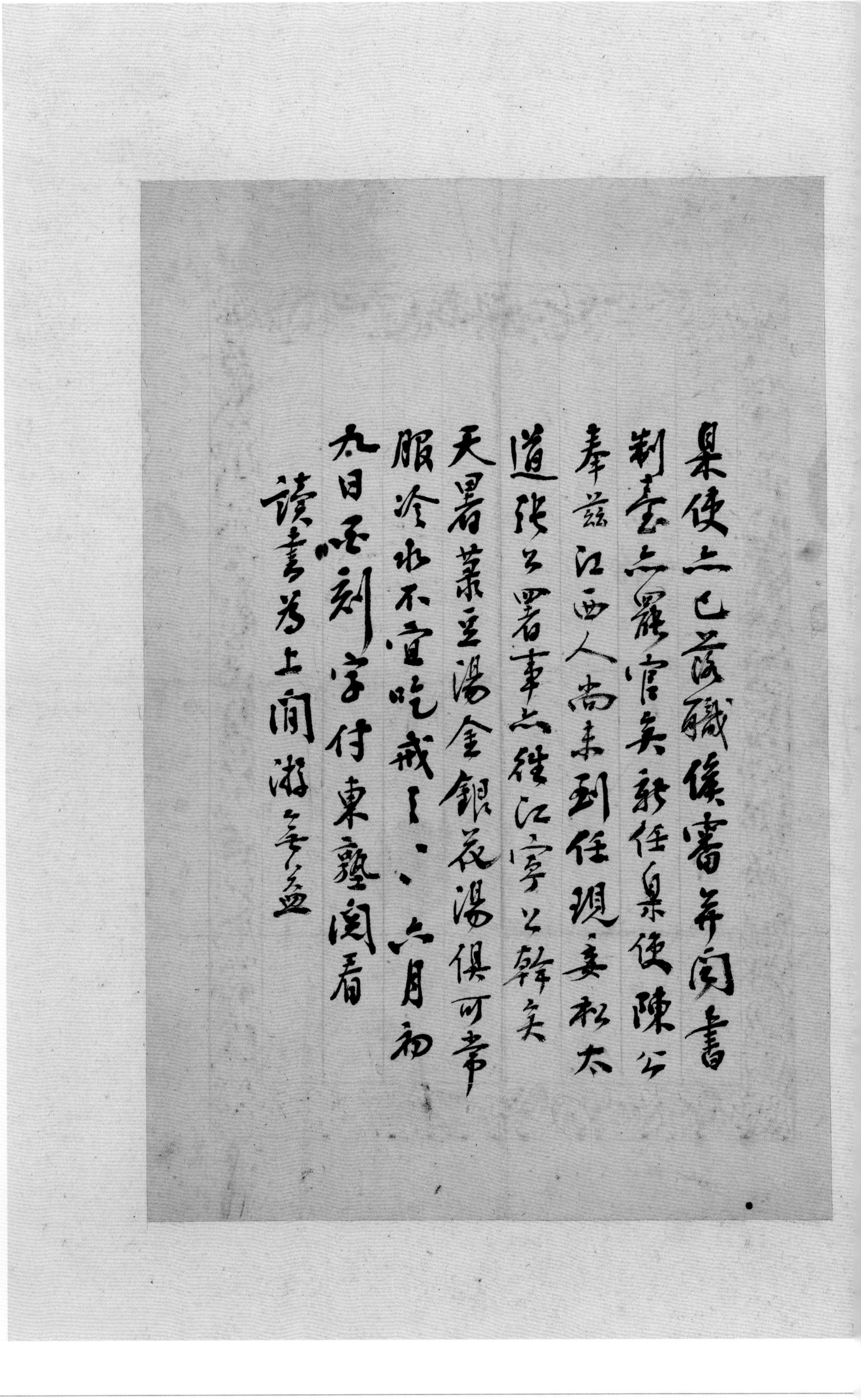
臬使亦已落職候審矣閱書
制台亦罷官矣新任臬使陳公
奉茲江西人尚未到任現委松太
道張公署事亦往江寧公幹矣
天暑藁豆湯金銀花湯俱可常
服冷水不宜吃戒之戒之 六月初
九日昕 刻字付東塾閱看
讀書為上 閒游無益

钱大昕先生手简十五通（又名家书册）之七
钱东壁、尹炎武、陈垣递藏 观雪斋藏

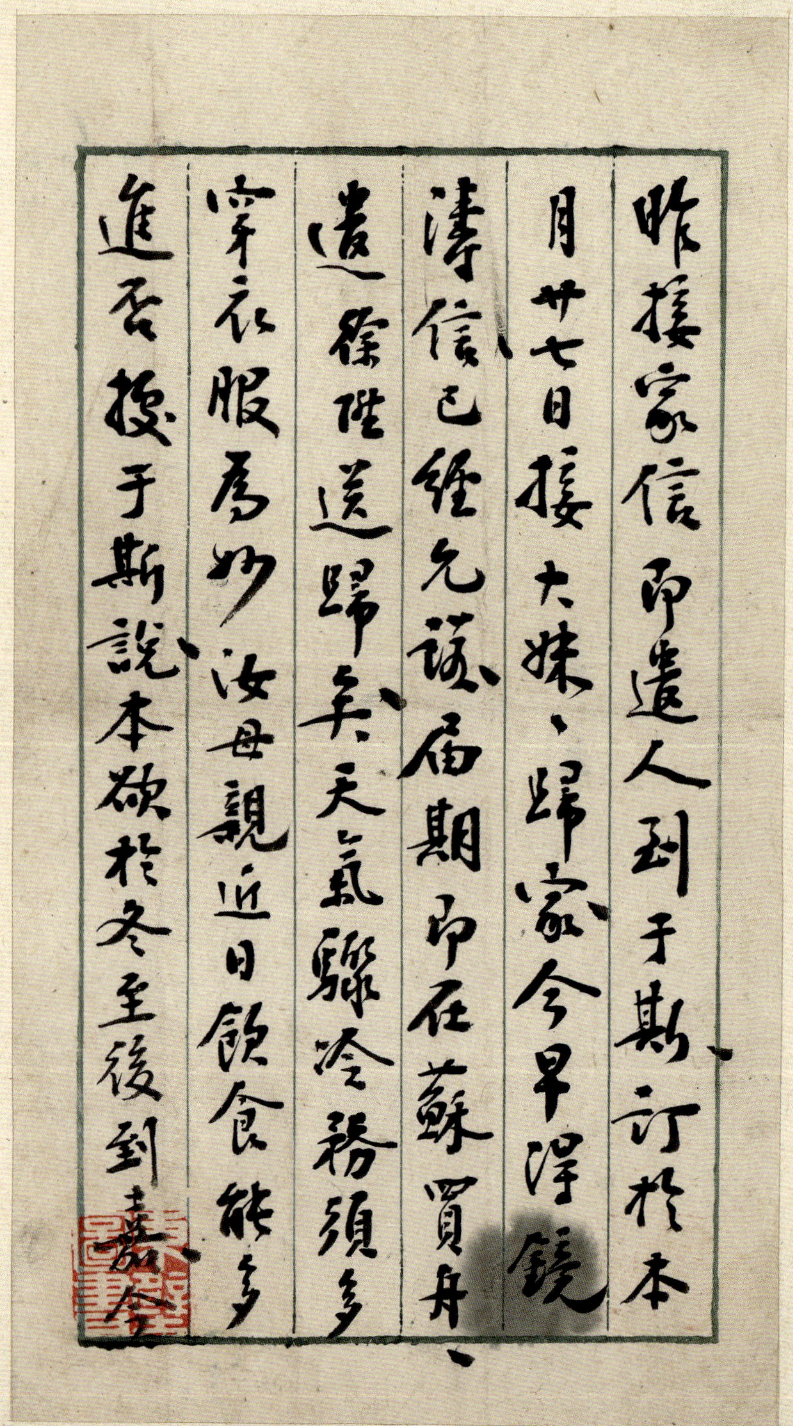
昨接家信，即遣人到于斯，訂於本月廿七日接大妹，歸家。今早得鏡濤信，已經允許，屆期即在蘇買舟，遣孫姪送歸矣。天氣驟冷，務須多穿衣服爲妙。汝母親近日飲食能多進否？接于斯說本欲於冬至後到嘉今

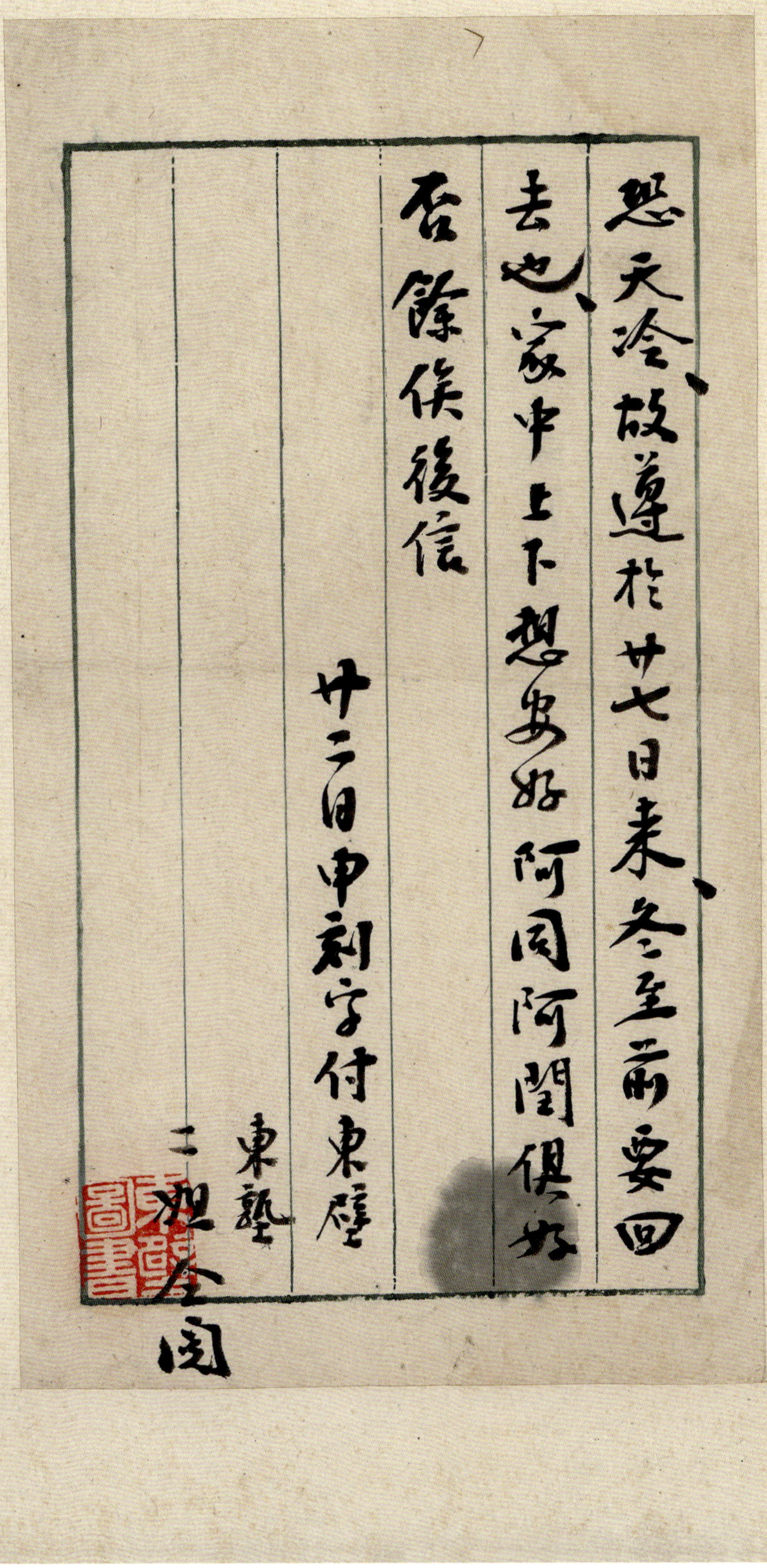

恐天冷、故遂於廿七日來、冬至前要回
去也、家中上下想安好、阿同阿聞俱好
否、餘俟後信
廿二日申刻字付東壁
東塾
二姐全閱

钱大昕先生手简十五通（又名家书册）之八
钱东壁、尹炎武、陈垣递藏 观雪斋藏

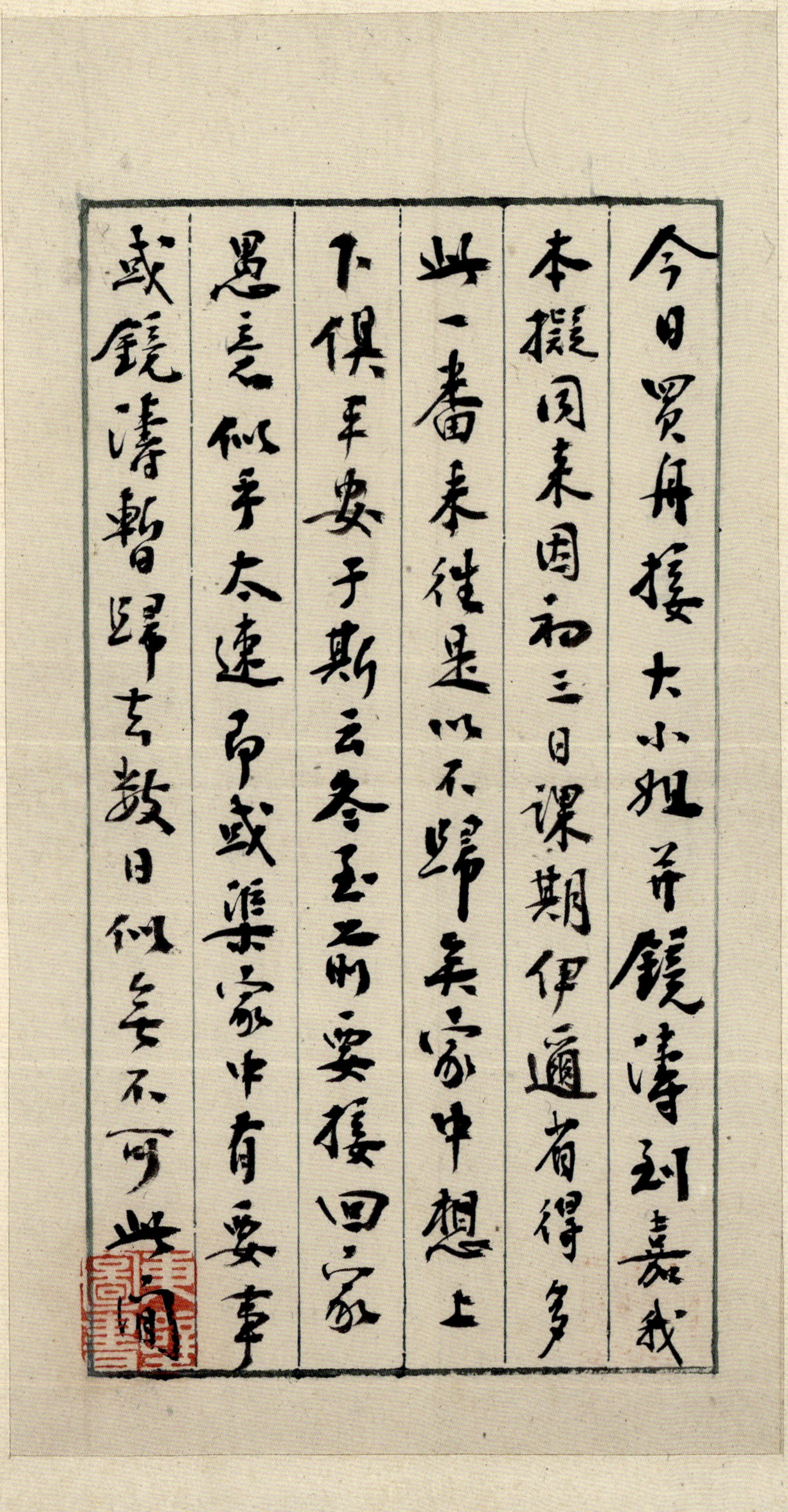
今日買舟接大小姐并鏡濤到嘉我
本擬同來因初三日課期伊適省得多
此一番來往是以不歸矣家中想上
下俱平安于斯云冬至所要接回家
愚意似乎太速即或渠家中有要事
或鏡濤暫歸十數日似無不可此問

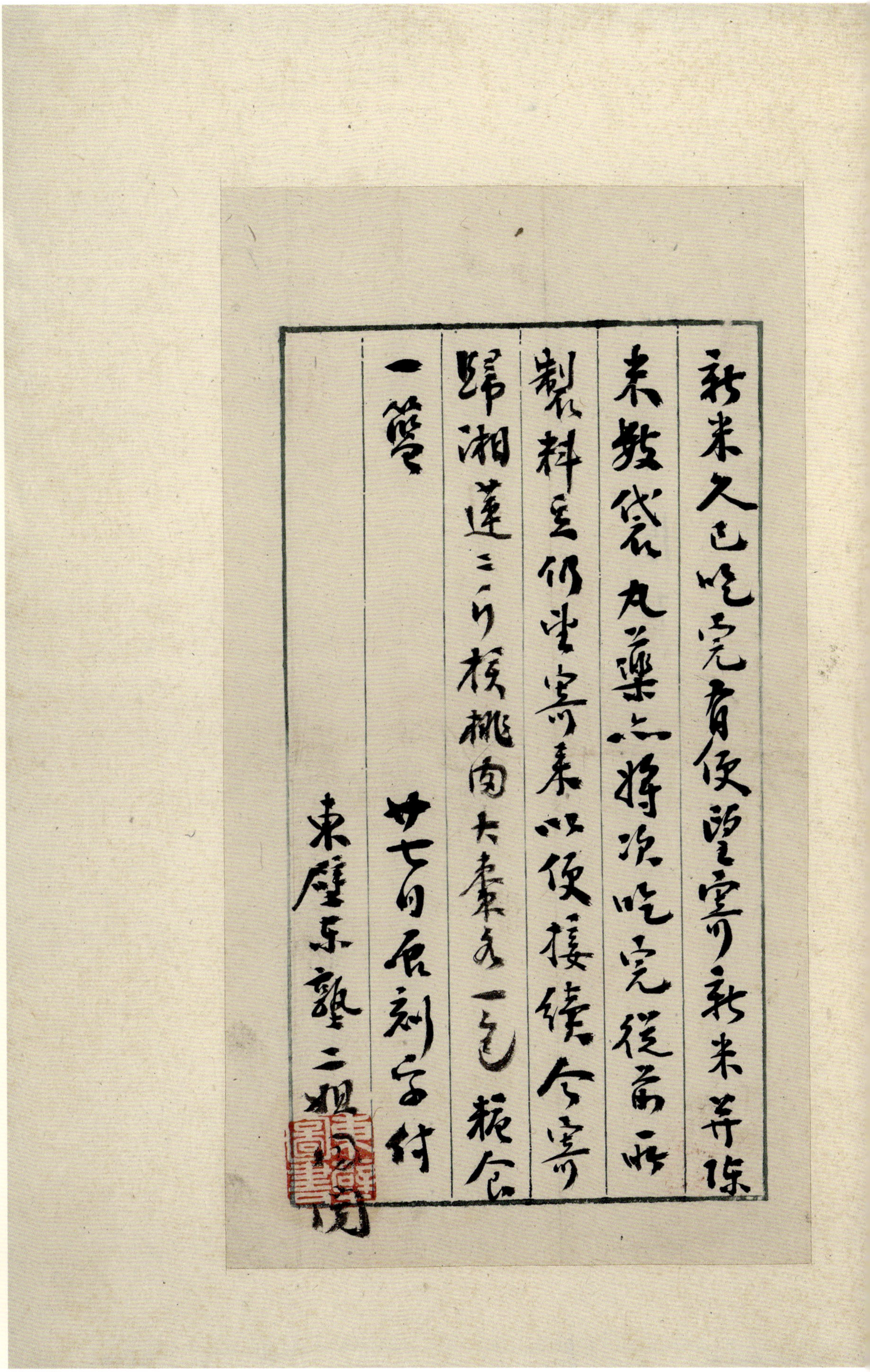
新米久已吃完，有便望寄新米并陈
米數袋。丸藥亦將次吃完，從前所
製衣料至何處寄來，以便接續。今寄
歸湘蓮二斤，核桃肉、大棗各一包，祈查收
一箋
廿七日辰刻字付
東壁、東塾二姪同覽

钱大昕先生手简十五通（又名家书册）之九

钱东壁、尹炎武、陈垣递藏　观雪斋藏

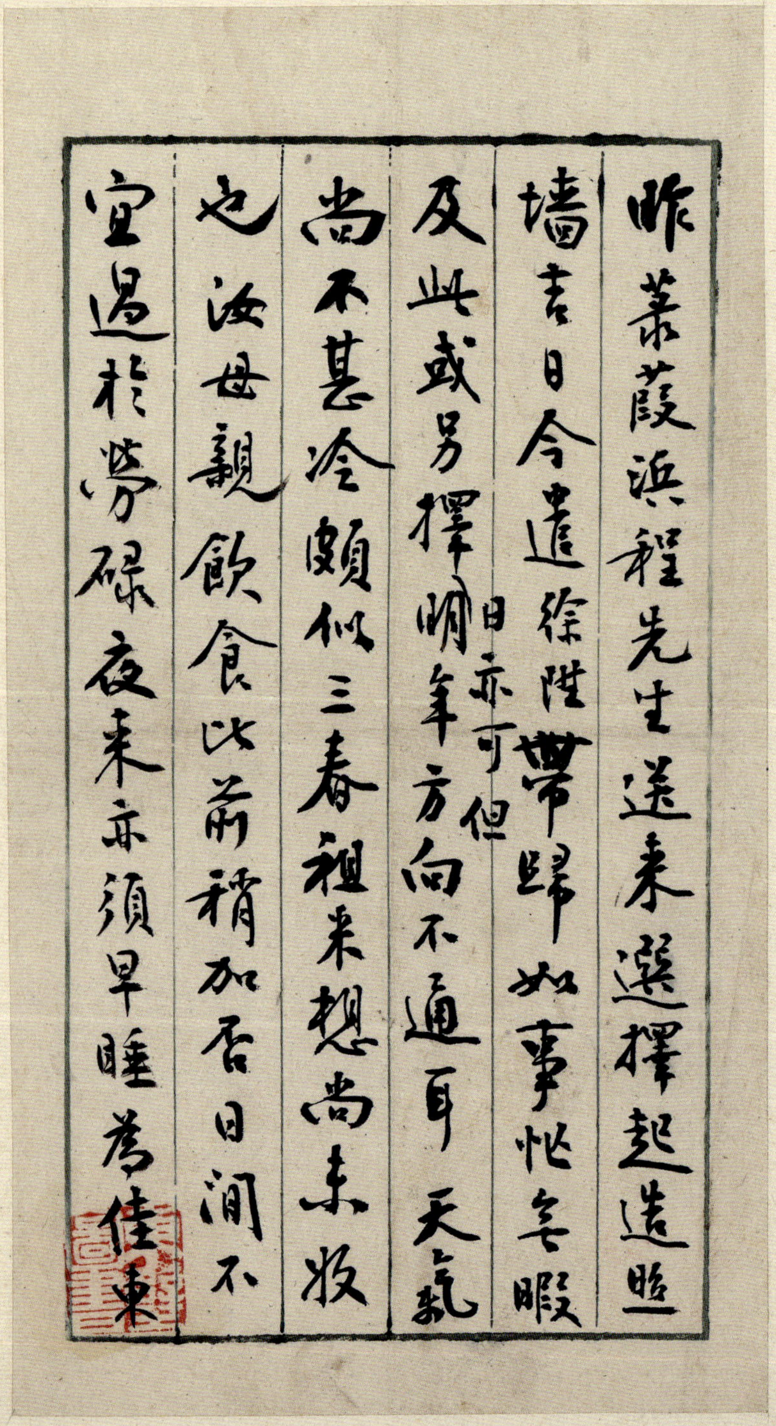

昨葉葭濱程先生送來選擇起造照
墻吉日今遣徐陞帶歸如事忙無暇
及此或另擇明日亦可但年方向不通耳天氣
尚不甚冷頗似三春租米想尚未收
也汝母親飲食比前稍加否日間不
宜過於勞碌夜來亦須早睡為佳東

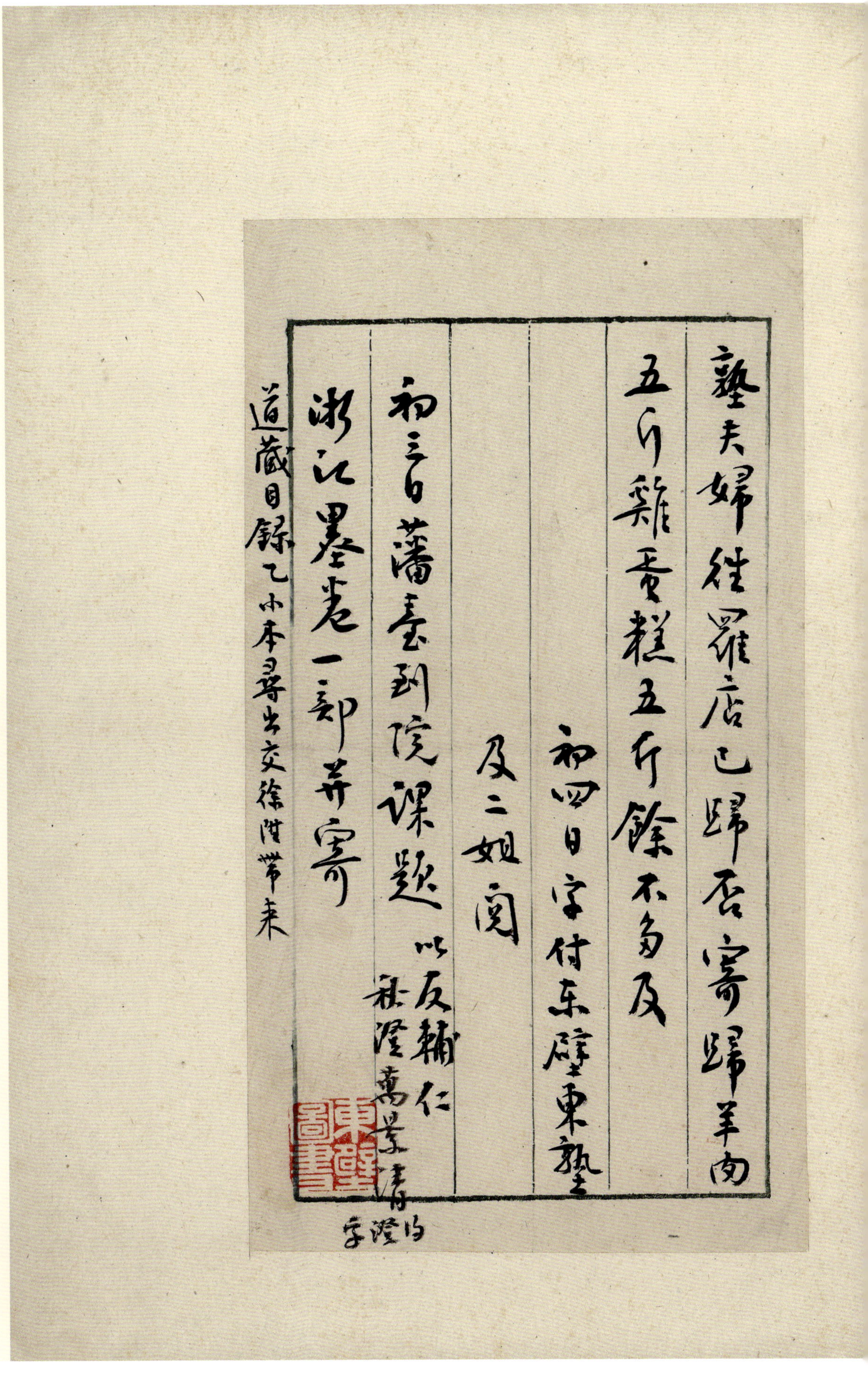

塾夫婦往羅店已歸店寄歸羊肉
五斤雞蛋糕五斤餘不多及
初四日字付东壁東塾
及二姐閱
初三日藩臺到院課題 以友輔仁
秋澄萬景清 得澄字
浙江墨卷一部并寄
道藏目録乙小本另尋出交徐附帶來

钱大昕先生手简十五通（又名家书册）之十
钱东璧、尹炎武、陈垣递藏　观雪斋藏

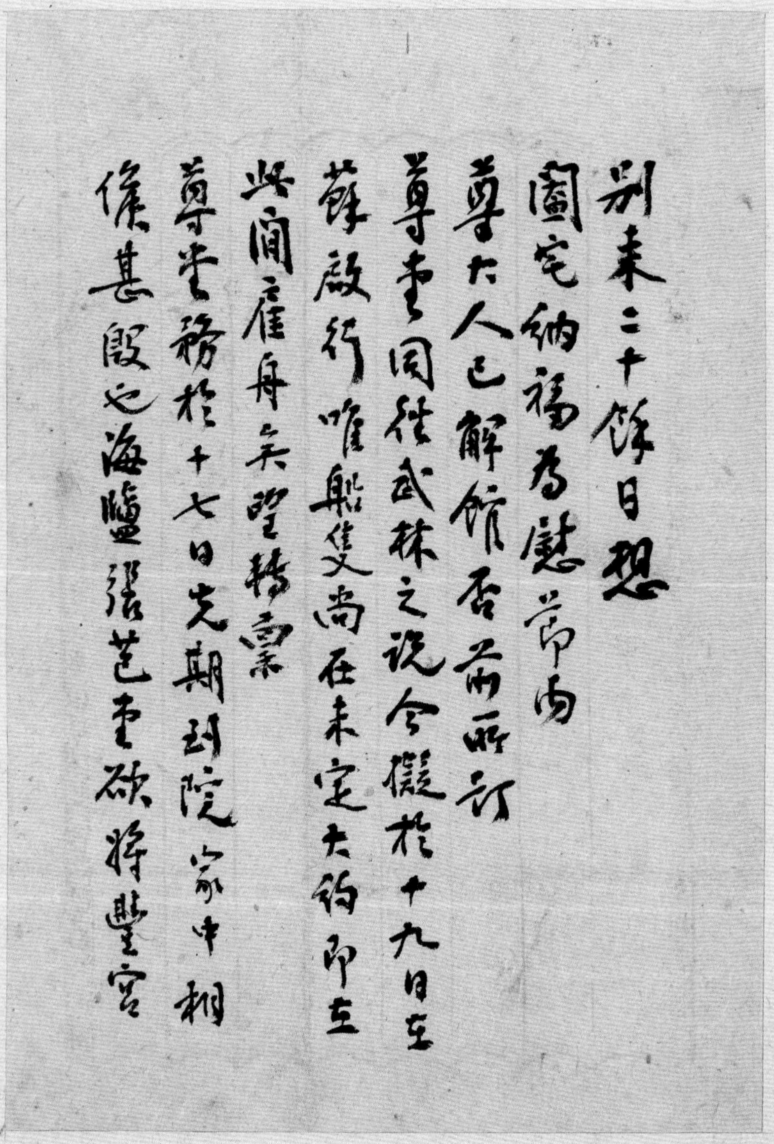

別來二十餘日想
閣宅納福為慰節內
尊大人已解館否前所訂
尊書同往武林之說今擬於十九日至
蘇啟行唯船隻尚在未定大約即在
此間雇舟矣望轉稟
尊堂書務於十七日先期到院家中相
候甚殷也海鹽張芑堂欲將豐宮

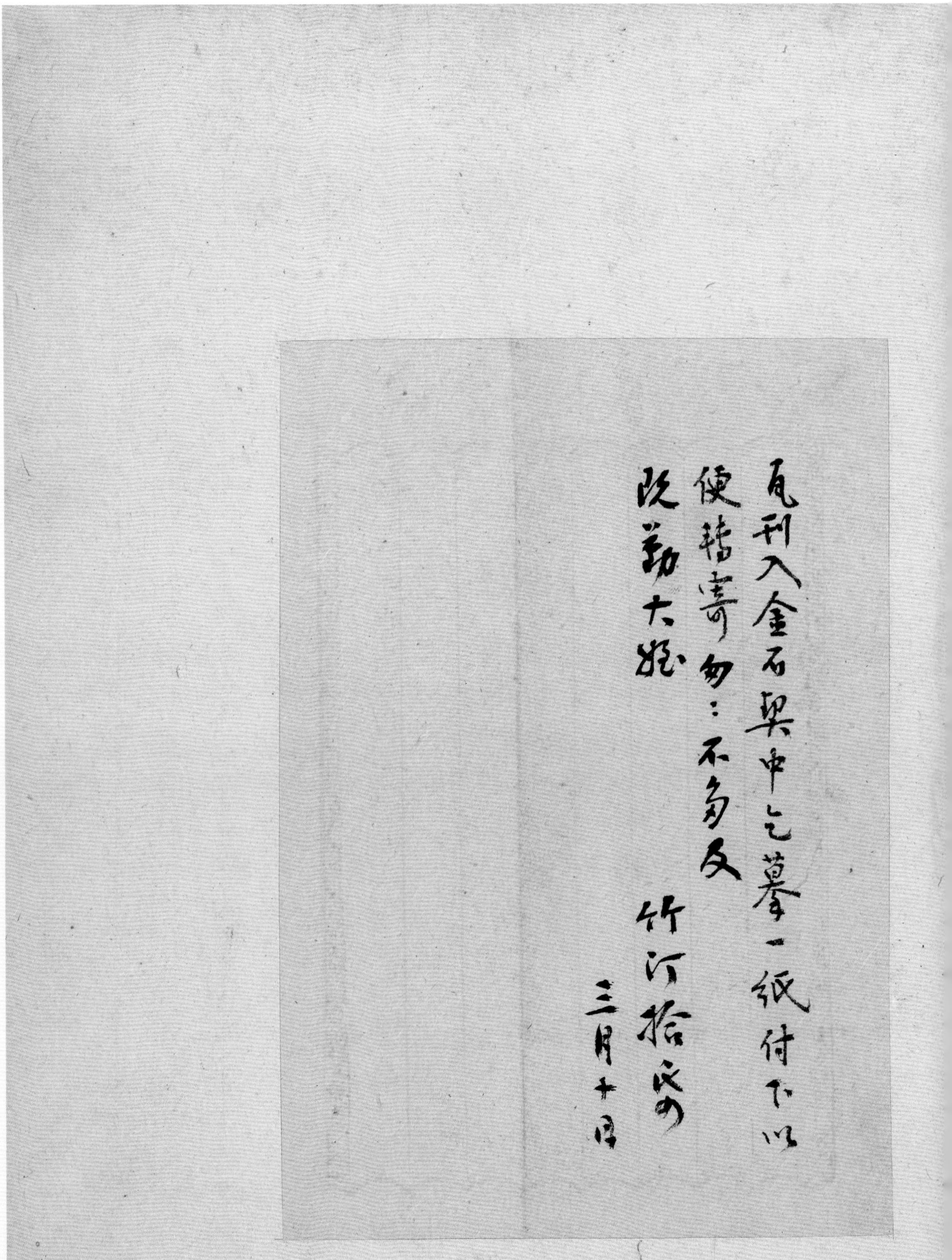
頁刊入金石契中乞摹一紙付下以
便轉寄匆匆不多及
改勤大姪
竹汀拾頓首
三月十日

钱大昕先生手简十五通（又名家书册）之十一
钱东壁、尹炎武、陈垣递藏　观雪斋藏

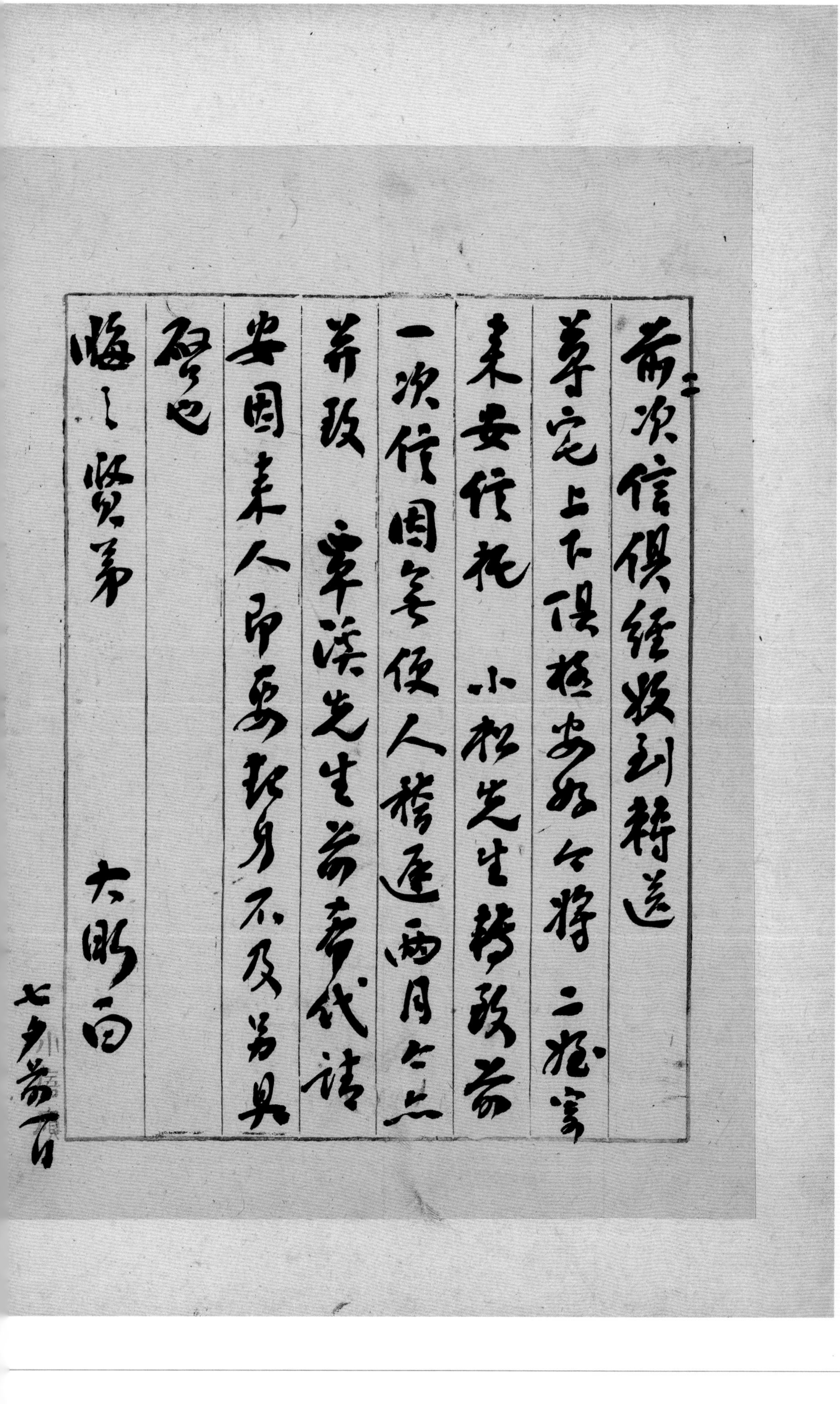

前次信俱經收到，特送
尊宅上下俱極安好，今將二孫字
來安信托小松先生轉致，前
一次信因無便人稽遲兩月，今亦
并致。辛溪先生前煩代請
安，因來人即要起身，不及另具
啟也。
晦之賢弟　大昕白
七夕前一日

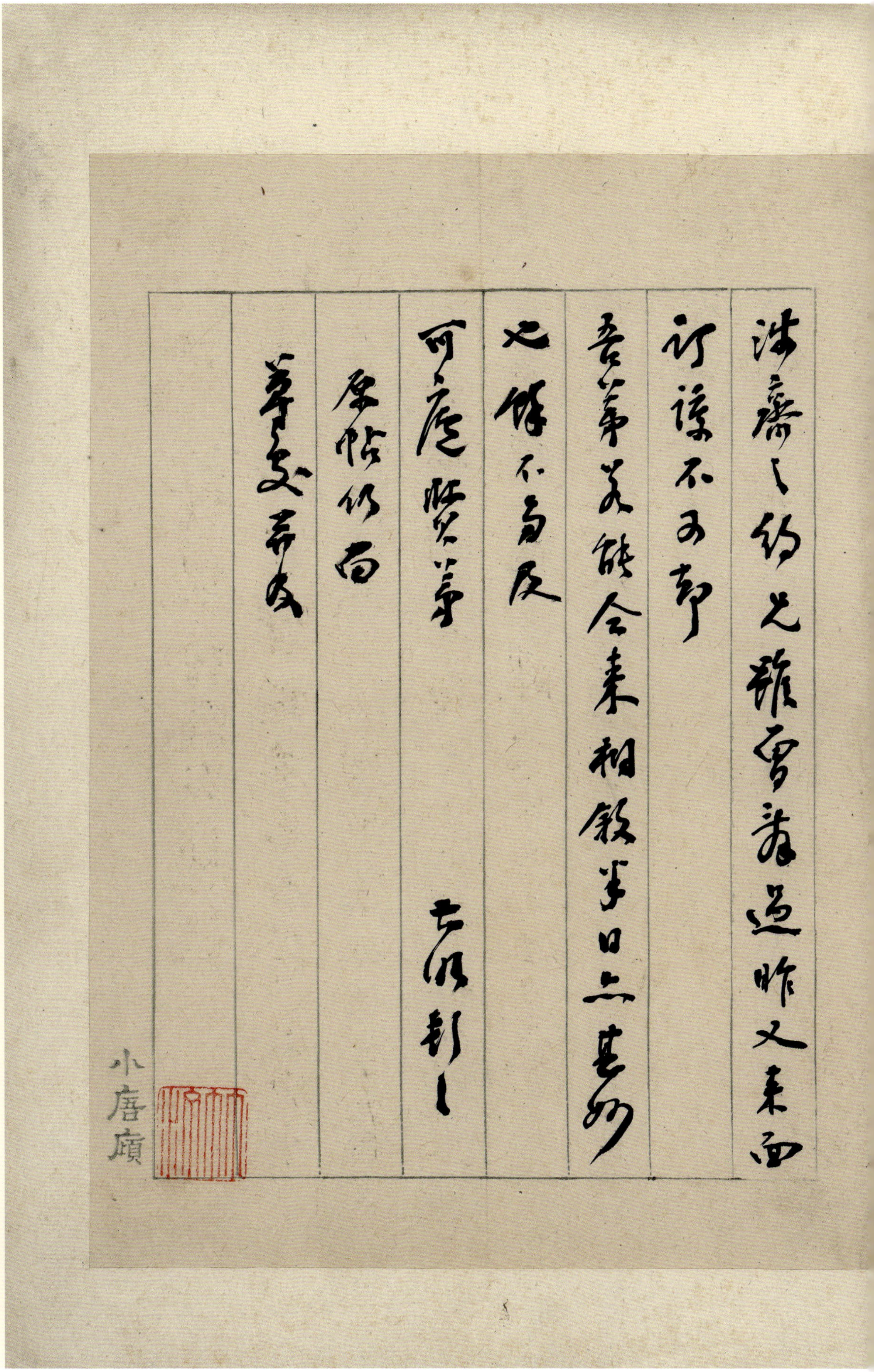

钱大昕先生手简十五通（又名家书册）之十二、十三

钱东壁、尹炎武、陈垣递藏　观雪斋藏

可庭賢弟

來信具悉家信亦即日寄去矣邑志
采訪陸續已到正可删定成書了此
一事矣兄咳嗽雖止而精神漸、
恍惚恐不能久駐人世也太倉志要閱
過所載人物頗詳備此舉須來王述
庵、力而同人亦有助焉可喜也匆、不
多及

竹汀居士候字

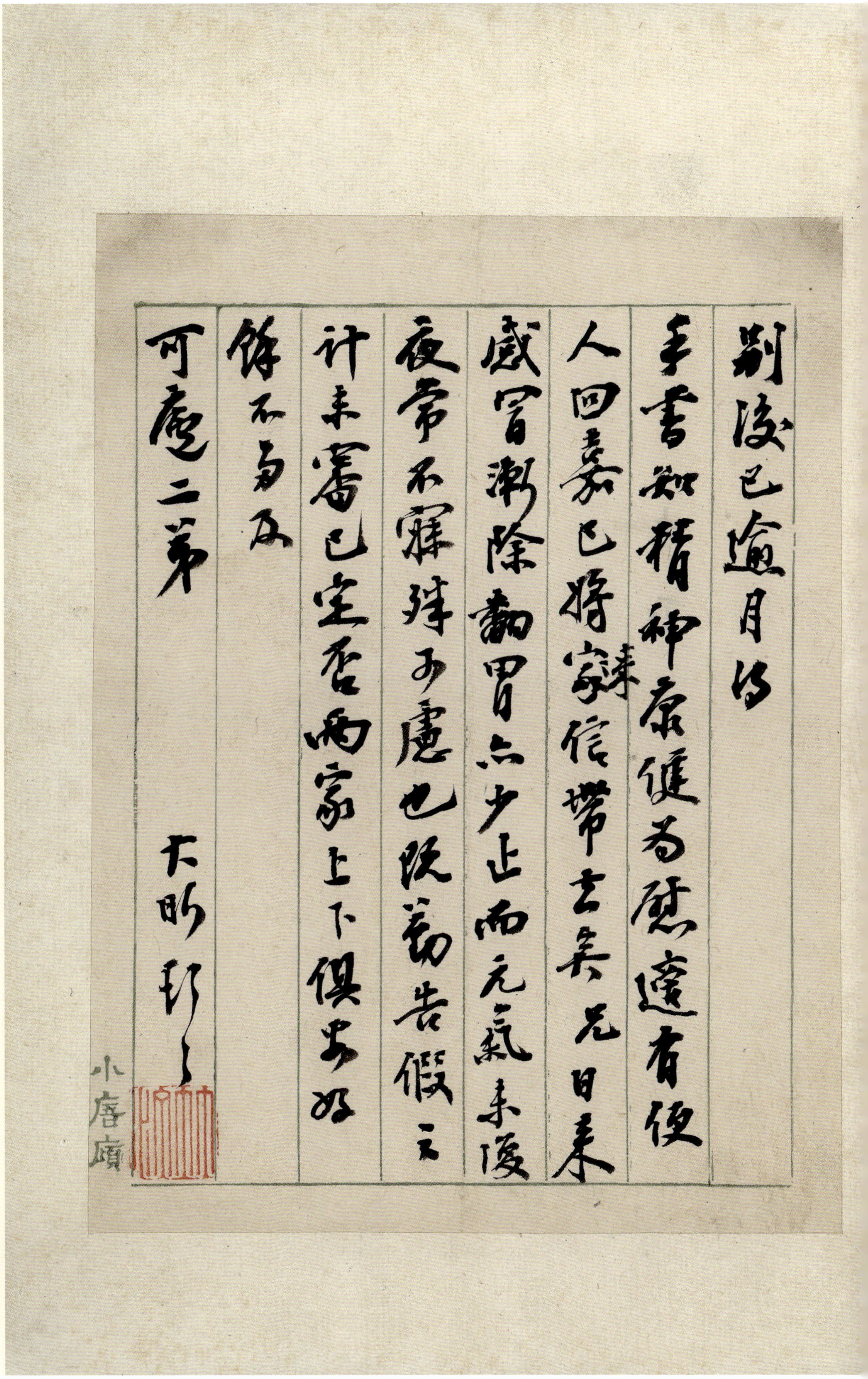

钱大昕先生手简十五通（又名家书册）之十四、十五
钱东壁、尹炎武、陈垣递藏　观雪斋藏

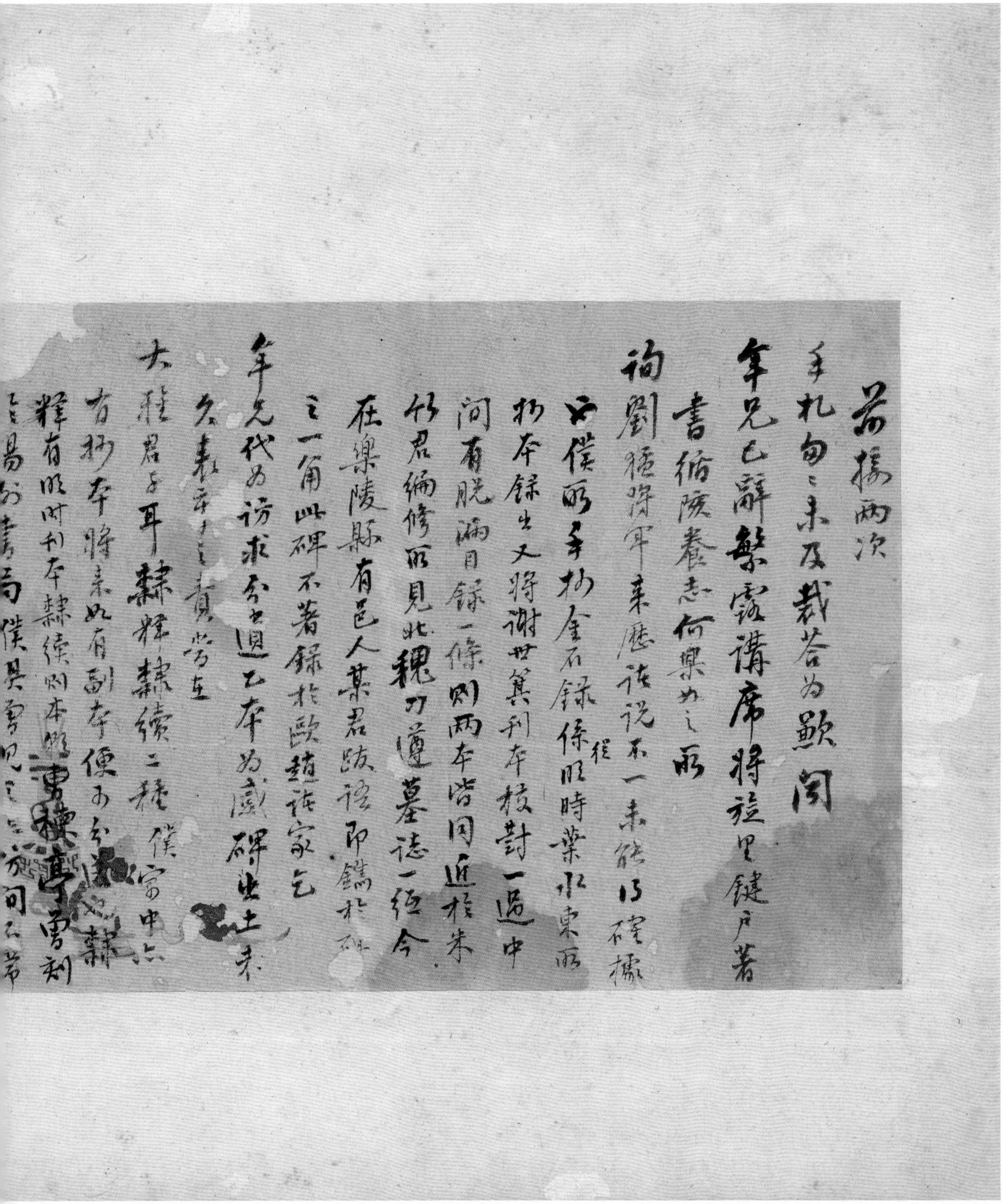

《钱宫詹帖册》之一
王懿荣题签、蒋祖诒旧藏
观雪斋藏

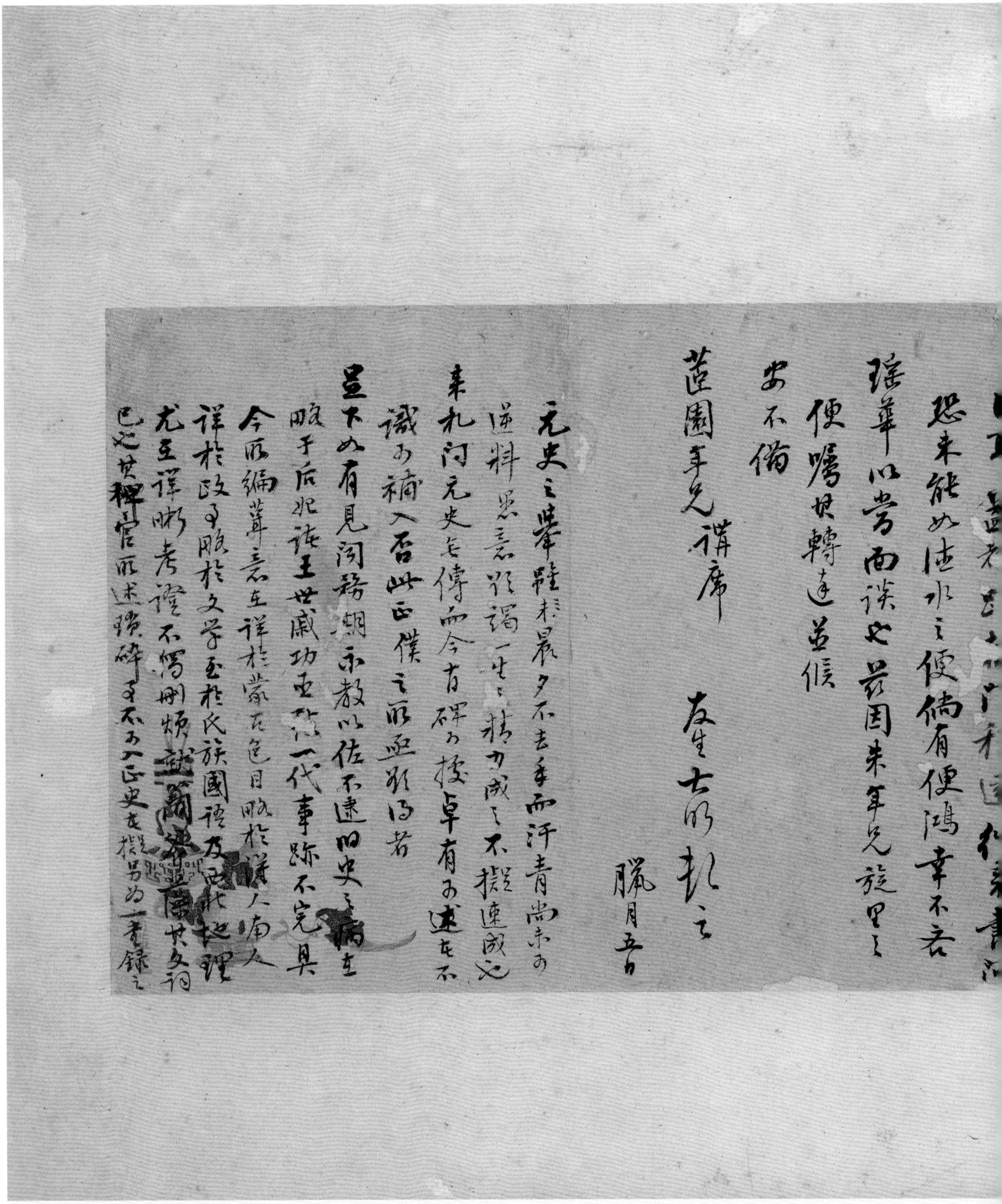
恐未能如徒水之便。倘有便鸿，幸不吝
瑶华，以当面谈也。最因朱年兄旋里之
便，嘱其转达，並候
安，不备。
莲园年兄讲席
年生大昕顿首
腊月五日

元史之举，虽於晨夕不去手，而汗青尚未可
遽料。思以区区一生之精力成之，不拟速成也。
来札问元史之传而今有碑可援，卓有可述者，不
识可补入否。此正仆之所亟欲得者，
足下如有见闻，务期示教，以佐不逮。旧史之病在
略于后妃、诸王、世戚、功臣，致一代事迹不完具。
今所编纂，意在详於蒙古色目，略於汉人南人，
详於政事，略於文学，至於氏族、国语及西北地理，
尤其详略考证，不惮删烦，其文词
已见其碑官所述，碑亦不可入正史者，拟另为一书录之

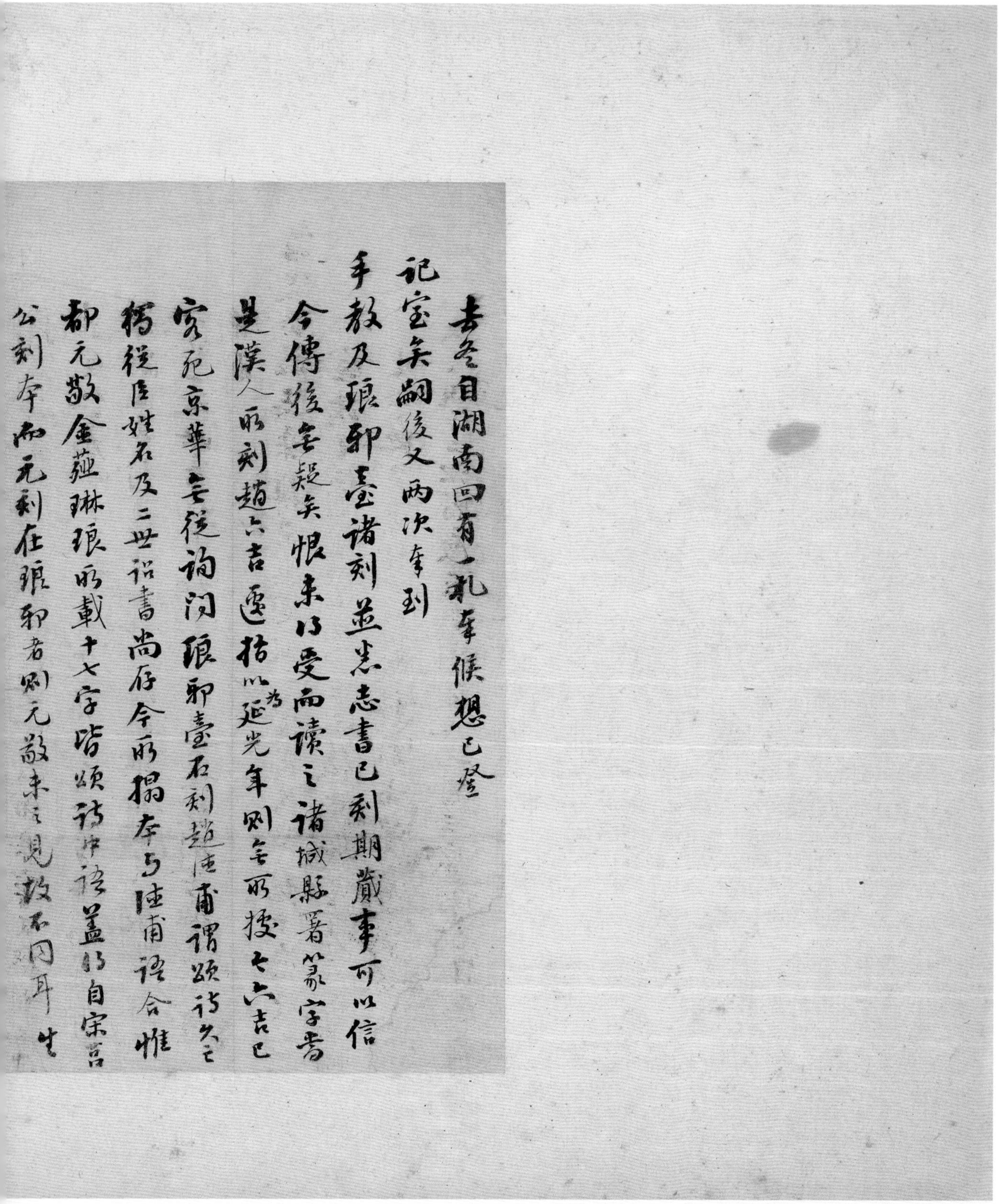
去冬自湖南回有一札奉候想已登
記室矣嗣後又兩次奉到
手教及瑯琊臺諸刻並縣志書已刻期藏事可以信
今傳後無疑矣恨未得受而讀之諸城縣署篆字者
是漢人所刻趙六吉還指以為延光年則無所據七六吉已
客死京華無從詢問瑯琊臺石刻趙德甫謂秦詩久已
稍從臣姓名及二世詔書尚存今所搨本與德甫語合惟
都元敬金薤琳琅所載十七字皆頌詩中語蓋得自宋莒
公刻本而元刻在瑯琊者則元敬未之見故不同耳 生

《钱宫詹帖册》之二
王懿荣题签、蒋祖诒旧藏
观雪斋藏

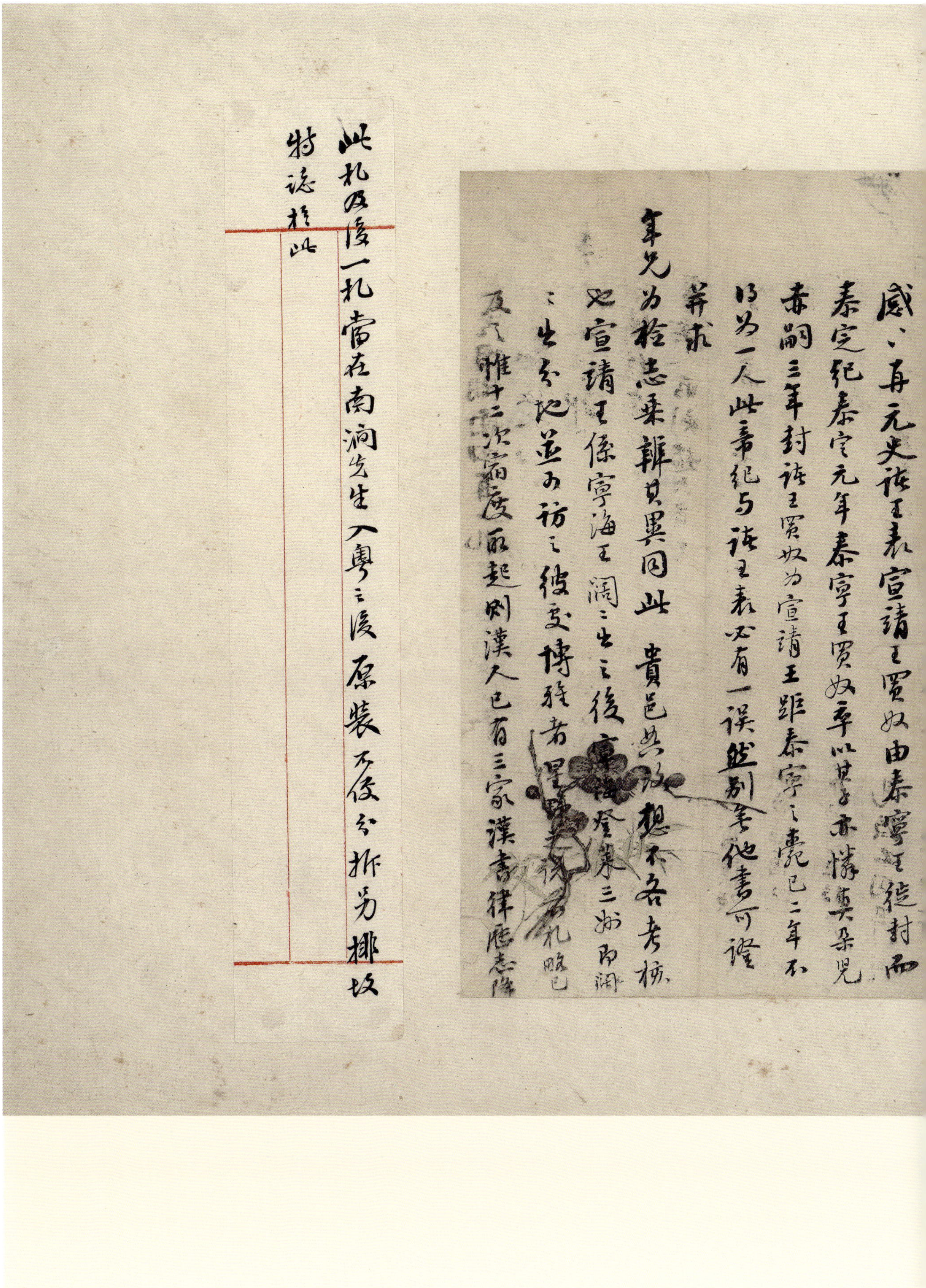

此札及後一札當在南澗先生入粵之後原裝不依次排列挪改

特誌於此

感感。再元史諸王表宣靖王買奴由泰寧王徙封而

泰定紀泰定元年泰寧王買奴卒以其子亦憐真朵兒

赤嗣三年封諸王買奴為宣靖王距泰寧之薨已二年不

得為一人此帝紀與諸王表必有一誤然别無他書可證

并求

年兄為檢志乘辨其異同此 貴邑典故想不吝考核

也宣靖王係寧海王闊闊出之後寧海登萊三州即闊

闊出分地并可訪之彼處博雅者[illegible]札略已

及之惟十二次宿度所起則漢人已有三家漢書律歷志降

婁初奎五度中婁四度終于胃六度此劉歆說也費直周
易分野則云降婁起奎二度蔡邕月令章句則云自壁八度
至胃一度謂之降婁所以不同者古人未明歲差之說三統歷
劉歆根據周末冬至日在牽牛故定斗十二度為星紀之初東漢
測冬至日躔斗二十一度遂改斗六為星紀之初蔡邕章句本此以日
躔所在當十二次日躔差而西不得不改宿度以就之矣如今
時冬至日在箕將以營室東壁為降婁之次乎此其說不
可通也十二次之名由星象而定不當隨時改易余謂以降
婁為奎婁其說近古言星分野者當主奎婁不當及胃也

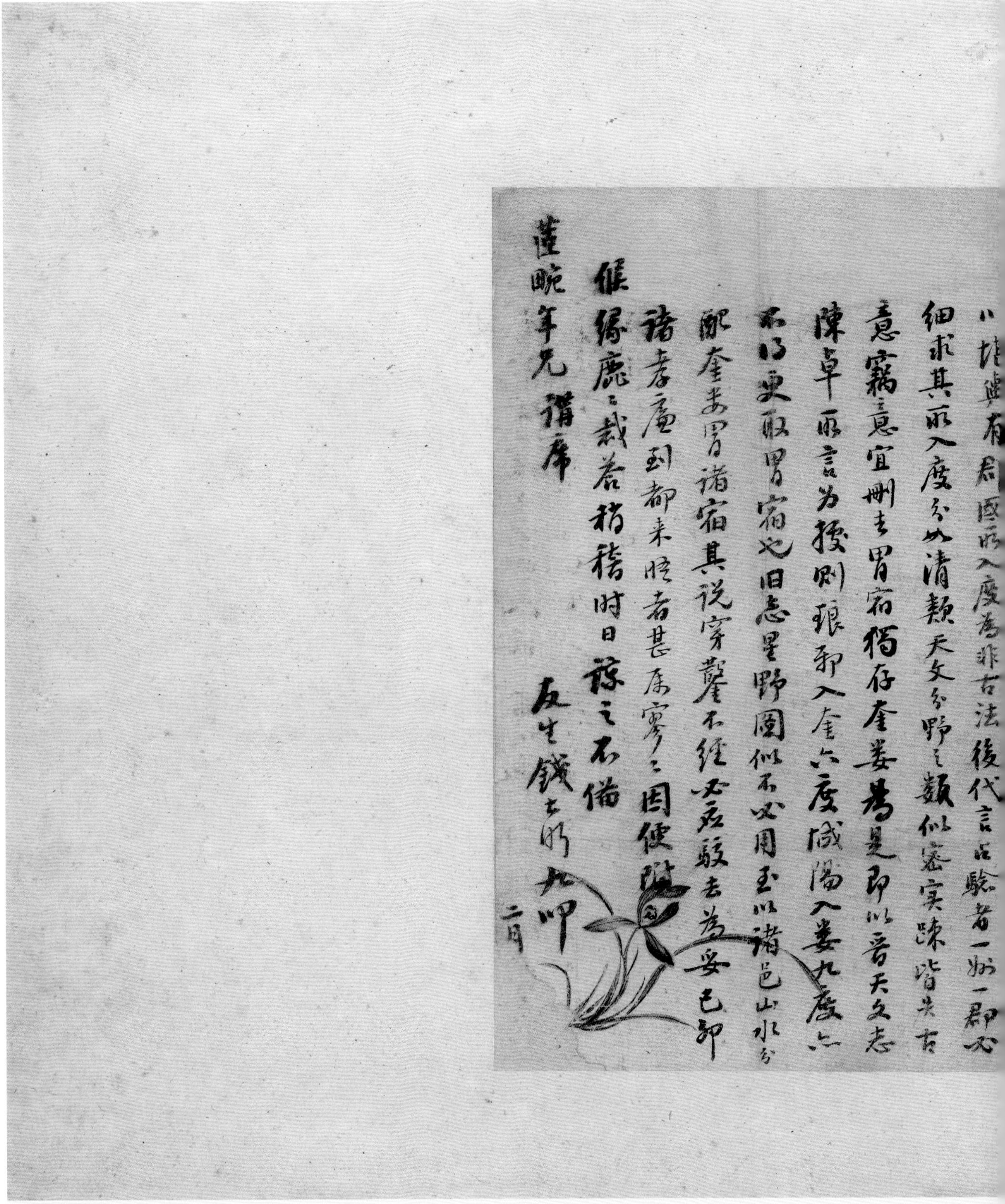
小雅與有君國所入度為非古法後代言占驗者一州一郡亦
細求其所入度分如清類天文分野之類似為實跡皆失古
意竊意宜刪去胃宿獨存奎婁為是即以晉天文志
陳卓所言為據則魯郡入奎六度城陽入婁九度亦
不得更取胃宿之舊志星野圖似不必用也以諸邑山水分
配奎婁胃諸宿其說穿鑿不經必應駁去為要也即
請孝廉到都來晤者甚康寧之因便附
候緝熙之哉若稍稽時日詳之不備
蓮畹年兄講席
友生錢大昕九叩
二月

通家生錢大昕頓

去冬辱
手教以忠
年兄興居如言官侯著聲深為
欣喜丙辰册封典事已主
人代辦此時尚未領出侯尊紀
入部時帶回必無悞也僕自去秋
以來精神疲頓鬢鬚白去衛
新去半
古人直上書房侍 皇子講讀此固詞臣
榮選但以山野之性喜多疾疢託
禁近之地此非所宜常冬已托院

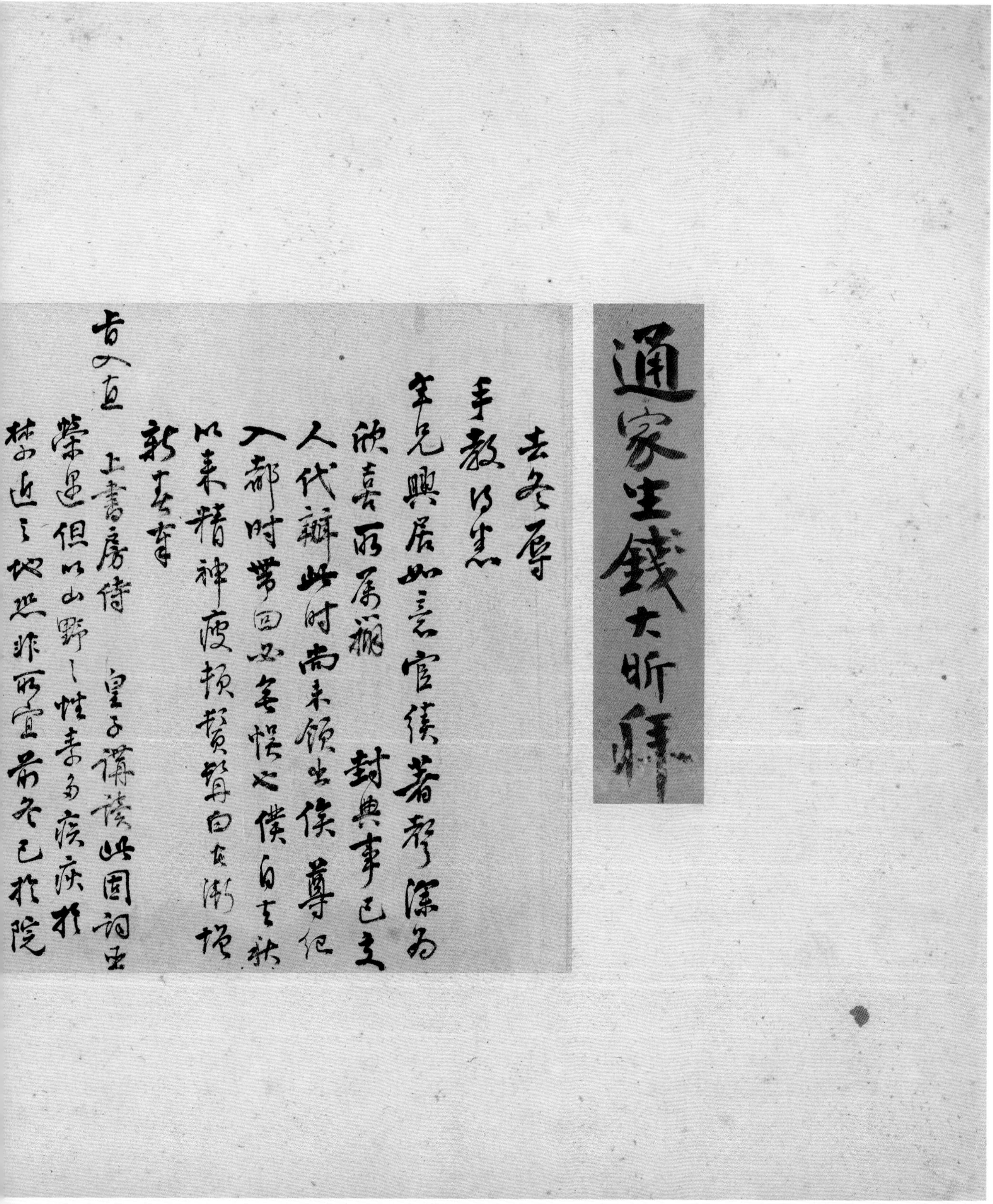

《钱宫詹帖册》之三
王懿荣题签、蒋祖诒旧藏
观雪斋藏

出挂亦勉强支持，然故业日就荒
落，家务之不能料检，且自顾
未有稽古之功，而虚忝教胄之席，
素餐鹤禁，殊多惶愧耳。承为
拙著金石题跋梓行，足征
高谊。前已接到前三卷样本，下册未
审於何时可得样本，又欲求
大笔为我序之，亦希
撰先一挥为幸。仆两三年内学问
无所进，惟於声音文字训诂似稍
窥古人小学之本，有族姓名拈字

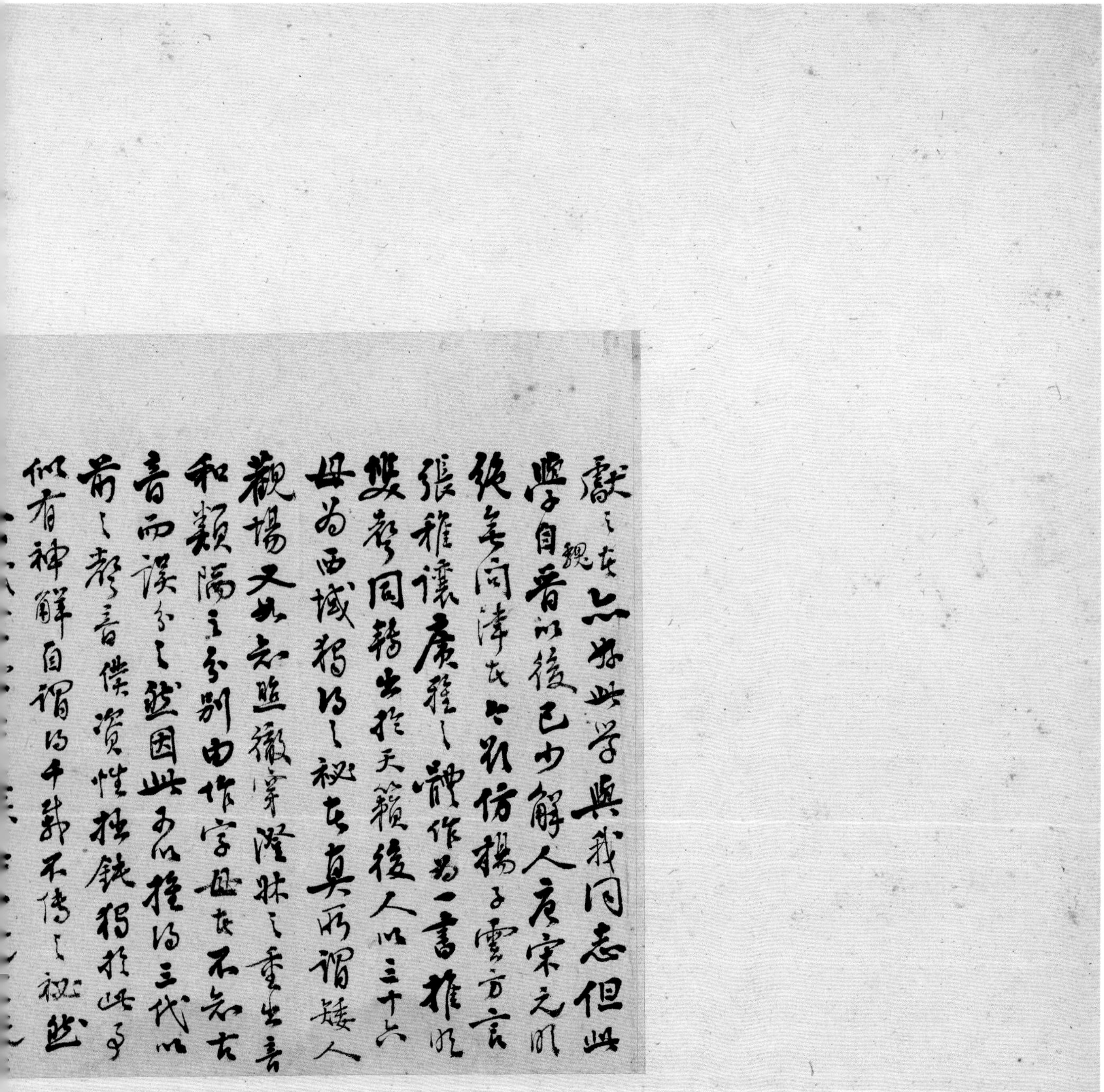

獻之長亦好此學與我同志但此
學自晉以後已少解人唐宋之間
絕無問津者其欲仿揚子雲方言
張稚讓廣雅之體作為一書推明
梵聲同轉出於天籟後人以三十六
母為西域得之之秘者真所謂矮人
觀場又如知照徹穿澄牀之重出音
和類隔之分別由作字母者不知古
音而誤分之也因此而推得三代以
前之聲音僕資性拙鈍獨於此事
似有神解自謂得千載不傳之秘也

遠蒙由以貫說頌之
高明此事亦須天假以年方可成就傳
與不傳聽之造物可也金石跋尾求
觀者頗多如有便人入都幸多刷數
本見寄即有一二訛字亦不妨蓋穀
之傳鈔終為便易也石刻鋪叙及鳳
墅帖釋文亦以再寄三四部來為妙
適有便人來粵燈下握筆作札
奉候
近安草草不恭並希
鑒宥不宣　名具另函
正月廿六日

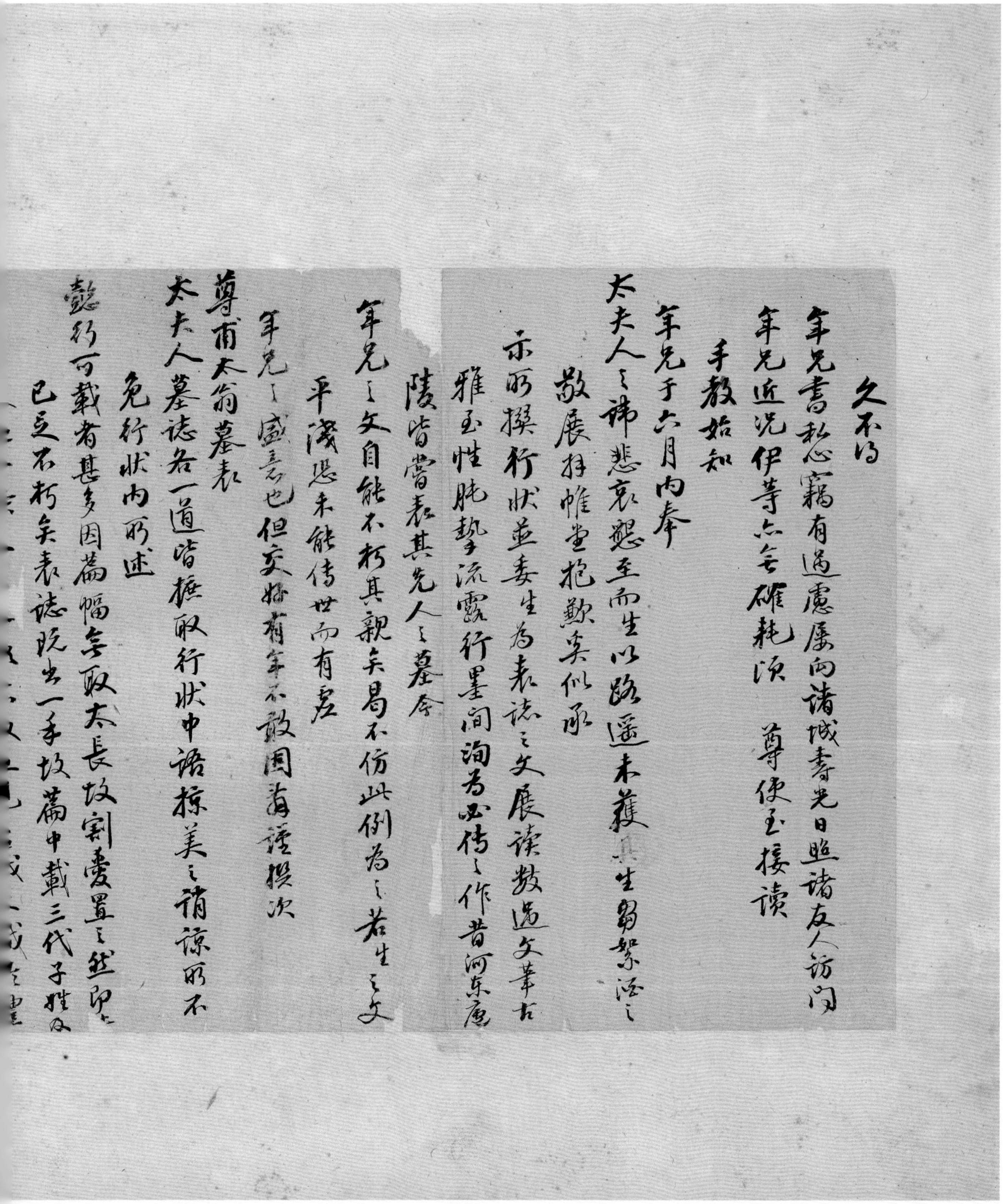

久不得
年兄書私心竊有過慮屢向諸城壽光日照諸友人訪問
年兄近況伊等亦无確耗頃　尊使至接讀
手教始知
年兄于六月內奉
太夫人之諱悲哀痛至而生以路遥未獲具生芻絮酒之
敬展拜帷堂抱歉奚似承
示所撰行狀並委生為表誌之文展讀數過文筆古
雅至性肫摯流露行墨間洵為必傳之作昔河東虞
陵皆嘗表其先人之墓今
年兄之文自能不朽其親矣曷不仿此例為之若生之文
平淺恐未能傳世而有累
年兄之盛意也但交好有年不敢固辭謹撰次
尊甫太翁墓表
太夫人墓誌各一道皆摭取行狀中語稼美之請諒所不
免行狀內所述
懿行可載者甚多因篇幅無取太長故割愛置之然即此
已足不朽矣表誌既出一手故篇中載三代子姓及

《钱宫詹帖册》之四
王懿荣题签、蒋祖诒旧藏
观雪斋藏

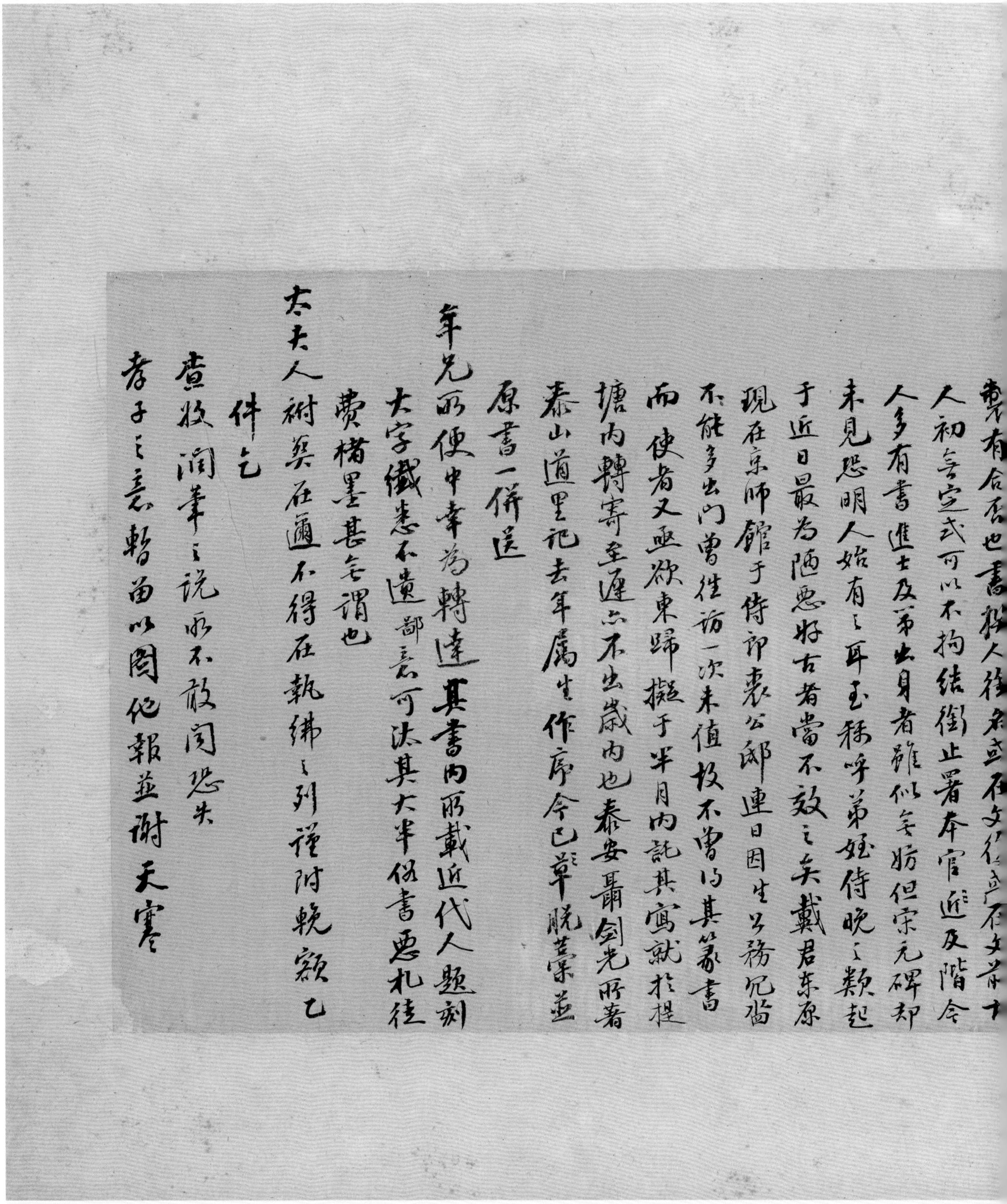
竟有合否也書款人後先或在文後或在文前
人初無定式可以不拘結銜止署本官近及階令
人多有書進士及第出身者雖似無妨但宋元碑却
未見照明人始有之耳至稱呼弟姪侍晚之類起
于近日最為陋惡好古者當不效之矣戴君東原
現在京師館于侍郎裘公邸連日因出外務冗沓
不能多出門曾往訪一次未值故不曾以其篆書
而使者又亟欲東歸擬于半月內託其寫就於提
塘內轉寄至遲亦不出歲內也泰安聶劍光所著
泰山道里記去年屬其作序今已草脫蒙並
原書一併送
年兄所便中幸為轉達其書內所載近代人題刻
大字纖悉不遺鄙意可汰其大半似書惡札徒
費楮墨甚無謂也
太夫人祔葬在邇不得在執紼之列謹附輓額乙
件乞
賁妝潤筆之說所不敢聞恐失
孝子之意暫留以圖他報並謝天寒

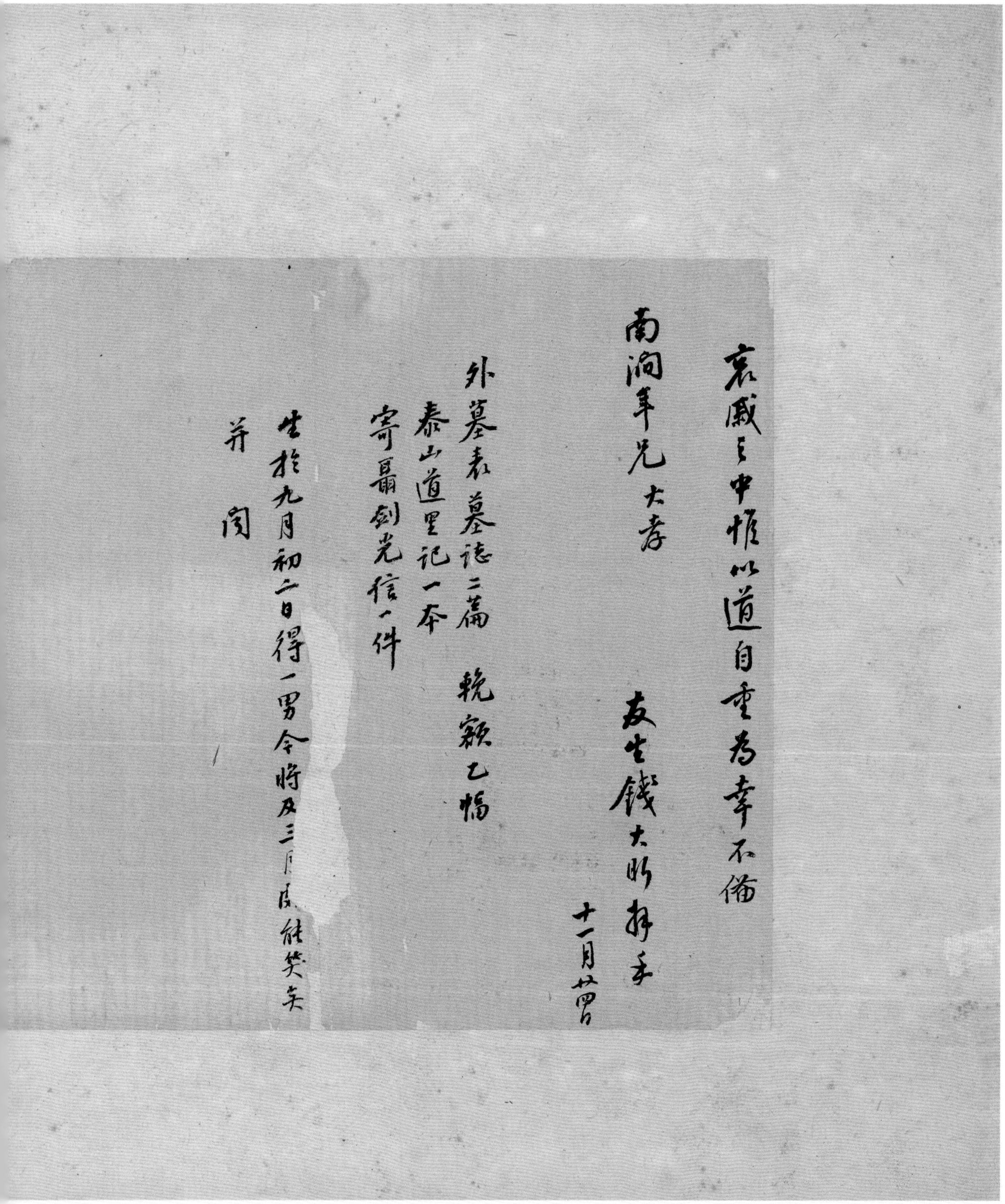

哀戚之中惟以道自重為幸不備

南澗年兄大孝

友生錢大昕拜手

十一月廿四日

外墓表墓誌二篇　輓額乙幅

泰山道里記一本

寄聶劍光信一件

生於九月初二日得一男令將及三月頗能笑矣

并　閱

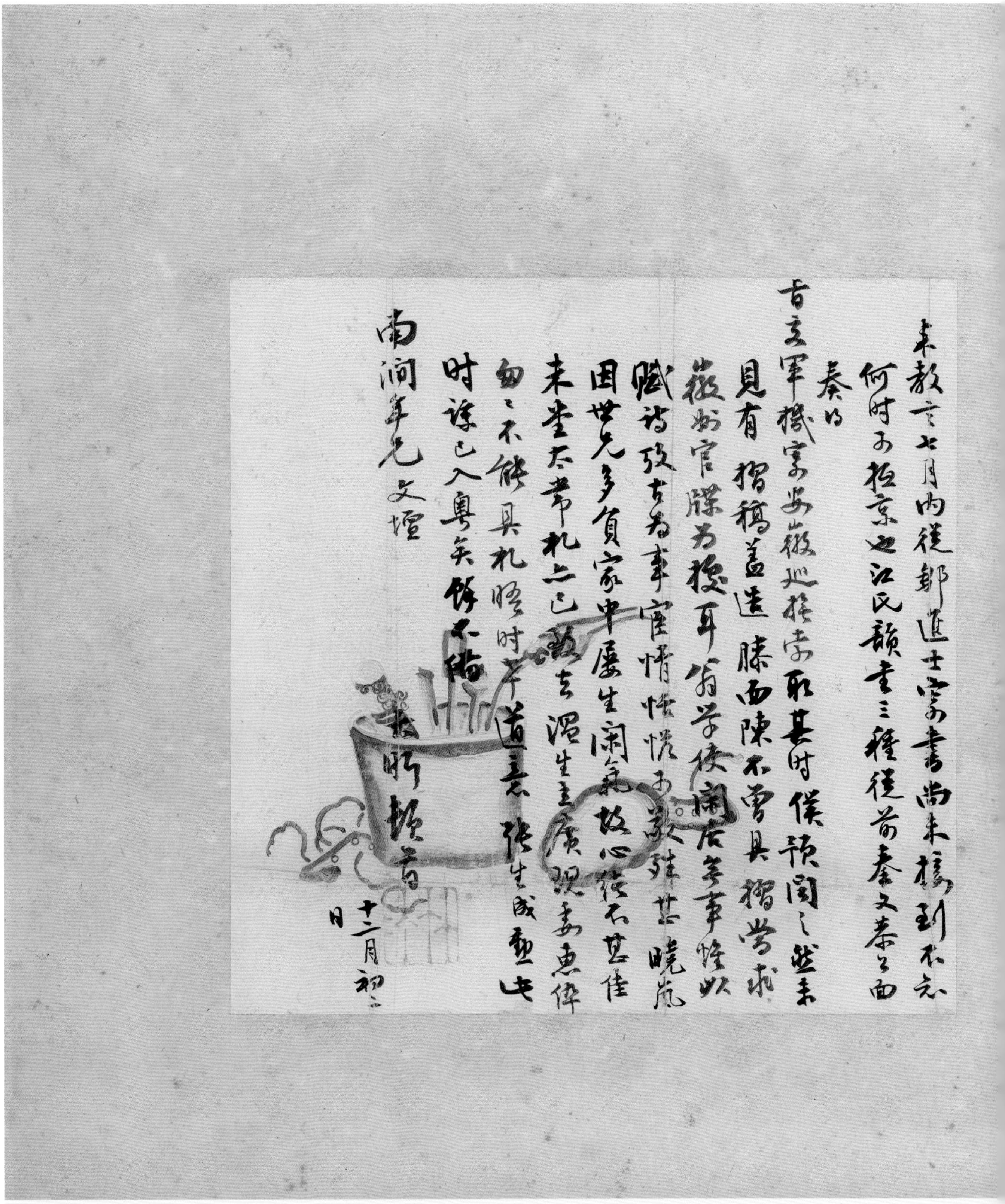
來教云七月內從鄂進士寄書，尚未接到，不知何時可抵京也。江氏韻書三種，從前秦文恭公曾
奏以
旨交軍機寄字安徽巡撫索取，其時僕預聞之，然未
見有摺稿並進，瞭面陳，不曾具摺。嘗求
徽州官牒為撿耳。前蒙學使開府年事，惟以
賦詩致書為事，宜情性怡悅，可然(?)莊其晚節，
因世兄多負，家中屢生閑氣，故心緒不甚佳。
來函太常札亦已致去。湛(?)生主廣東惠陽(?)院，
匆匆不能具札，晤時並道意。張生成甫也
時諒已入粵矣。餘不備。大昕頓首
南澗年兄文壇 十二月初二日

《钱宫詹帖册》之五
王懿荣题签、蒋祖诒旧藏
观雪斋藏

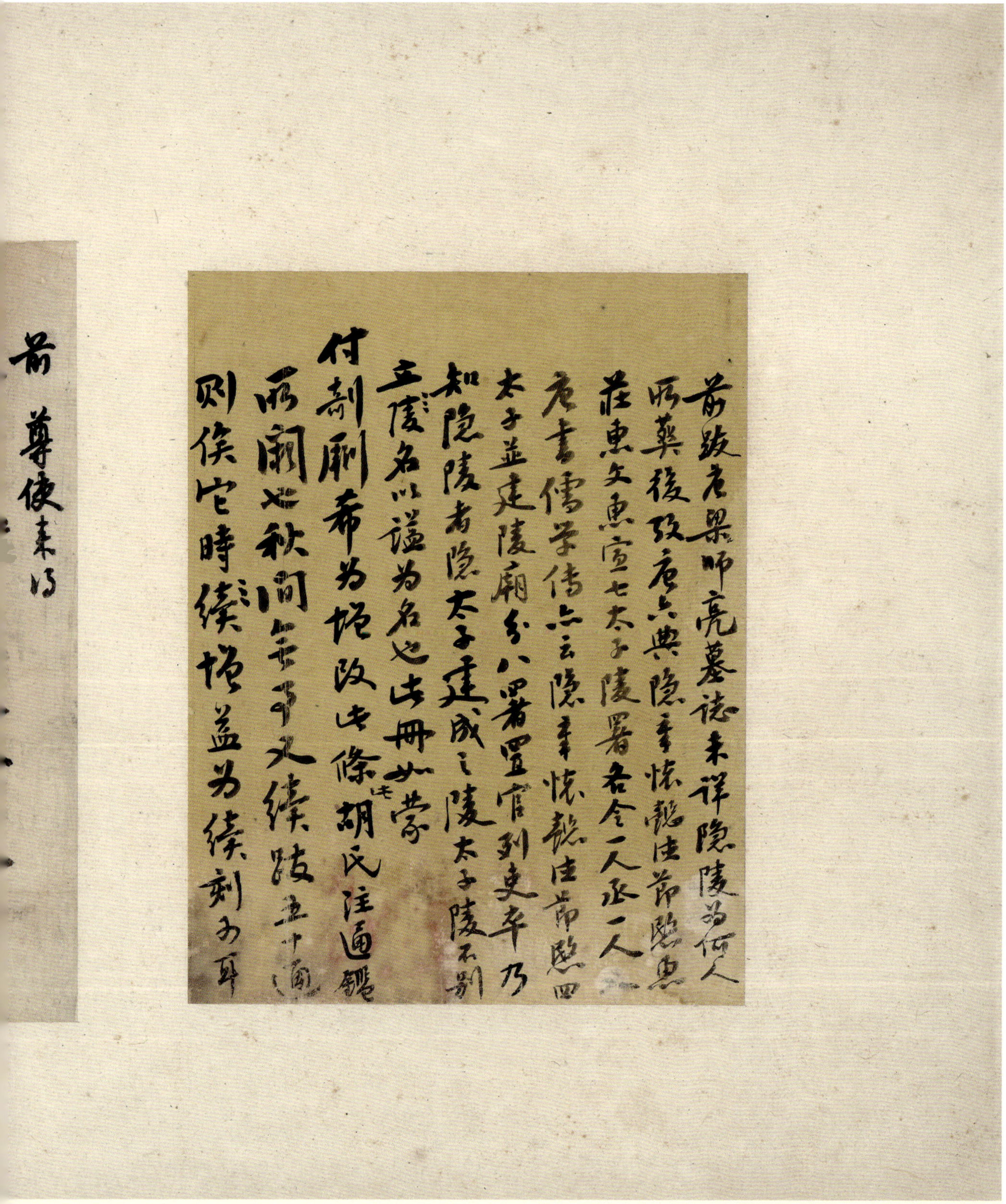

《钱宫詹帖册》之六
王懿荣题签、蒋祖诒旧藏
观雪斋藏

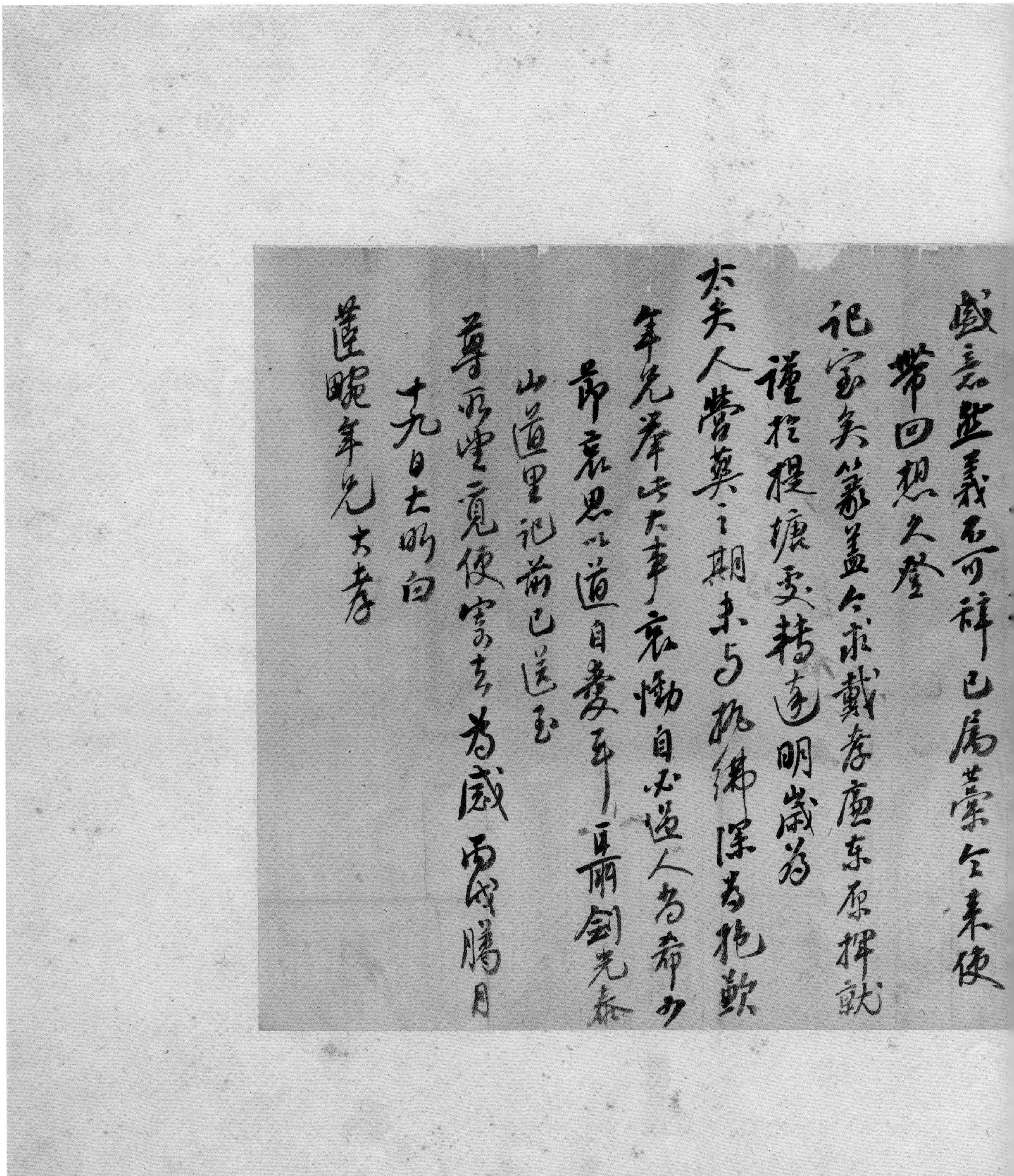

盛意並義不可辭已屬蒙令來使
帶回想久登
記室矣篆蓋令求戴孝廉東原揮就
謹於提塘處精達明歲爲
太夫人營奠之期未与執紼深爲抱歉
年兄孝思大事哀慟自必過人爲希加
節哀思以道自愛耳 再 蕭劍光森
山道里記前已送至
尊處覓便寄去爲感 雨時臘月
十九日大昕白
蓬晥年兄大孝

《钱宫詹帖册》之七
王懿荣题签、蒋祖诒旧藏
观雪斋藏

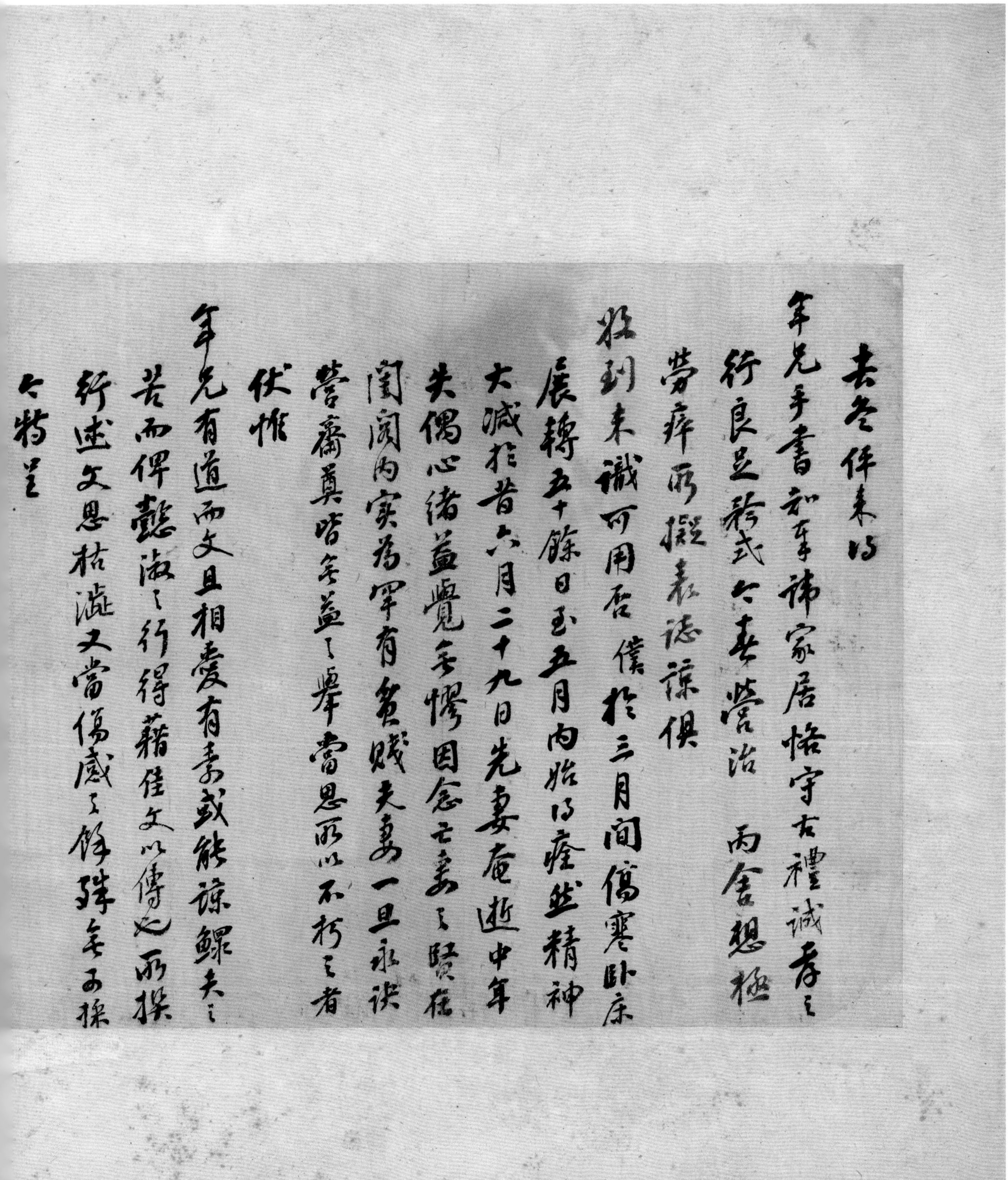

去冬仟來以
年兄手書知尊翁家居恪守古禮誠孝之
行良足矜式令妻營治　兩舍想極
勞瘁所擬表誌諒俱
收到未識可用否　僕於三月間傷寒卧床
展轉五十餘日至五月內始得痊然精神
大減於昔六月二十九日先妻奄逝中年
失偶心緒益覺無憀因念亡妻之賢在
閨閫內實爲罕有貧賤夫妻一旦永訣
營齋奠皆無益之舉當思所以不朽之者
伏惟
年兄有道而文且相愛有素或能諒鰥夫之
苦而俾懿淑之行得藉佳文以傳之所撰
行述文思枯澁又當傷感之餘殊無可採
亦附呈

《钱宫詹帖册》之八
王懿荣题签、蒋祖诒旧藏
观雪斋藏

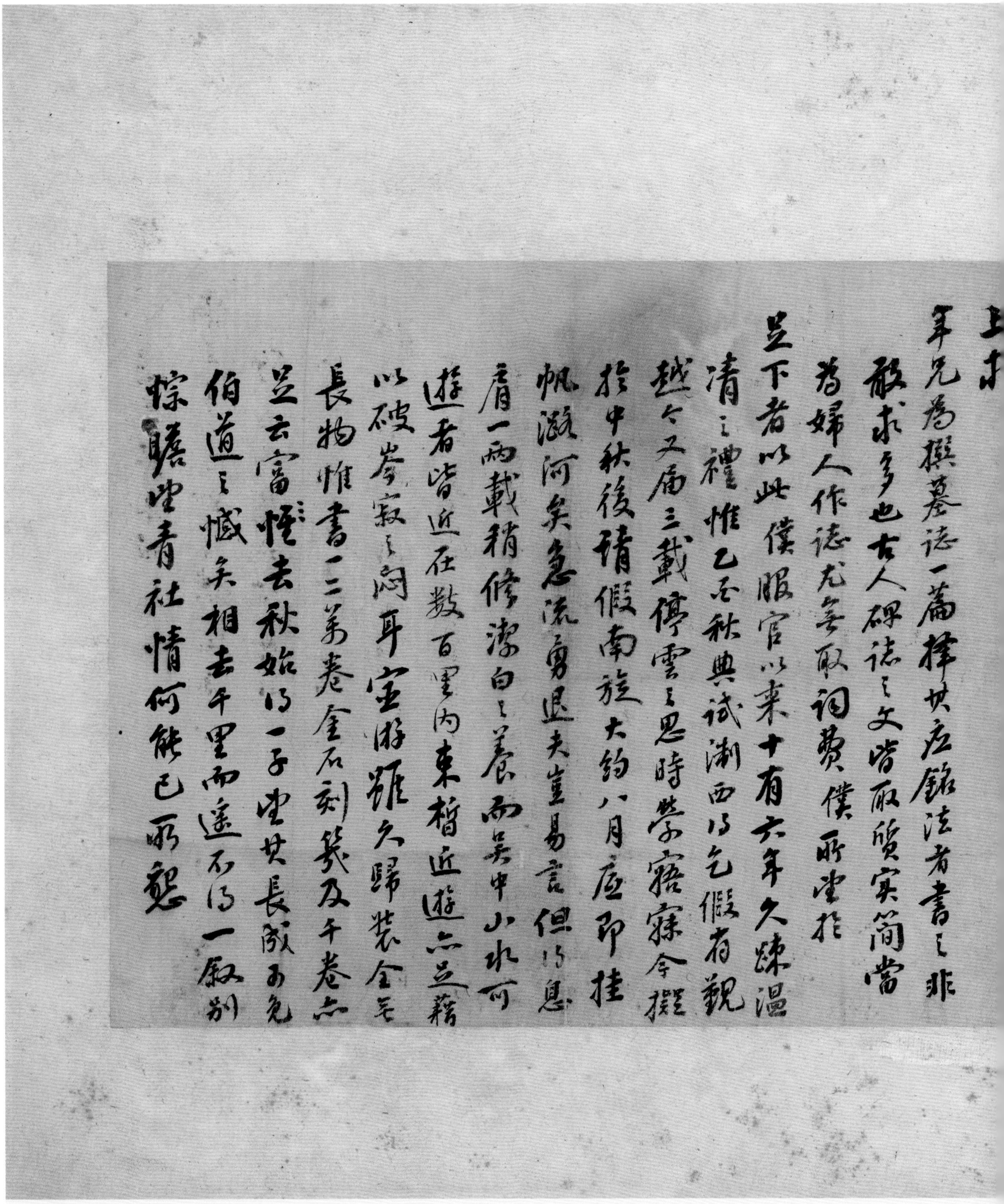
上求
年兄為撰墓誌一篇樸其應銘法者書之非
敢求多也古人碑誌之文皆取質實簡當
為婦人作誌尤無取詞費僕所望於
足下者以此僕服官以來十有六年久疎溫
清之禮惟乙丑秋典試浙西得乞假省覲
越今又屆三載停雲之思時縈寤寐今擬
於中秋後請假南旋大約八月底即掛
帆激河矣急流勇退夫豈易言但得息
肩一兩載稍修潔白之養而吳中山水可
遊者皆近在數百里內東楷近遊亦足藉
以破岑寂之悶耳宦游雖久歸裝全無
長物惟書一二萬卷金石刻幾及千卷亦
足云富怪去秋始得一子也其長成亦免
伯道之憾矣相去千里而遙不得一敘別
悰臨望青社情何能已所懇

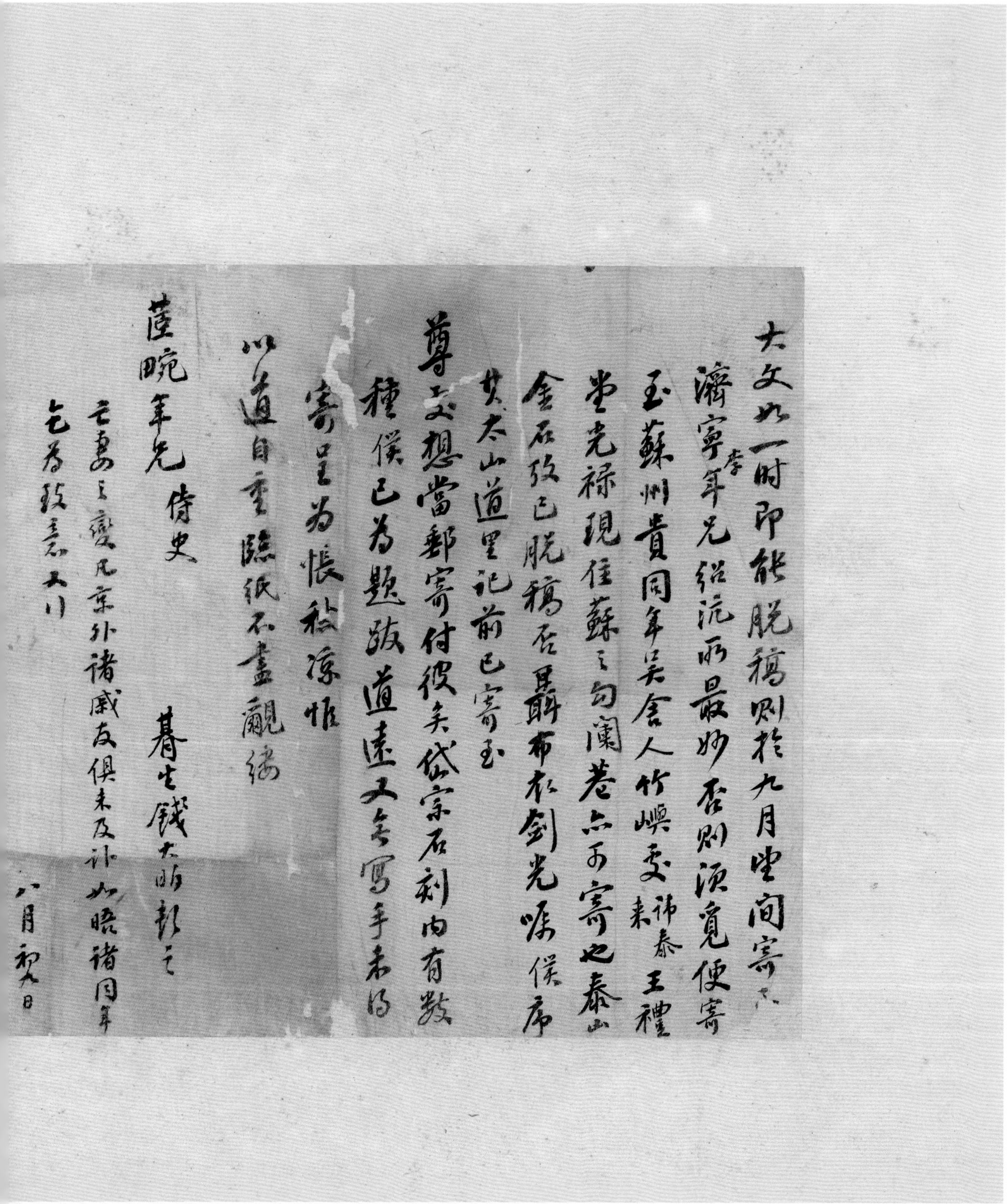
大文如一時即能脫稿，則於九月望間寄下
濟寧李年兄紹沅所最妙，否則須覓便寄
至蘇州貴同年吳舍人竹嶼處託秦來 王禮
堂光祿現住蘇之句闌巷，亦可寄也。泰山
金石跋已脫稿否？聶布衣劍光求僕序
其太山道里記，前已寄至
尊處，想當郵寄付役矣。岱宗石刻內有數
種，僕已為題跋，道遠又無寫手，未得
寄呈為悵。秋涼惟
以道自重。臨紙不盡覼縷
蓮晚年兄侍史
眷生錢大昕頓首
八月初九日
亡妻之變，凡京外諸戚友俱未及訃，如晤諸同年
乞為致意，不一。

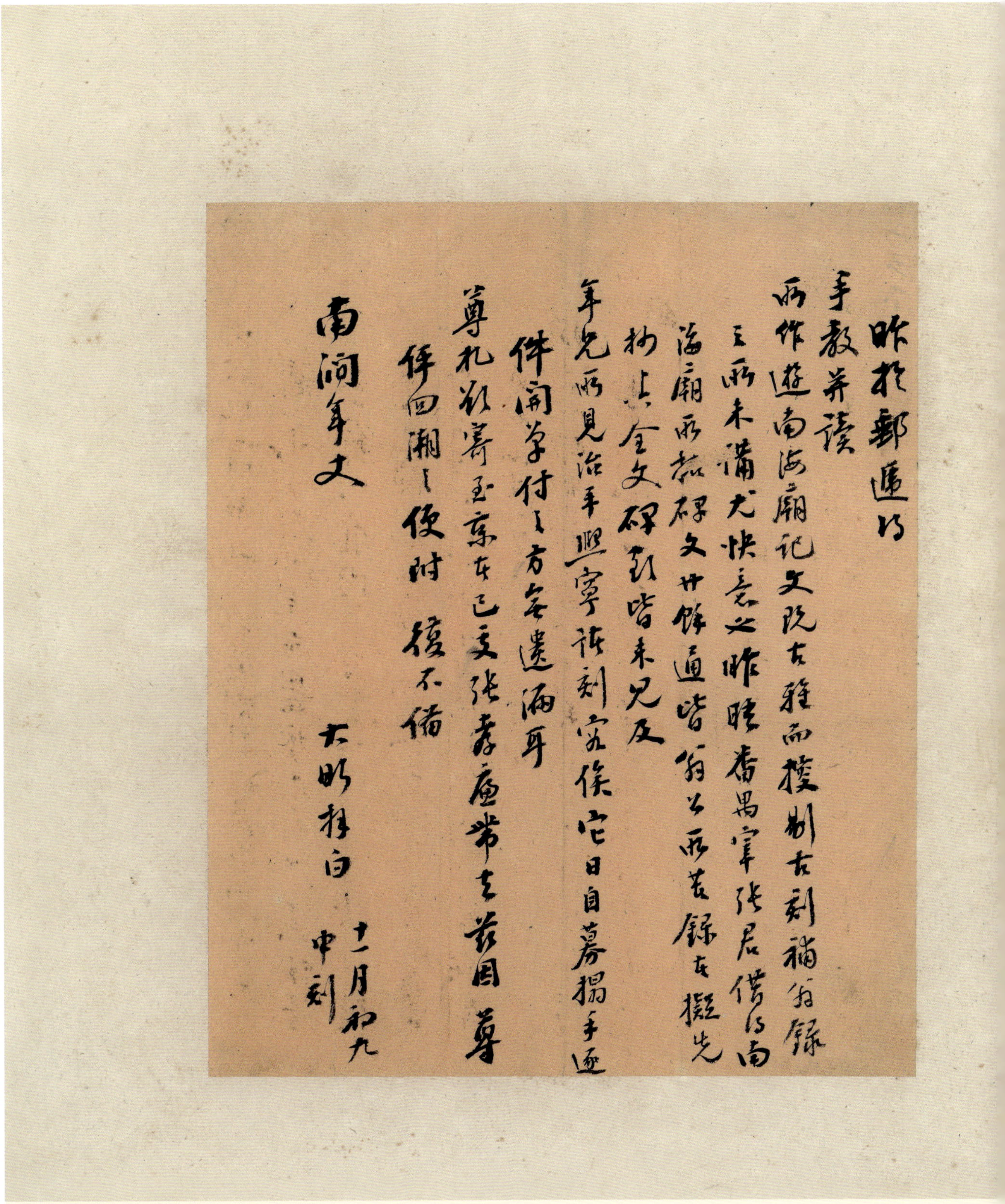
昨於郵遞得
手教并讀
所作游南海廟記文段古雅而援引古刻補翁錄
之所未備尤快意之昨睹香禺峯張君借得南
海廟所存碑文廿餘通皆翁公所未錄者擬先
抄其全文碑額皆未見及
年兄所見治平興寧諸刻究係它日自募拓手迹
伴開單付之方為遂洒耳
尊札欲寄至京者已交張壽庵常去巷因 尊
伴回潮之便附 復不備
南澗年丈
大昕拜白 十二月初九 中刻

《钱宫詹帖册》之九
王懿荣题签、蒋祖诒旧藏
观雪斋藏

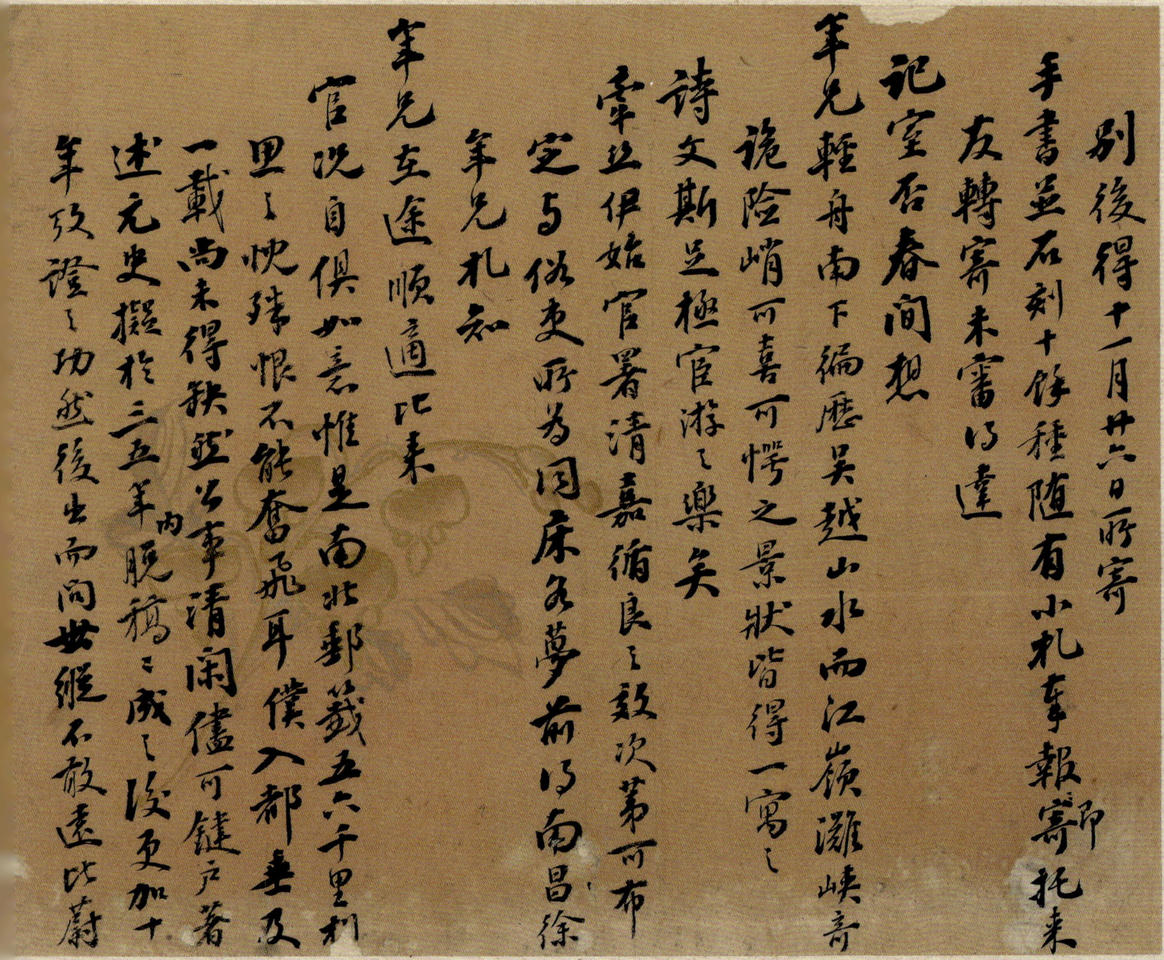

別後得十一月廿六日所寄
手書並石刻十餘種，隨有小札奉報，寄託來
友轉寄，未審得達
記室否。春間想
年兄輕舟南下，徧歷吳越山水，而江嶺灘峽奇
詭險峭，可喜可愕之景狀，皆得一寫之
詩文，斯並極宦遊之樂矣。
莅止伊始，官署清嘉，循良之政，次第可布
定，與俗吏所為同床各夢。前得南昌徐
年兄札知
年兄在途順適，比來
官況自俱如意。惟是南北郵籤，五六千里相
里〻怏悵，恨不能奮飛耳。僕入都垂及
一載，尚未得缺，然公事清閑，儘可鍵戶著
述，元史擬於三五年內脫稿，稿成之後，更加十
年考證之功，然後出而問世，總不敢遠比蔚

《钱宫詹帖册》之十
王懿荣题签、蒋祖诒旧藏
观雪斋藏

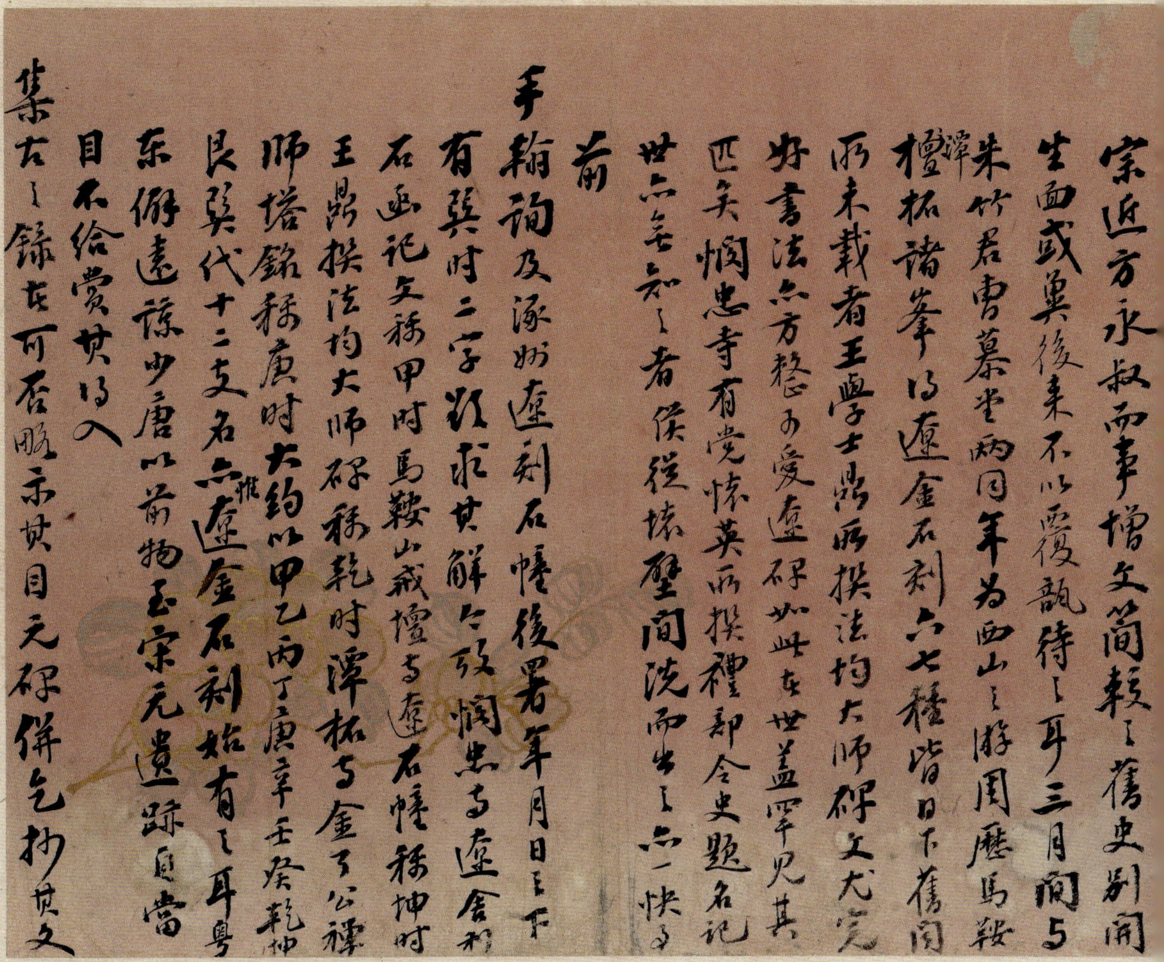

宋近方永叔而事增文簡，較之舊史別開
生面哉。吴後來不以霞飄待之耳。三月間與
朱竹君、曹慕堂兩同年為西山之游，周歷馬鞍
潭檀柘諸峯，得遼金石刻六七種，皆日下舊聞
所未載者。王學士鼎所撰法均大師碑文尤完
好，書法亦方整。于遼碑如此，在世蓋罕見其
匹矣。憫忠寺有覺悰英所撰禮部令史題名記，
世亦無知之者，僕從壞壁間洗而出之，亦一快事。
前
手翰詢及涿州遼刻石幢，後署年月日上下
有兵時二字，欲求其解。今考憫忠寺遼舍利
石函記文稱甲時，馬鞍山戒壇寺遼石幢稱坤時，
王鼎撰法均大師碑稱乾時，潭柘寺金了公禪
師塔銘稱庚時，大約以甲乙丙丁庚辛壬癸乾坤
艮巽代十二支名，亦推遼金石刻始有之耳。粵
東僻遠，諒少唐以前物，至宋元遺跡自當
目不給賞。其得入
集古之錄者可否，暇示其目，无任併乞抄其文

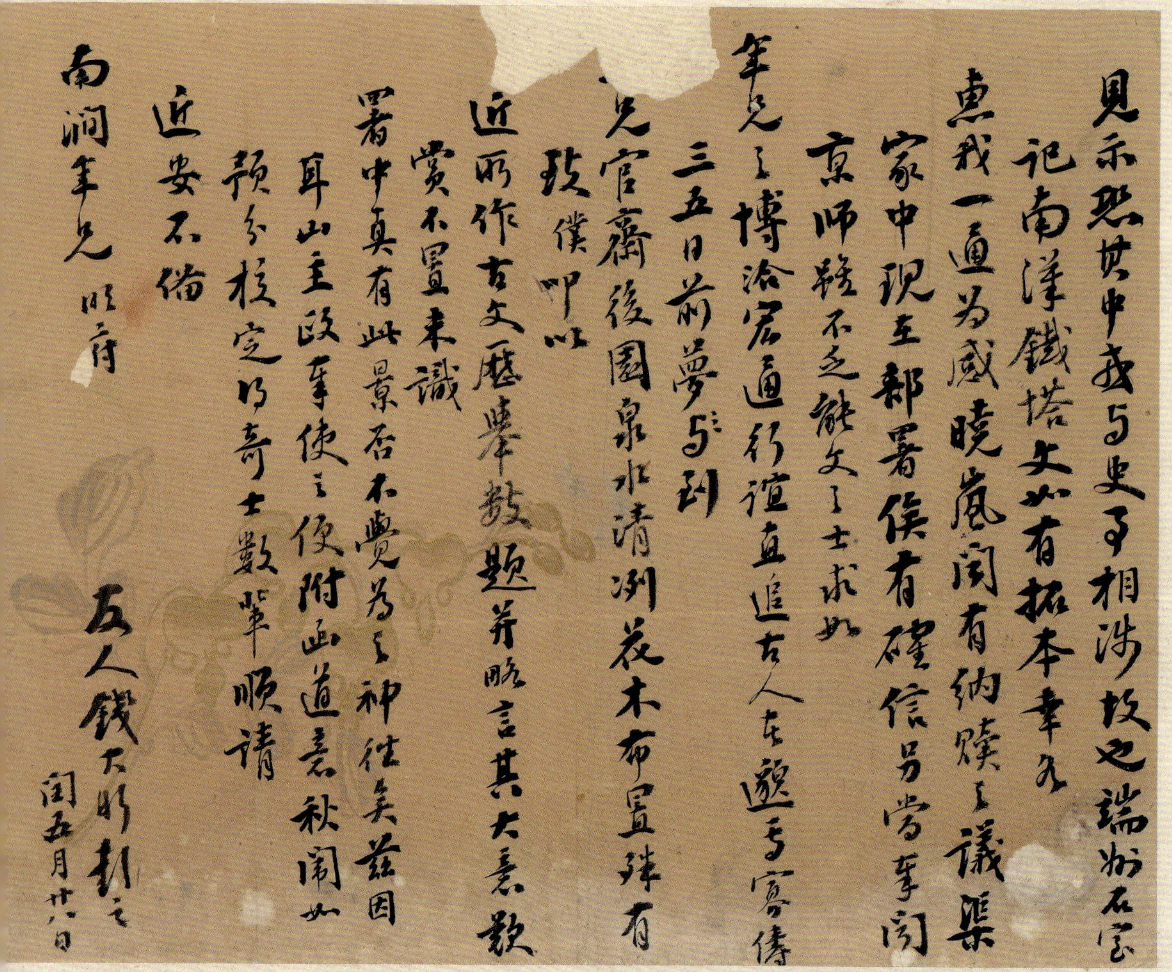
見示悉其中氏与史子相涉故之端始右宗
祀南洋鐵塔文如有拓本幸乞
惠我一通為感曉嵐閣有納牘之議渠
家中現在部署俟有確信另當奉聞
京師雖不乏能文之士求如
年兄之博洽宏通行誼直追古人者邈焉寡儔
三五日前夢与到
兄官齋後園泉水清冽花木布置殊有
致僕叩以
近所作古文歷舉數題并略言其大意歎
賞不置來識
署中真有此景否不覺為之神往矣茲因
耳山主政奉使之便附函道意秋闈如
預分校定得奇士數輩順請
近安不備
南澗年兄 昕府
友人錢大昕頓首
閏五月廿六日

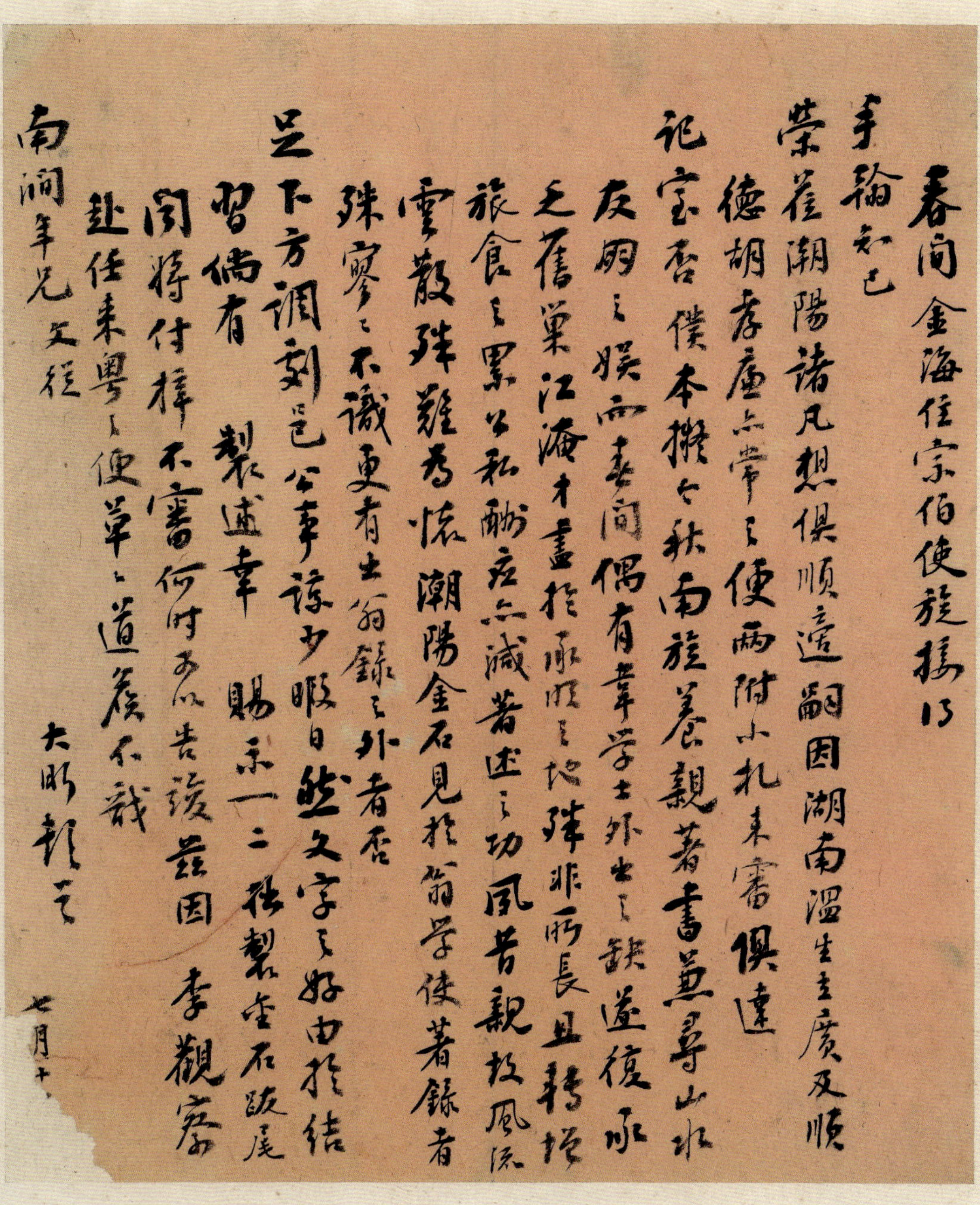

春間金海住宗伯使旋接
手諭知已
榮蒞潮陽諸凡想俱順適嗣因湖南溫生之廣及順
德胡孝廉之便兩附小札未審俱達
記室否僕本擬今秋南旋養親著書兼尋山水
友朋之娛而春間偶有華学士外出之缺遂復承
之舊巢江海才盡於承明之地殊非所長且轉增
旅食之累公私酬應亦減著述之功夙昔親故風流
雲散殊難為懷潮陽金石見於翁学使著錄者
殊寥寥不識更有出翁錄之外者否
足下方調劑邑公事諒少暇日然文字之好由於結
習備有　製述幸　賜示一二拙製金石跋尾
聞將付梓不審何時可以告竣茲因　李觀察
赴任來粵之便草草道候不戩
南澗年兄文從　　大昕頓首　　七月十

《钱宫詹帖册》之十一
王懿荣题签、蒋祖诒旧藏
观雪斋藏

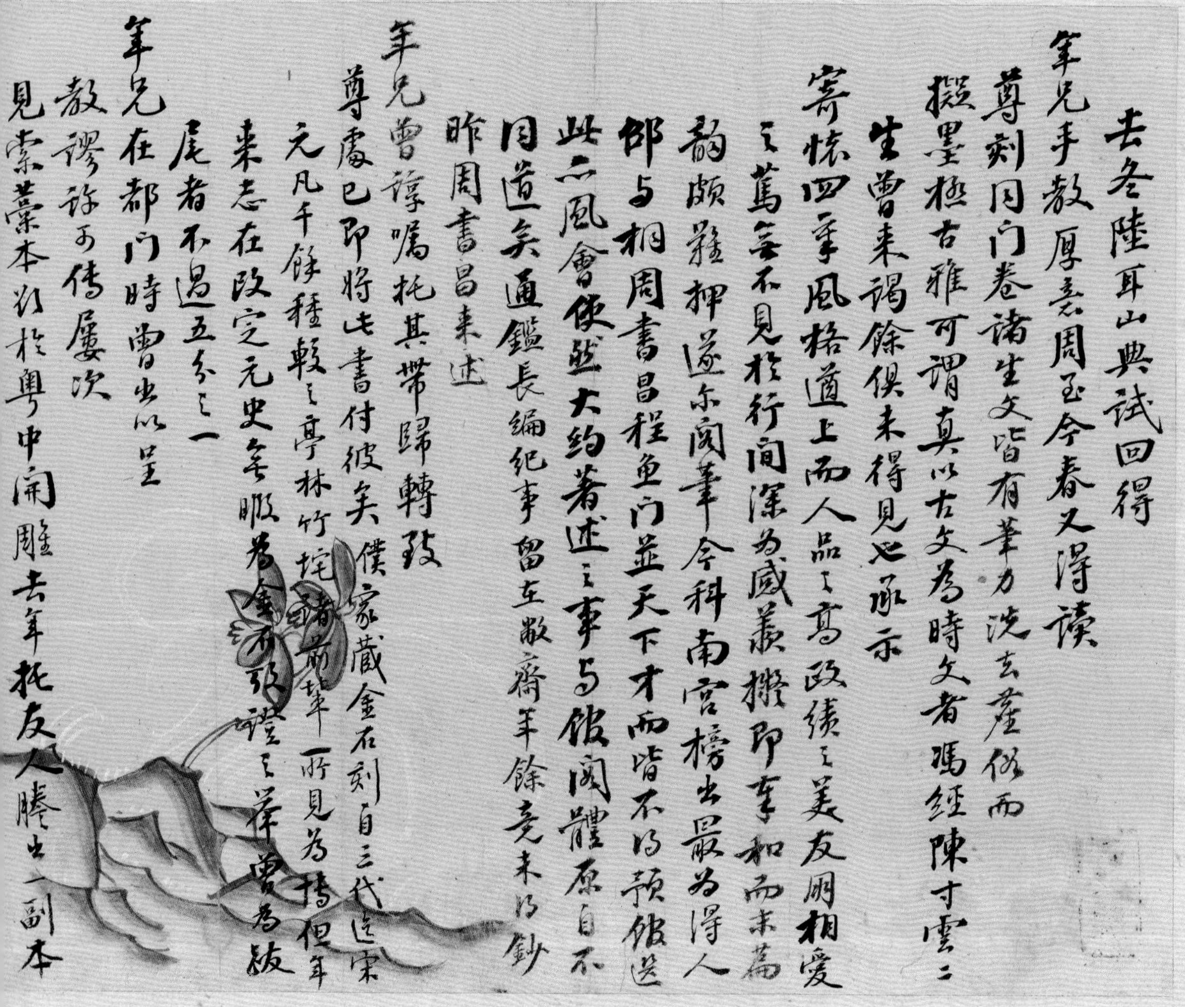

去冬陸耳山典試回得
年兄手教厚意周至今春又得讀
尊刻同门卷諸生文皆有筆力洗去塵俗而
擬墨極古雅可謂真以古文為時文者馮經陳寸雲二
生曾來謁餘俱未得見也承示
寄懷四章風格遒上而人品之高政績之美友朋相愛
之篤無不見於行間深為感羨擬即奉和而來篇
韵頗難押遂尔閣筆今科南宫榜出最為得人
邵与桐周書昌程魚门並天下才而皆不得預館選
此亦風會使然大約著述之事与館閣體原自不
同道矣通鑑長编紀事留在敝齋年餘竟未得鈔
昨周書昌來述
年兄曾諄囑抱其帶歸轉致
尊處已即将此書付彼矣僕家藏金石刻自三代迄宋
元凡千餘種較之亭林竹垞諸前輩所見為博但年
來志在改定元史無暇為金石跋證之學曾為跋
尾者不過五分之一
年兄在都门時曾出以呈
教謬許可傳屢次
見索藁本於粤中開雕去年托友人謄出一副本

《钱宫詹帖册》之十二
王懿荣题签、蒋祖诒旧藏
观雪斋藏

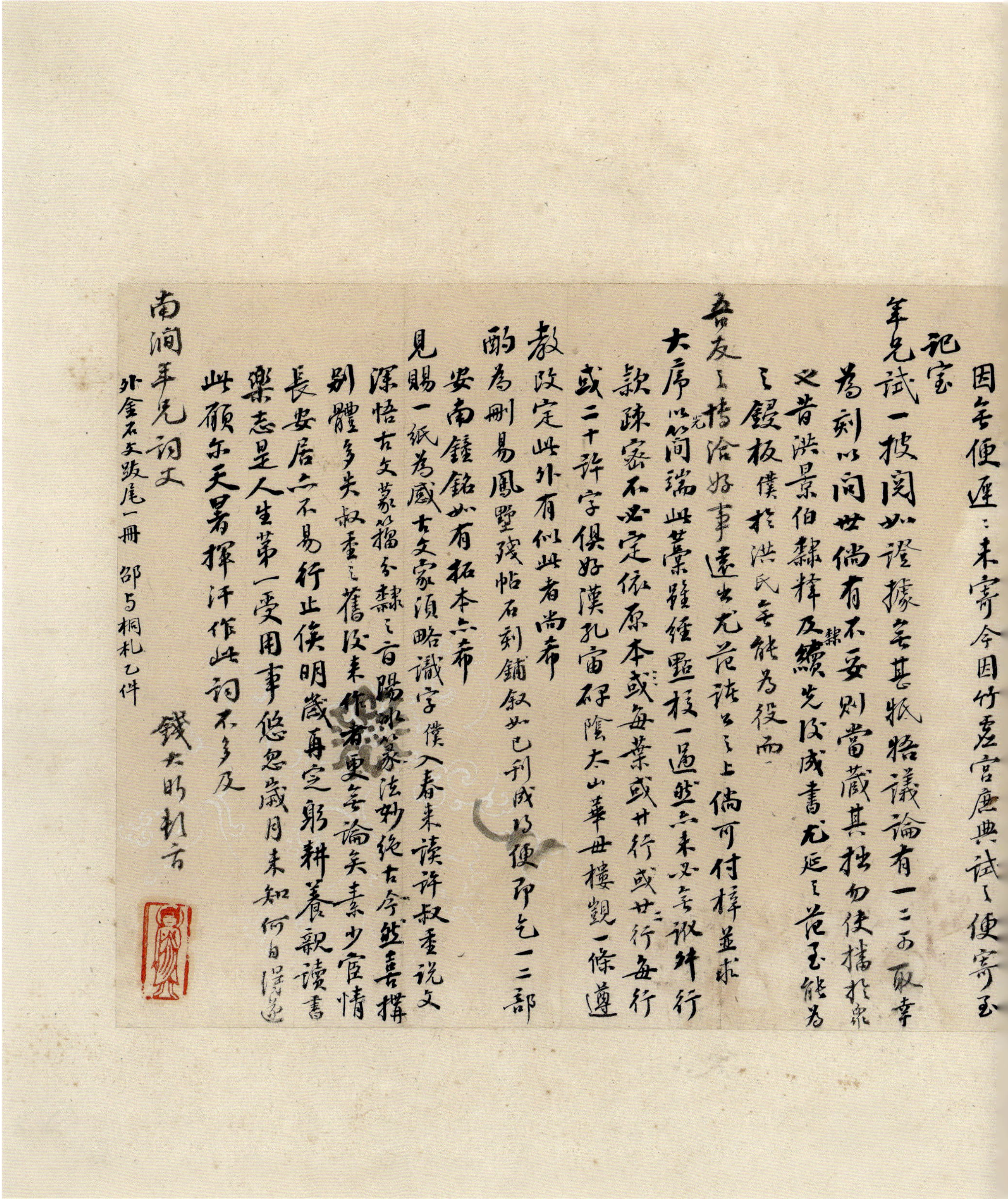
因無便遲遲未寄今因竹虛宮庶典試之便寄至
記室
年兄試一披閱如證據無甚紕繆議論有一二可取幸
為刻以問世倘有不妥則當藏其拙勿使播於衆
又昔洪景伯隸釋及隸續先後成書尤延之范至能為
之鋟板僕於洪氏無能為役而
吾友之博洽好事遠出尤范諸公之上倘可付梓並求
大序以光簡端此藁雖經點校一遍然亦未必無訛舛行
款疏密不必定依原本或每葉或廿行或廿二行每行
或二十許字俱好漢孔宙碑陰太山華母樓觀一條遵
教改定此外有似此者尚希
酌為刪易鳳墅殘帖石刻鋪敘如已刊成乃便印乞一二部
安南鍾銘如有拓本亦希
見賜一紙為感古文家須略識字僕入春來讀許叔重說文
深悟古文籀篆隸之旨陽冰篆法妙絕古今然喜撰
別體多失叔重之舊後來作者更無論矣素少宦情
長安居亦不易行止俟明歲再定躬耕養親讀書
樂志是人生第一要用事悠忽歲月未知何日得遂
此願爾天暑揮汗作此詞不多及
南澗年兄詞丈
錢大昕拜言
外金石文跋尾一冊 邵与桐札乙件

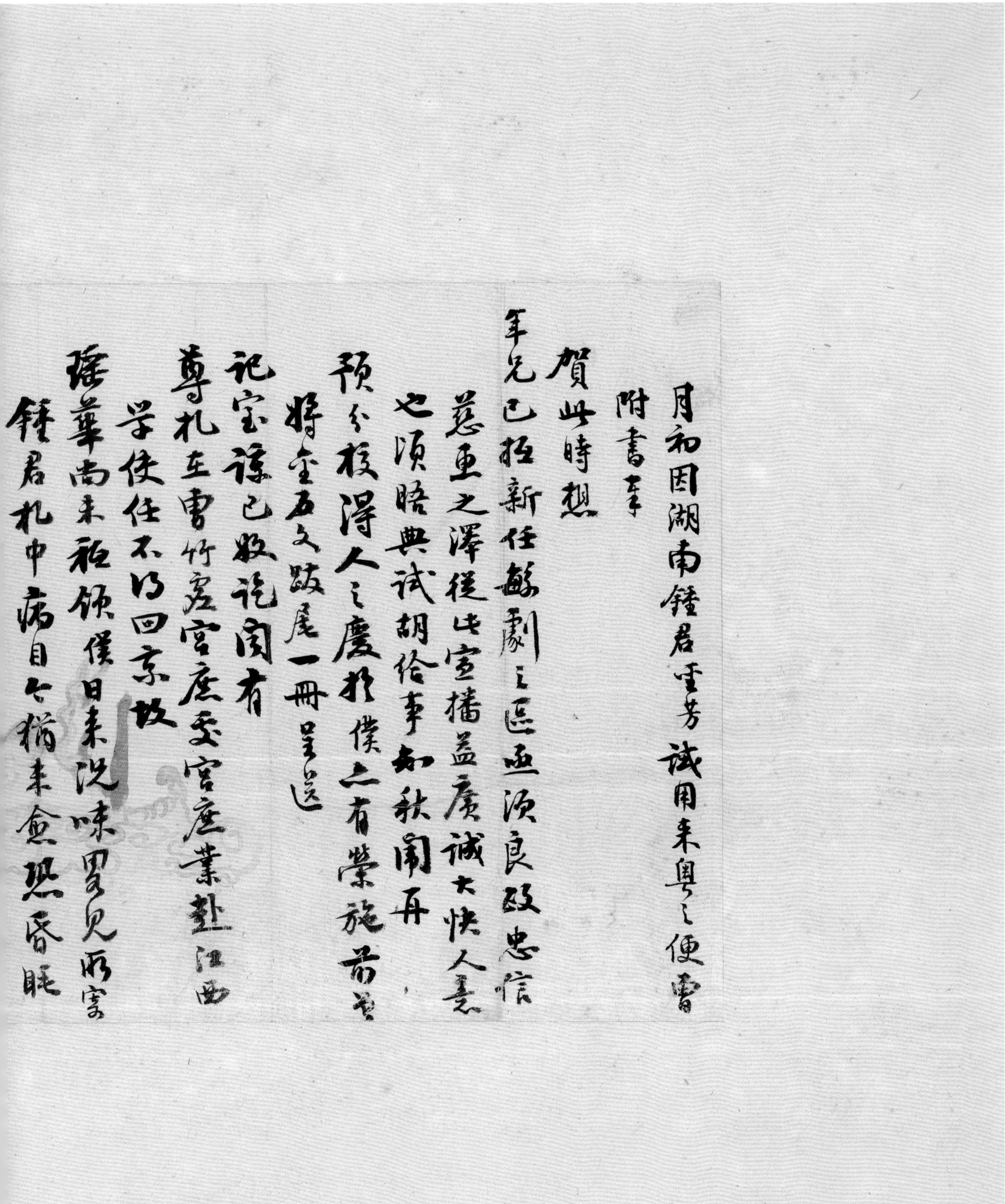
月初因湖南鍾君雲芳誠用來粵之便曾
附書奉
賀此時想
年兄已抵新任繁劇之區亟須良政忠信
慈惠之澤從此宣播益廣誠大快人意
也頃聞典試胡給事知秋闈再
預分校得人之慶於僕亦有榮施前蒙
將金石文跋尾一冊呈送
記室諒已收訖閱有
尊札在曹竹虛宮庶處交宮庶業赴江西
學使任不得回京故
瑤華兩未祗領僕日來況味另見所寄
鍾君札中病目已稍未愈恐昏眊

《钱宫詹帖册》之十三
王懿荣题签、蒋祖诒旧藏
观雪斋藏

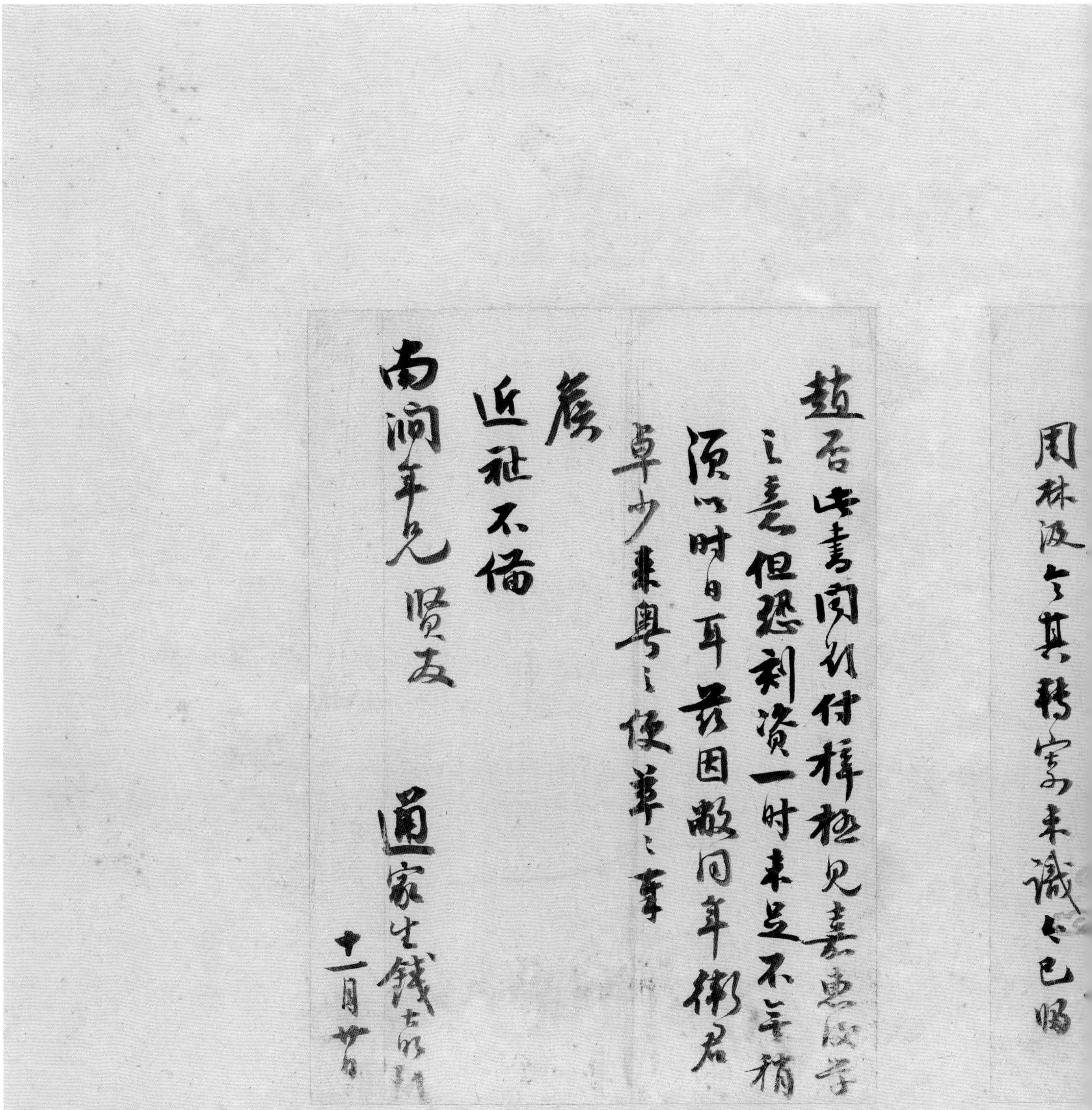
周林汲……其移家來識……已賜

趙君此書聞將付梓，極見嘉惠後學之意，但恐刻資一時未足，不無稍須以時日耳。茲因敝同年衛君卓少來粵之便，草草奉候近祉，不備。南澗年兄賢友。通家生錢大昕頓首。十二月廿日

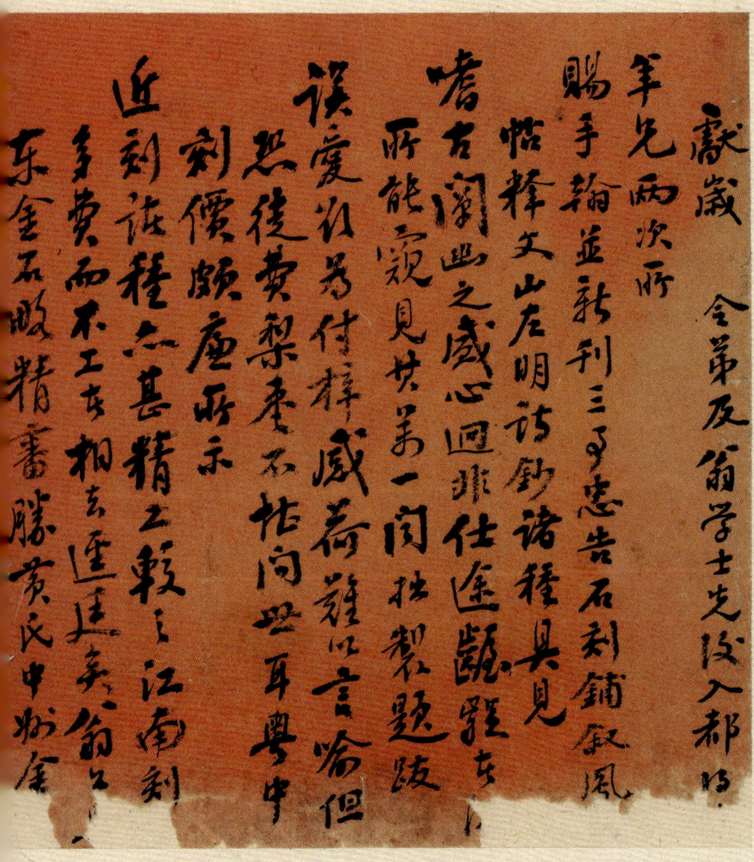
獻歲令弟及翁學士先後入都時
年兄兩次所
賜手翰並新刊三子忠告石刻鋪敘風
帖釋文山左明詩鈔諸種具見
嗜古闡幽之盛心迥非仕途齷齪者
所能窺見其萬一閱拙製題跋
謬蒙引爲付梓盛荷難以言喻但
恐徒費梨棗不堪向世耳粵中
刻價頗廉所示
近刻諸種亦甚精工較之江南刻
手費而不工者相去遠遠矣翁
東金石略精審勝黃氏中州金

《钱宫詹帖册》之十四
王懿荣题签、蒋祖诒旧藏
观雪斋藏

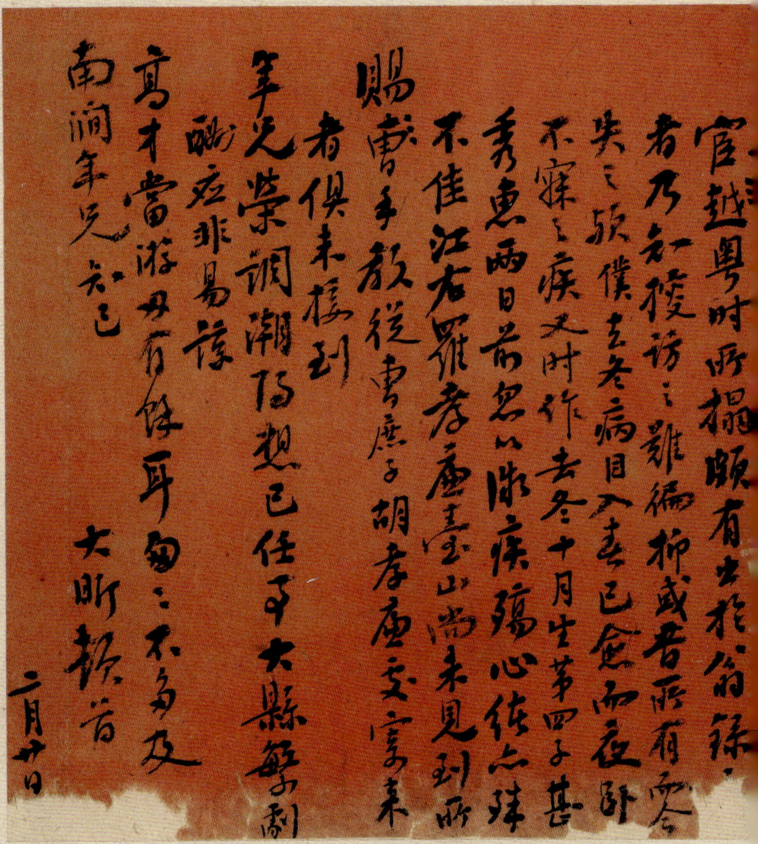
官越粤時所搨碑有出於翁録
者乃知搜訪之難徧柳咸君所有亦今
失之欤僕去冬病目入春已愈而夜卧
不寐之疾又時作去冬十月生第四子甚
秀惠兩日前忽以臍疾殤心緒亦殊
不佳江右羅孝廉臺山尚未見到所
賜戡曹手教從書庶子胡孝廉交寄來
者俱未接到
年兄榮調潮陽想已任事大縣繁劇
酬應非易諒
高才當游刃有餘耳匆匆不多及
南澗年兄知己　大昕頓首
二月廿日

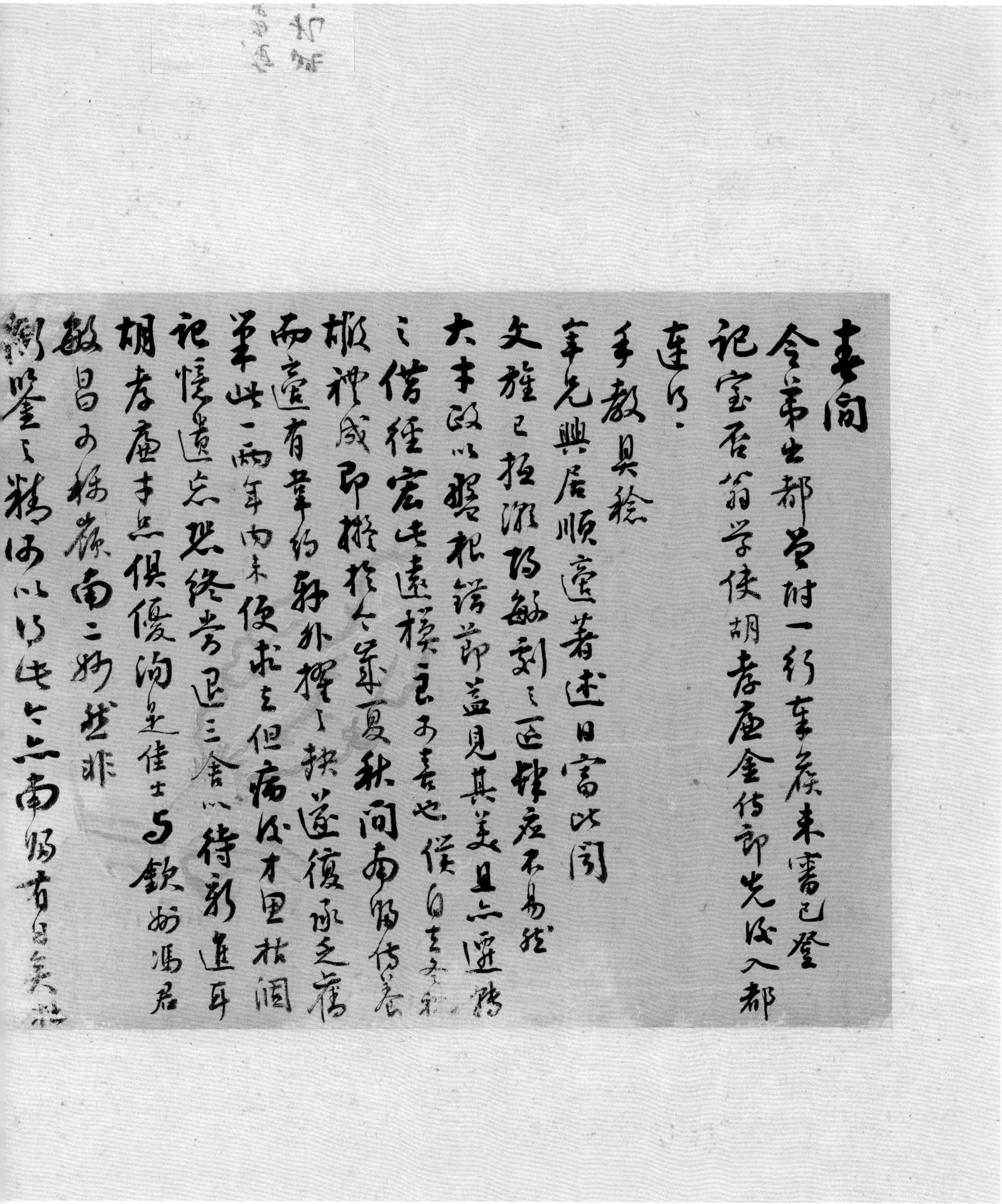

《钱宫詹帖册》之十五
王懿荣题签、蒋祖诒旧藏
观雪斋藏

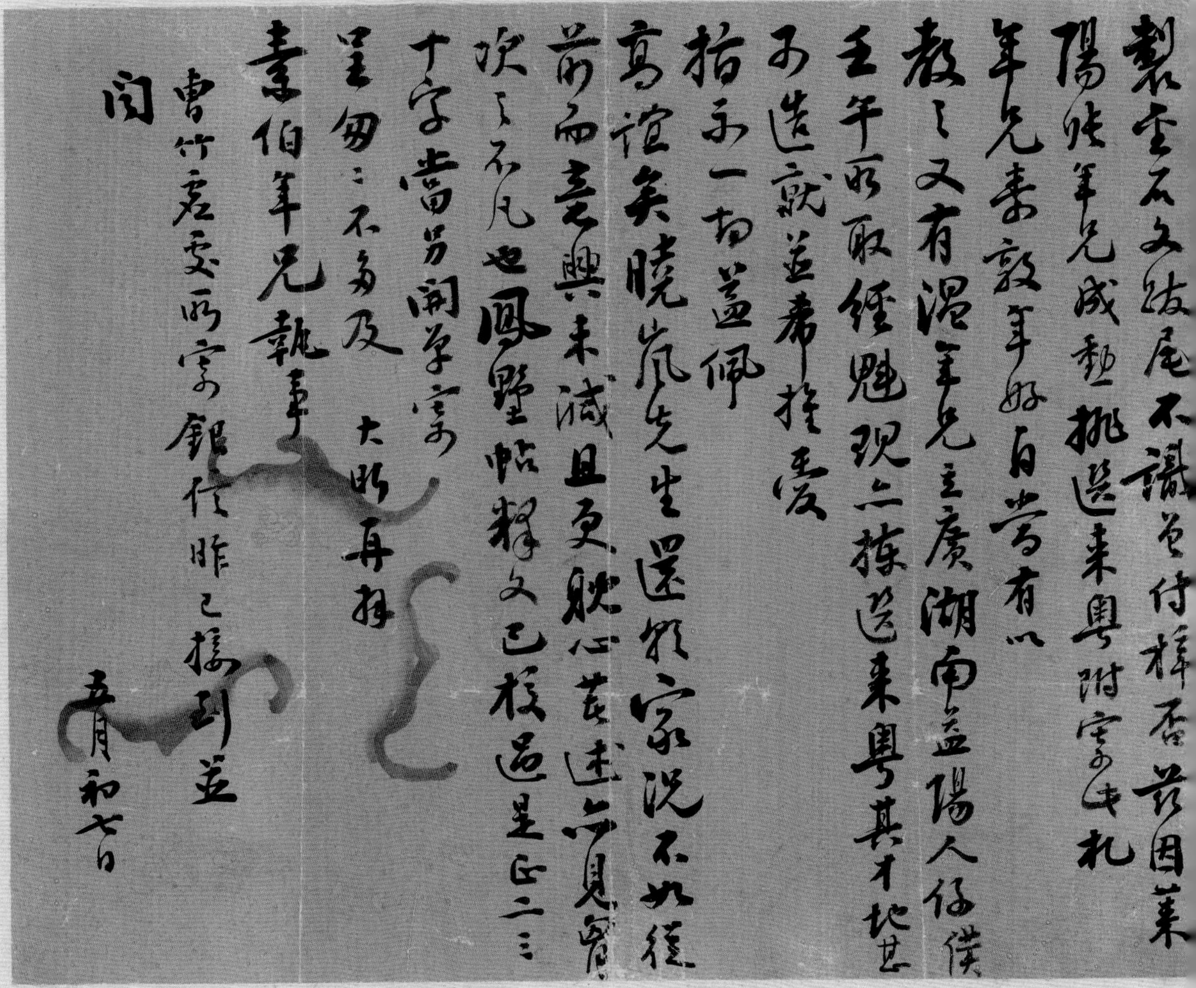

製金石文跋尾不識並付梓否並因萊
陽陸年兄成甄挑選來粵附寄手札
年兄素敦年好自當有以
教之又有湯年兄主廣湖南益陽人係僕
壬午所取經魁現亦揀選來粵其才地甚
可造就並希推愛
指示一切為佩
高誼矣曉嵐先生選報家況不如從
前而意興未減且更耽心著述亦見賢
坎坎不凡也鳳墅帖釋文已校過呈正二三
十字當另開單寄
呈勿勿不多及　大昕再拜
辛伯年兄執事
曹竹君受所寄銀信昨已接到並
聞
五月初七日

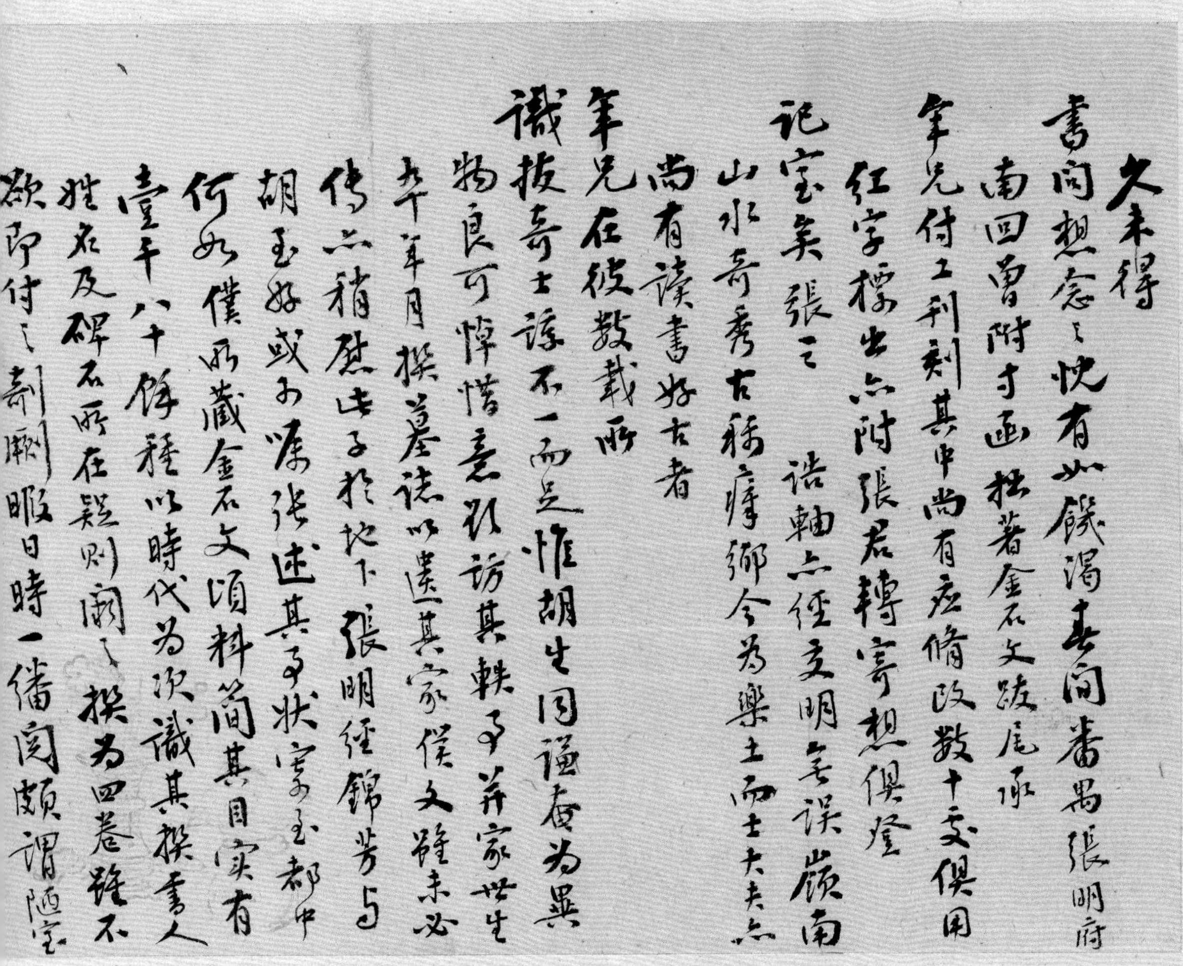
久未得
書問想念之忱有如饑渴春間番禺張明府
南回曾附寸函拙著金石文跋尾承
年兄付工刊刻其中尚有應脩改數十處俱用
紅字標出亦附張君轉寄想俱登
記室矣張之 誥軸亦經交明無誤嶺南
山水奇秀古稱痺鄉今為樂土而士大夫亦
尚有讀書好古者
年兄在彼數載所
識拔奇士諒不一而足惟胡生同謙尤為異
物良可悼惜並祈訪其軼事并家世生
卒年月撰墓誌以表之其家俱文雖未必
傳亦稍慰死者於地下張明經錦芳與
胡至好或可屬伊述其事狀寄至都中
何如 僕所藏金石文頃料簡其目實有
壹千八十餘種以時代為次識其撰書人
姓名及碑石所在疑則闕之撰為四卷雖不
敢即付之剞劂暇日時一備閱頗謂陋室

《钱宫詹帖册》之十六
王懿荣题签、蒋祖诒旧藏
观雪斋藏

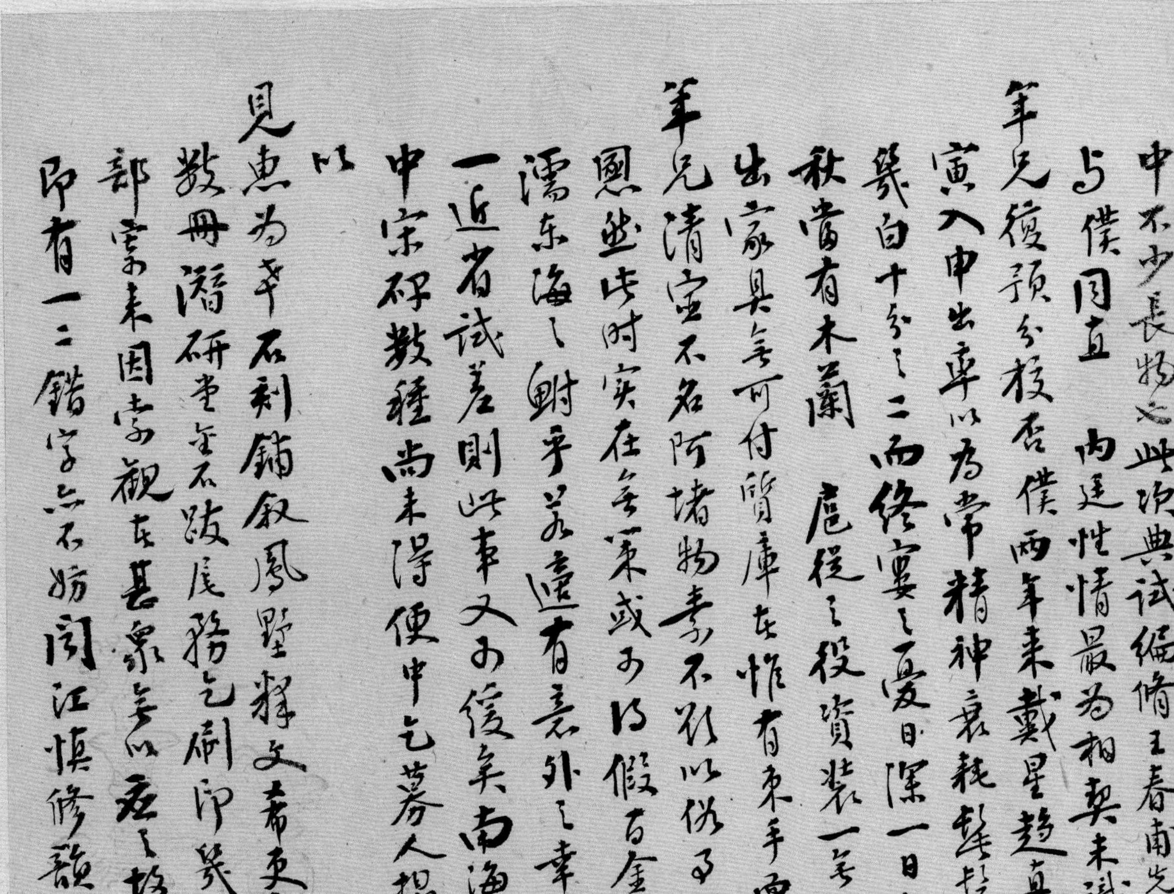
中不少長物之此次典試編脩王春甫先生
與僕同直　內廷性情最為相契未識
年兄復預分校否僕兩年來戴星趨直
寅入申出率以為常精神衰耗筆墨頓
減向十分之二而終窶之憂日深一日矣
秋當有木蘭　扈從之役資裝一無所
出家具無可付質庫者惟有束手而已
年兄清宦不名阿堵物素不能以緩急相
恩幽此時實在無策或可以假吉金以
濡東海之鮒乎若遠有意外之幸得
一近省試差則此事又可緩矣南海廟
中宋碑數種尚未得便中乞募人搨
以
見惠為幸石刻鋪叙風墅釋文希更寄
數冊潛研堂全不跋尾務乞刷印幾十
部寄來因寄觀者甚衆無以應之故之
印有一二錯字亦不妨閩江慎修頓首

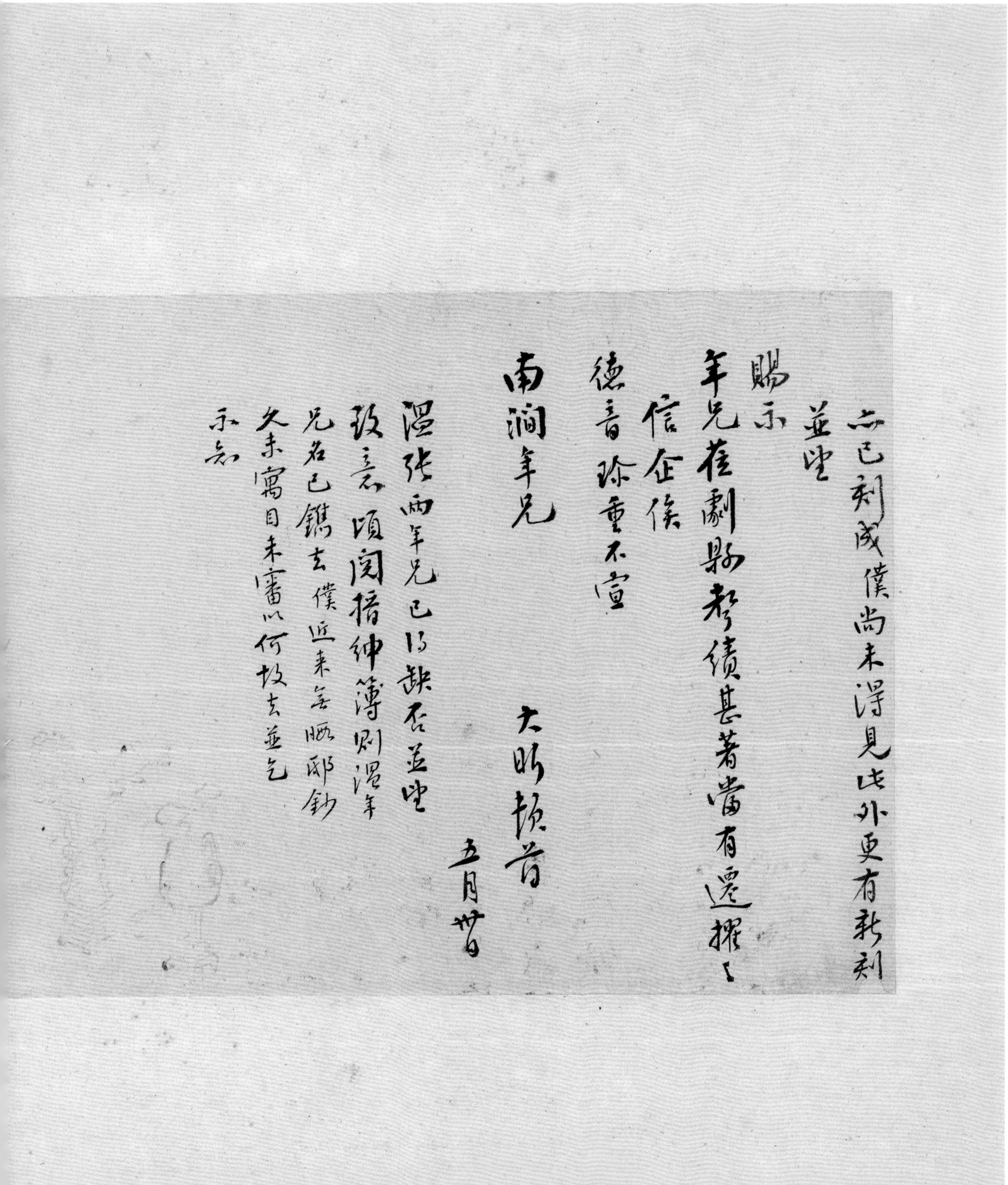
亦已刻成僕尚未得見此外更有新刻
並望
賜示
年兄在劇縣考績甚著當有遷擢之
信企俟
德音珍重不宣
南澗年兄
大昕頓首
五月廿日
溫張兩年兄已得缺否並望
致意 頃閱搢紳簿則溫年
兄名已鐫去 僕近來無暇邸鈔
久未寓目未審以何故去並乞
示知

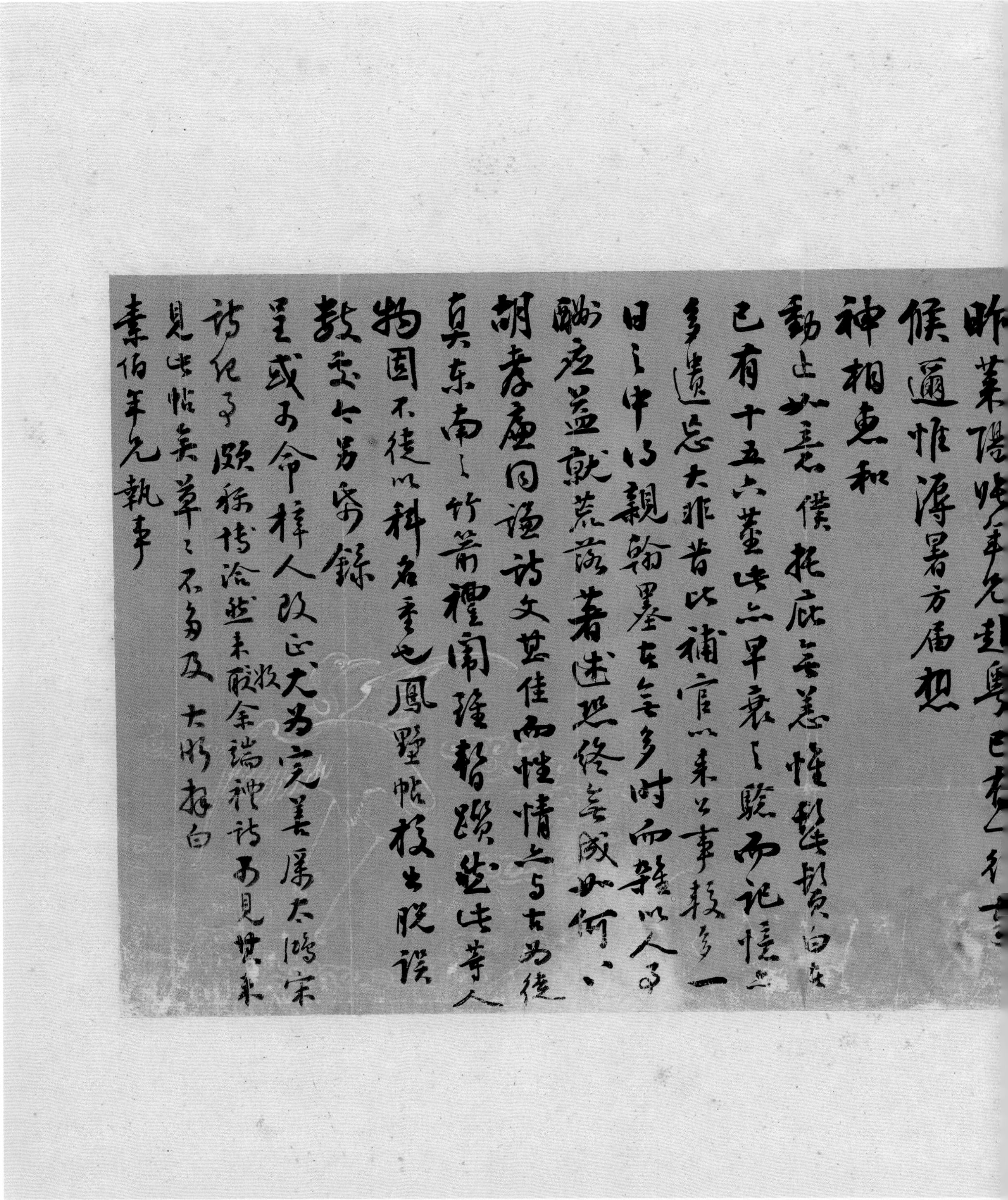

《钱宫詹帖册》之十七
王懿荣题签、蒋祖诒旧藏
观雪斋藏

三月初潮陽黃生錢到蒙惠書冬兩次所
賜手書並蒙
均貺僕回里以來百務俱灰精神尤衰邁年未魯五十
而諄諄如八九十人杜門終日看書不觀改歲以後稍搜
家中書籍碎刻間作題跋數十篇合之昔數年所作
計未到金石跋尾又百二三篇矣吾
兄見查辦詿票閒晨夕不暇勤若殊甚頃見邸抄知粵中
官吏庶矣今至偽曰蒙

《錢宮詹帖册》之十八
王懿榮題簽、蔣祖詒舊藏
觀雪齋藏

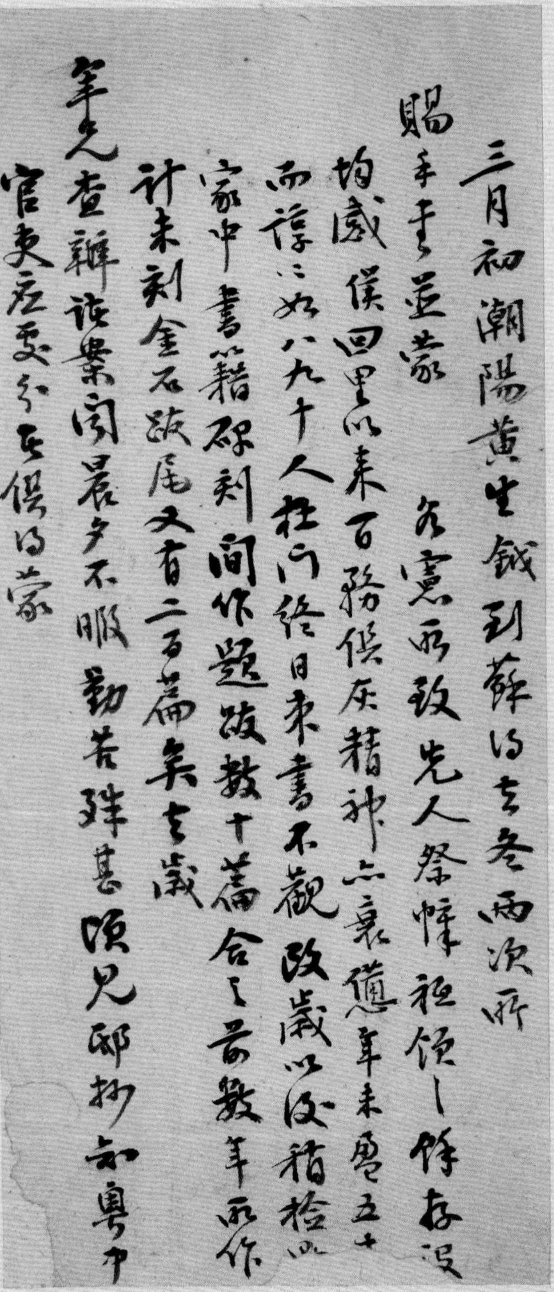

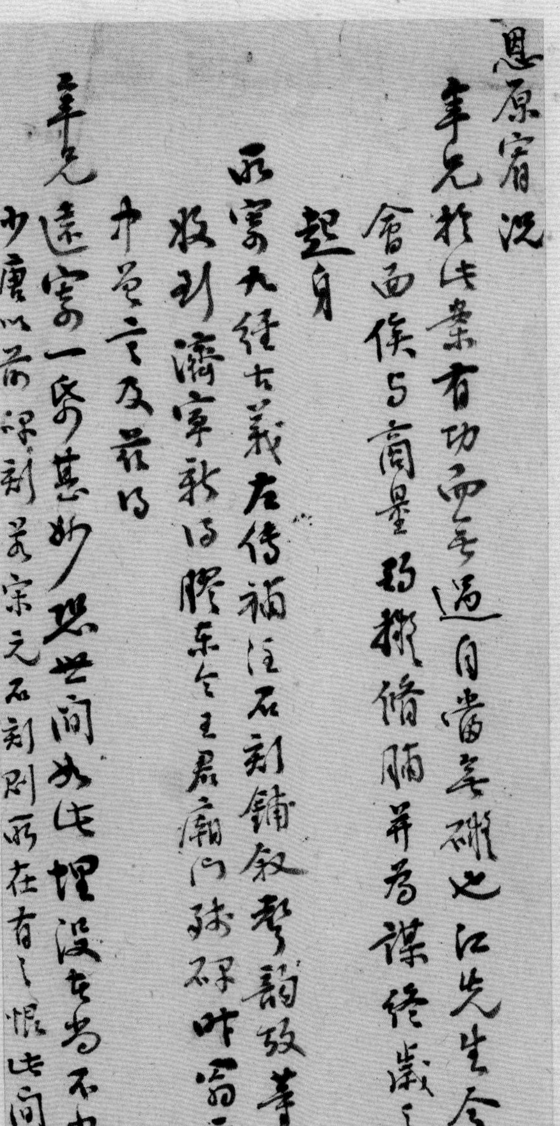
恩原宥。況
年兄於此業有功而無過，自當奏職之。江先生今歲當來
會面，俟與商量，務擬備牘，并為謀終歲之計。慮
起身。
所寄大經古義、左傳補注、石刻鋪敘，孝翁致華書俟乙
收到。濟寧秋日膠東令主君廟門跡石，昨寄覃溪札
中，兼言及矣。
年兄遠寄一紙，甚妙。恐世間如此埋沒者尚不少耳。吳中
少唐以前碑刻，若宋元石刻則所在有之，恨此間士夫絕少

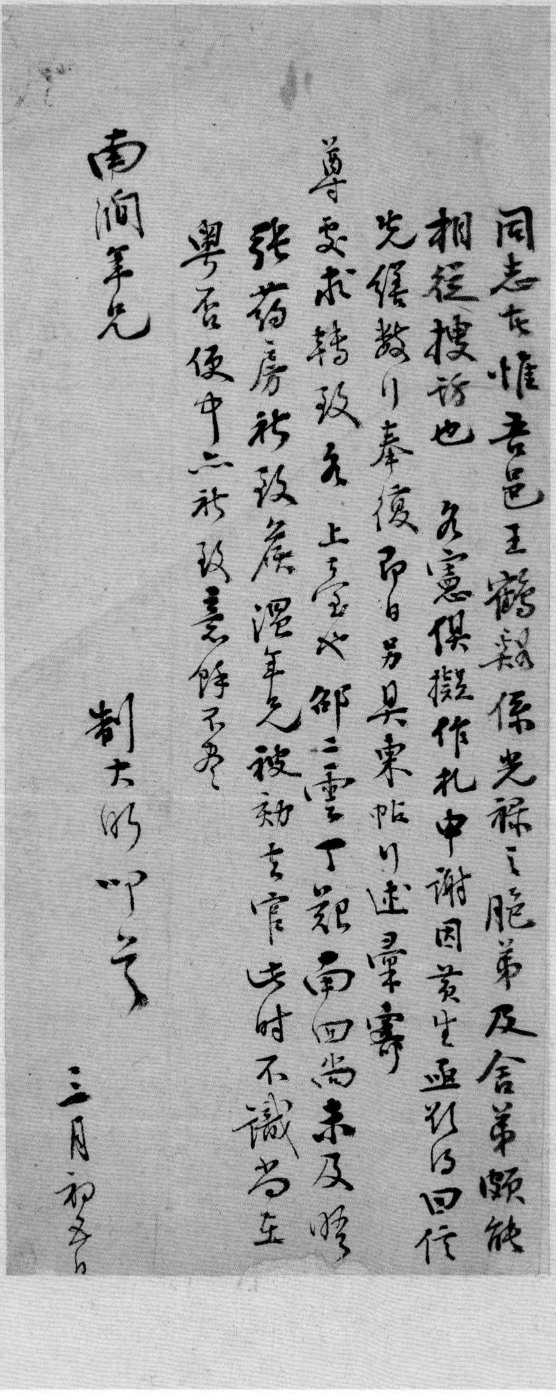

同志者惟吾邑王鶴谿係光祿之胞弟及舍弟頤貽
相從搜訪也　其文藁俱擬作札中謝因黃生亟欲回往
先繕數行奉復即日另具束帖以述景嚮
尊處求轉致之　上宮之郎二雲丁艱南回尚未及晤
張蓉房於致歲還年先被劾去官去時不識尚在
粵否便中亦祈致意餘不一
南澗年兄
制大昕叩上
三月初五日

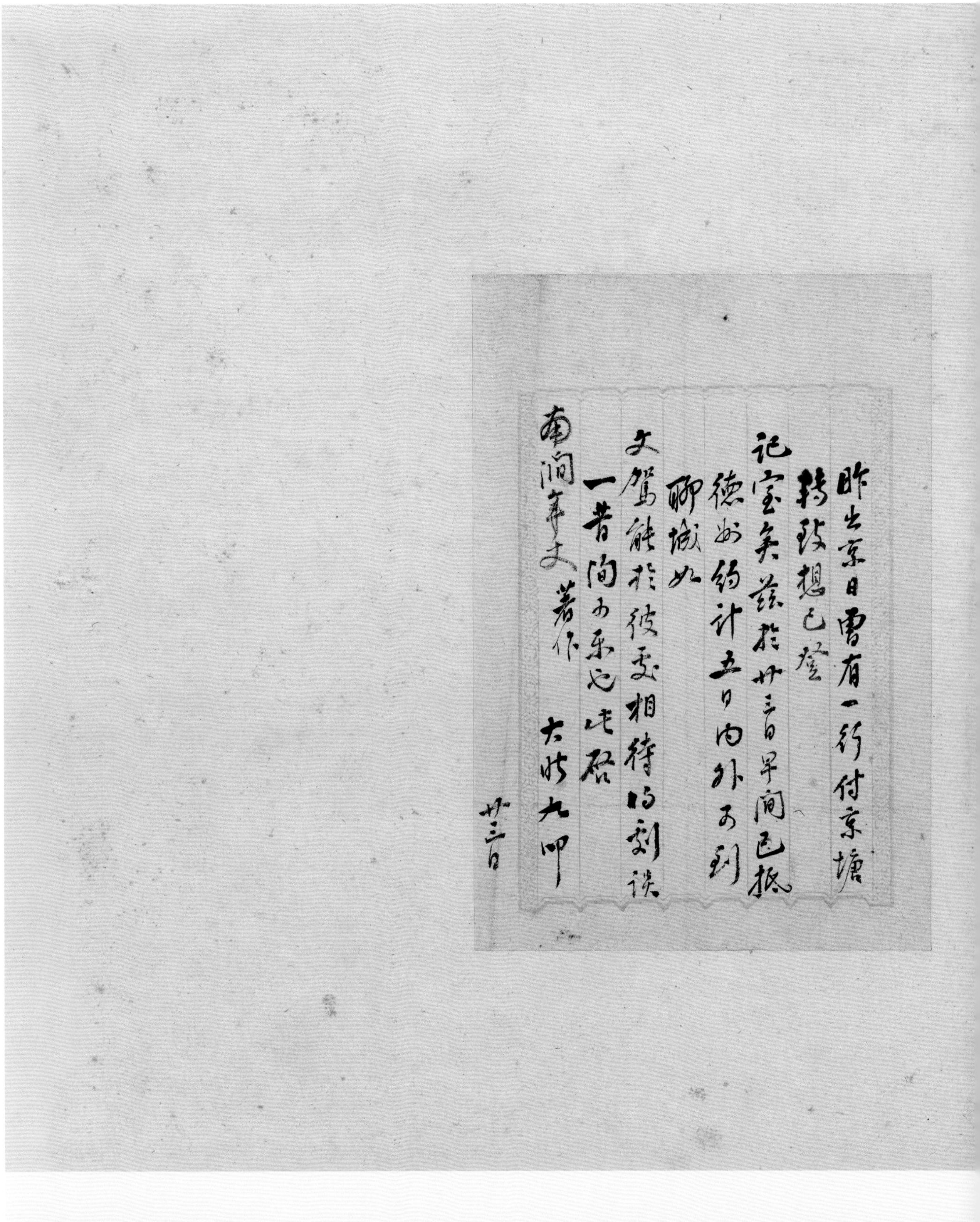
昨出京日曾有一行付京塘
轉致想已登
記室矣茲於廿三日早間已抵
德州約計五日內外可到
聊城如
文駕能於彼處相待以圖刻談
一昔尚爲樂也此啓
南澗年丈著作　大昕九叩
廿三日

《钱宫詹帖册》之十九
王懿荣题签、蒋祖诒旧藏
观雪斋藏

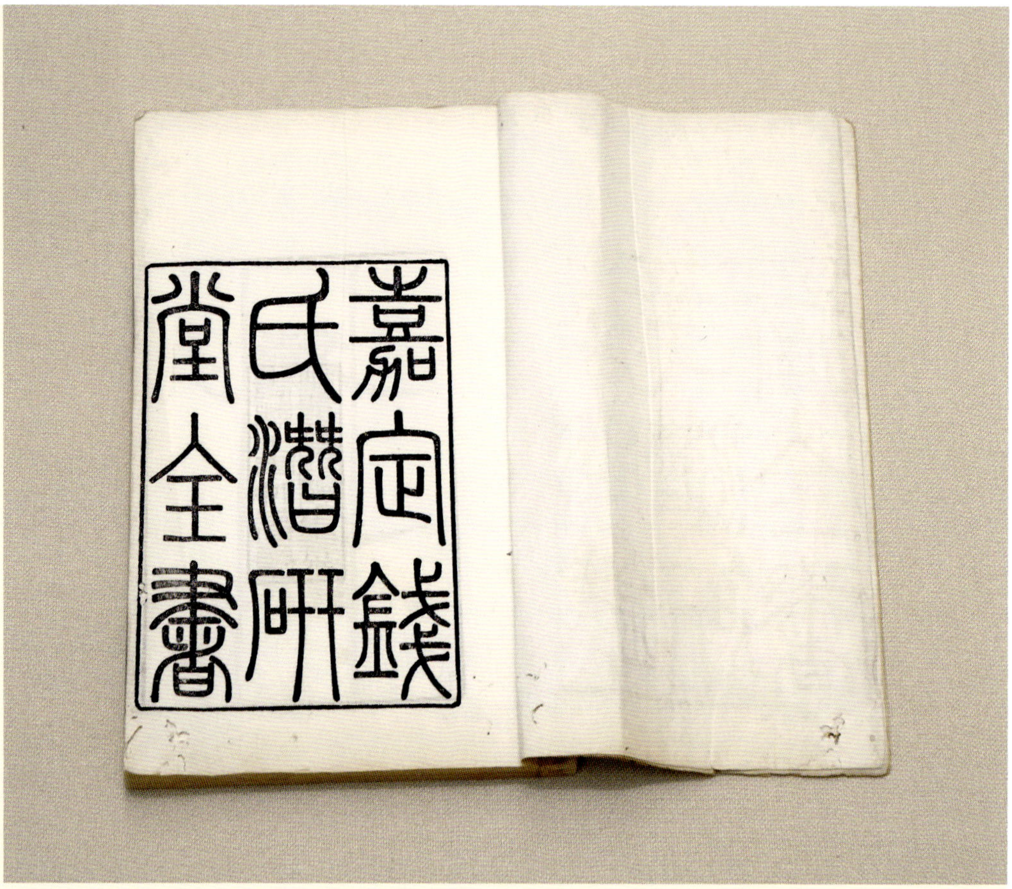

钱大昕撰《嘉定钱氏潜研堂全书》二十一种
清光绪十年（一八八四）长沙龙氏家塾刻本
嘉定博物馆藏

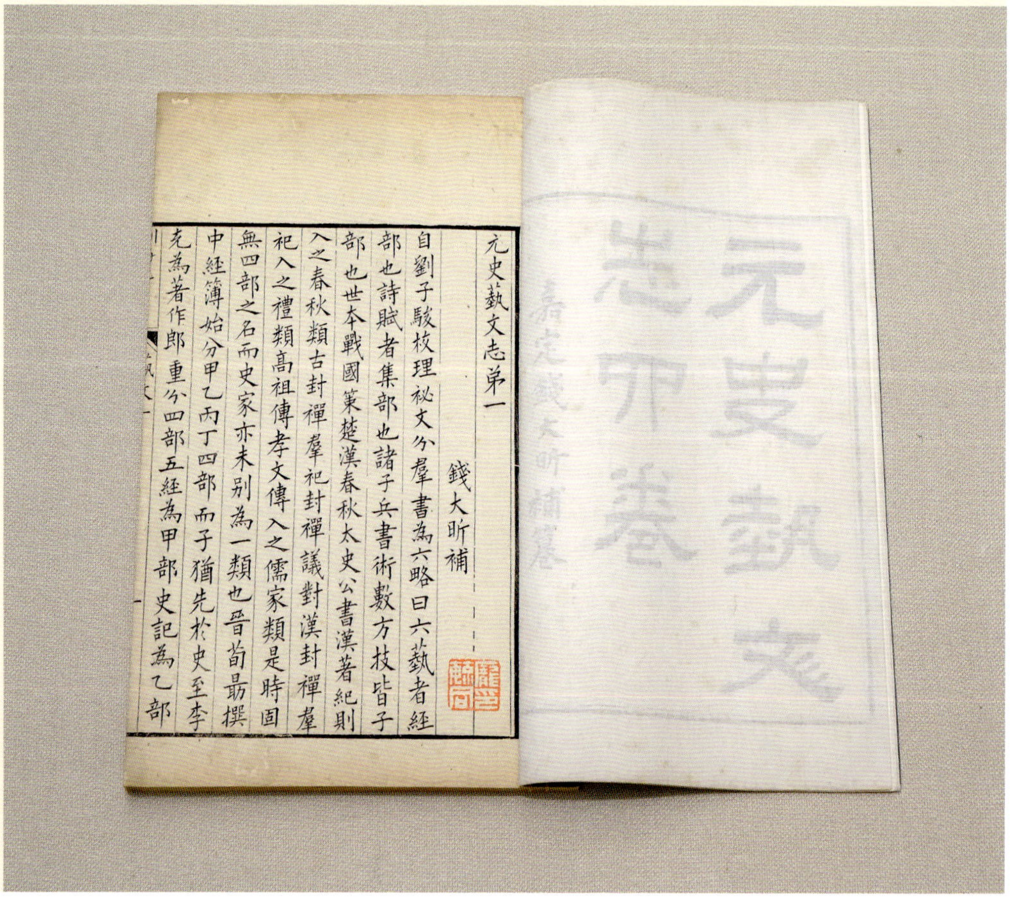

钱大昕撰《元史艺文志》四卷
清嘉庆十一年（一八〇六）写刻本
明止堂藏

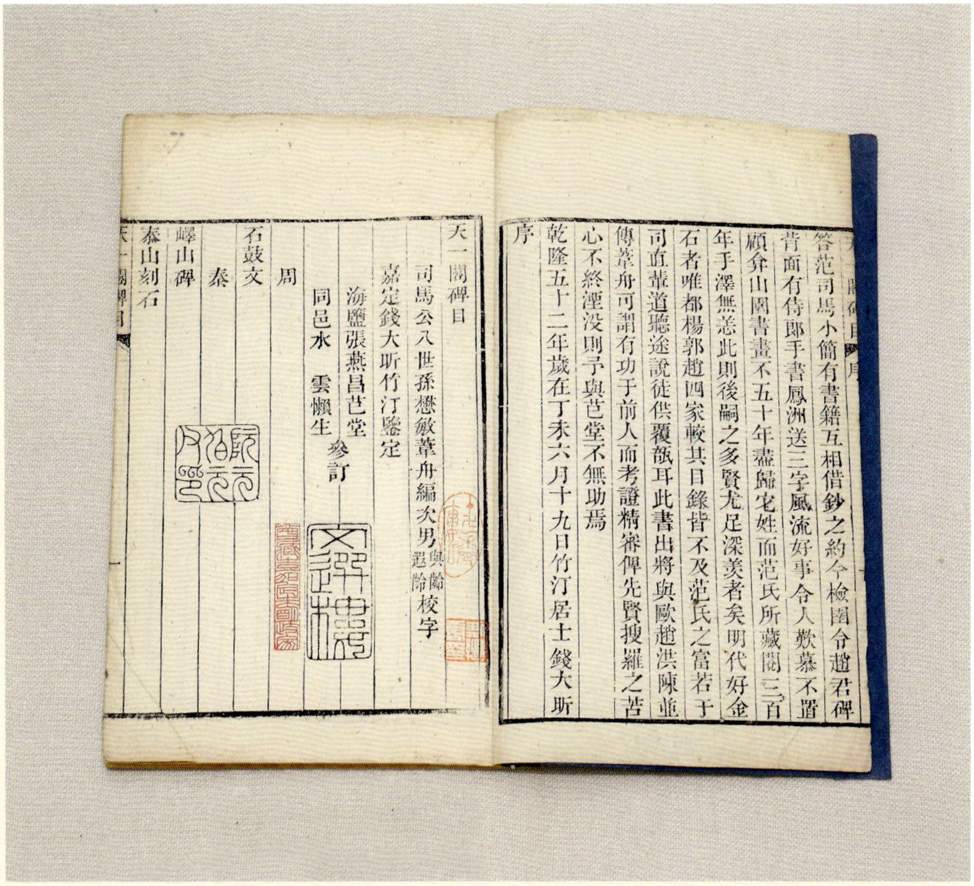
天一閣碑目序

答范司馬小簡有書籍互相借鈔之約今檢閣令趙君碑背面有侍郎手書鳳洲送三字風流好事令人歎慕不置顧弇山園書畫不五十年盡歸宅姓而范氏所藏閣三百年手澤無恙此則後嗣之多賢尤足深羨者矣明代好金石者唯都楊郭趙四家較其目錄皆不及范氏之富若于司直華道聽途說徒供覆瓿耳此書出將與歐趙洪陳並傳莘舟可謂有功于前人而考證精審俾先賢搜羅之苦心不終湮沒則予與芑堂不無助焉

乾隆五十二年歲在丁未六月十九日竹汀居士錢大昕

天一閣碑目

司馬公八世孫懋敏莘舟編次 男與齡 邇齡校字

嘉定錢大昕竹汀鑒定

海鹽張燕昌芑堂 同邑水 雲懶生 參訂

周

石鼓文

秦

嶧山碑

泰山刻石

钱大昕撰《天一阁碑目》不分卷

清嘉庆间刻本

明止堂藏

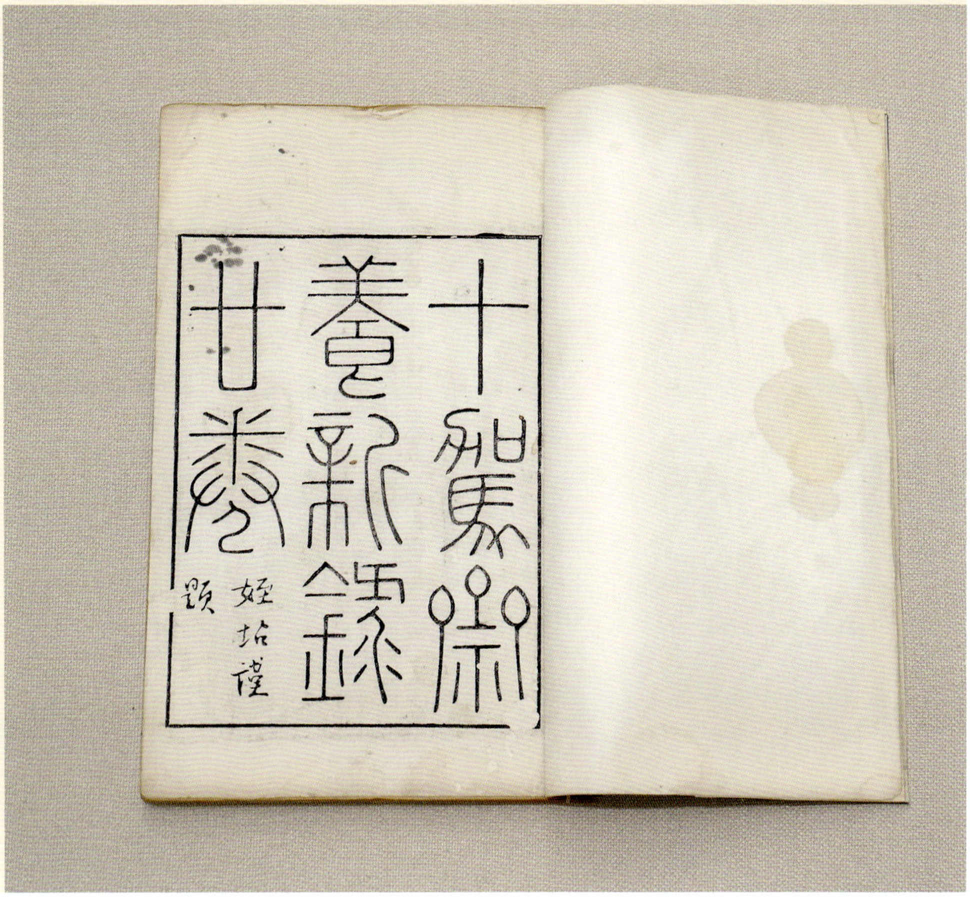
十駕齋養新錄廿卷

姪坫謹題

钱大昕撰《十驾斋养新录》二十卷《十驾斋养新余录》三卷

清嘉庆间刻本

上海翥云艺术博物馆藏

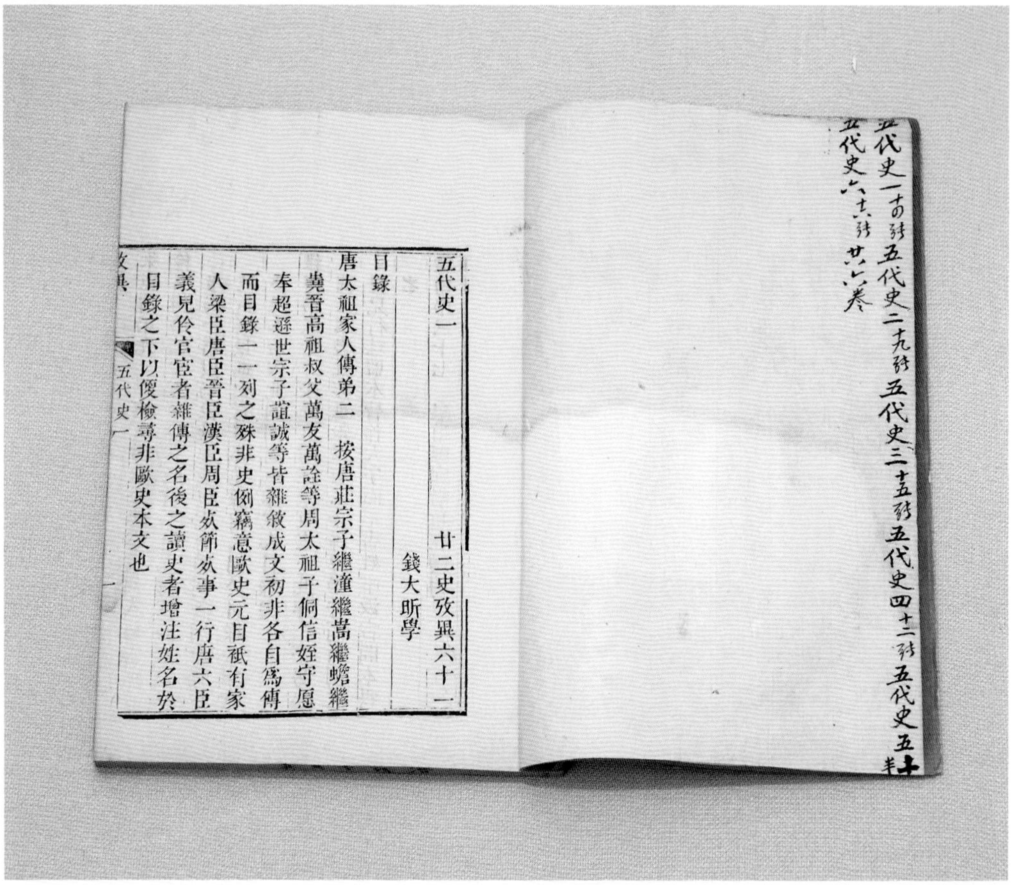

钱大昕撰《廿二史考异》一百卷
清嘉庆间刻本
嘉定博物馆藏

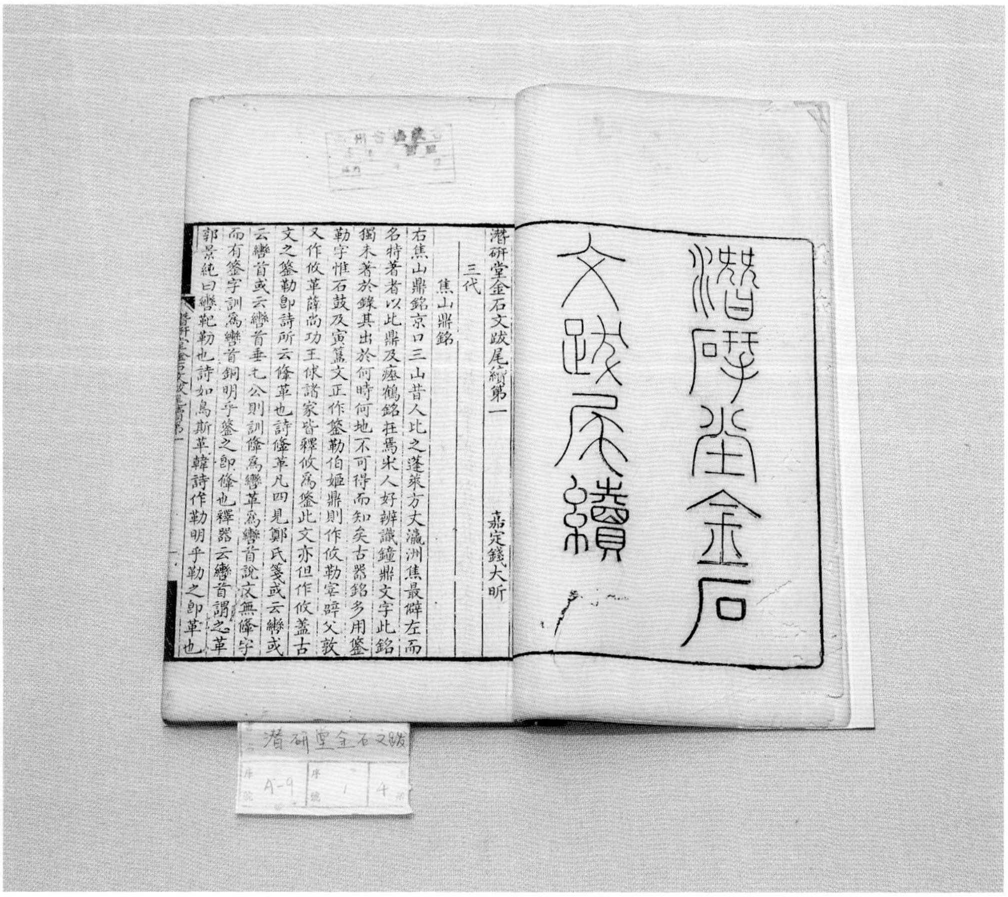

钱大昕撰《潜研堂金石文跋尾续》七卷
清嘉庆间刻本
上海翥云艺术博物馆藏

錢大昕

贰

钱大昕师友弟子手迹

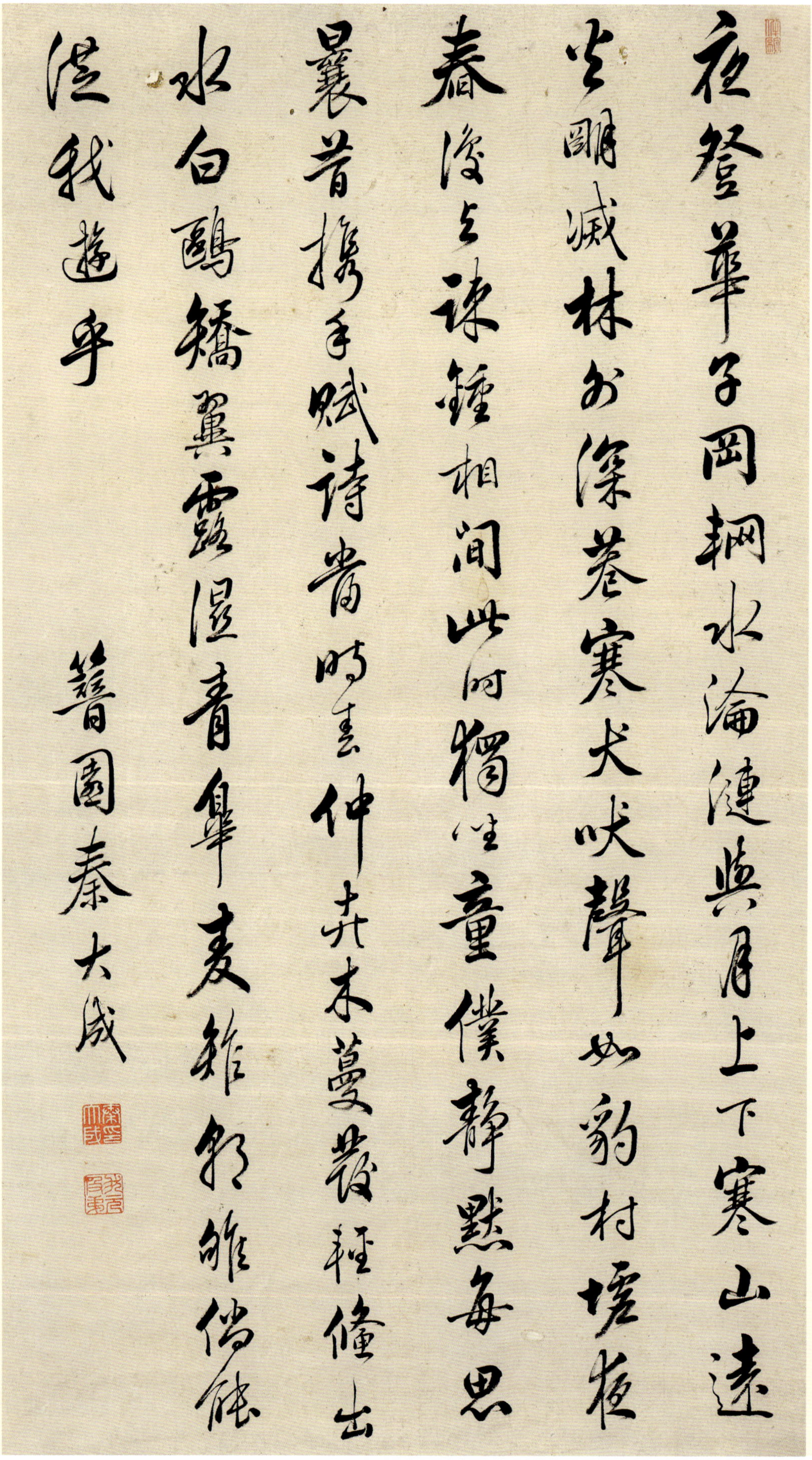

秦大成行书轴
嘉定博物馆藏

秦大成（一七二〇—一七七九），字承叙，一字簪园，嘉定（今属上海）人。乾隆二十八年（一七六三）状元。与钱大昕切磋学问。钱大昕曾推荐秦大成掌教钟山书院。

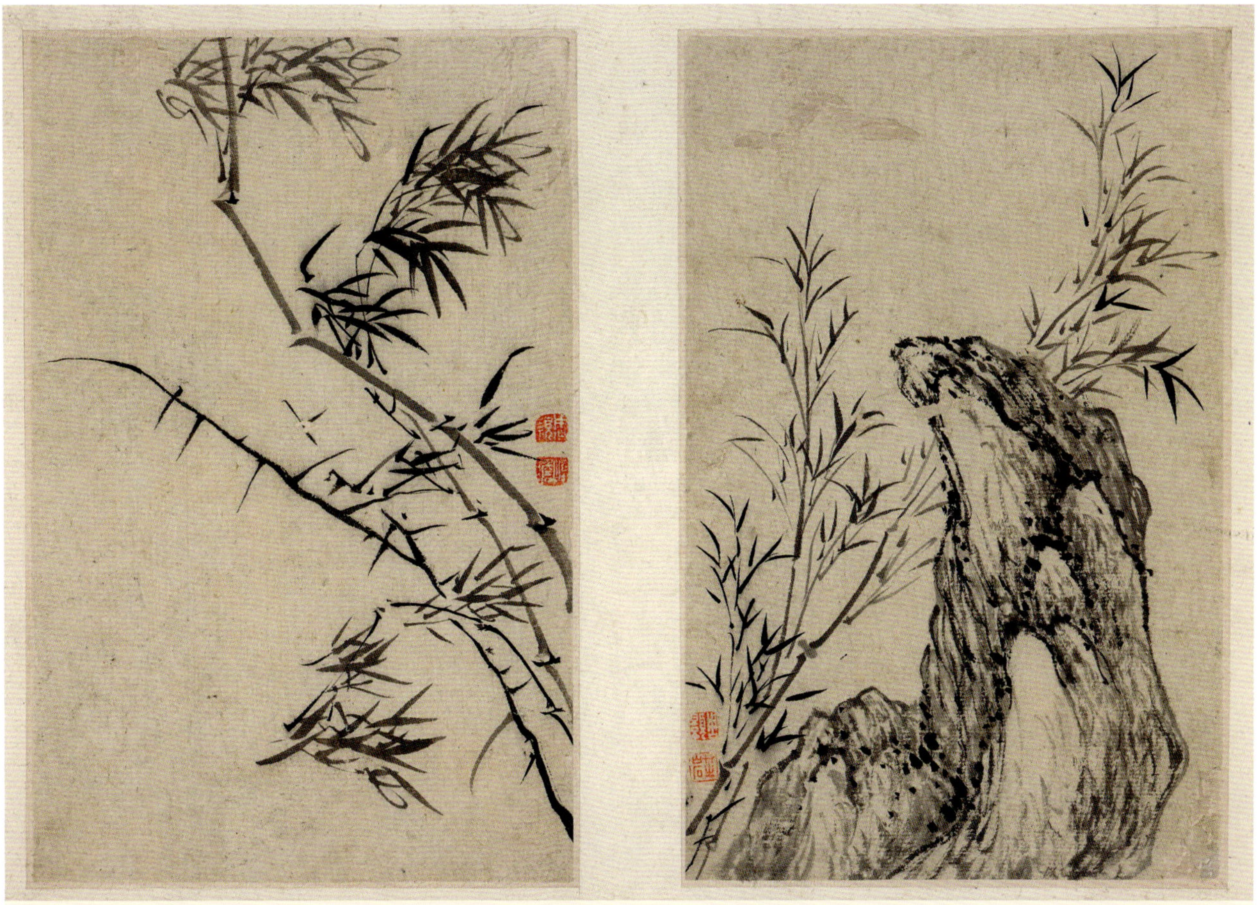

周颢竹石图册页
嘉定博物馆藏

周颢（一六八五—一七七三），字晋瞻，号芷岩，嘉定（今属上海）人。工诗文，擅书画，尤精刻竹。钱大昕为其作《周山人传》。

王鸣盛行草七言联
嘉定博物馆藏

王鸣盛（一七二二—一七九七），字凤喈，号西庄，晚号西沚居士，嘉定（今属上海）人。清代著名学者。乾隆十九年（一七五四），与妹婿钱大昕同中进士，为榜眼。

瞿中溶花卉轴

嘉定博物馆藏

瞿中溶（一七六九—一八四二），字镜涛，一字木夫，号苌生，嘉定（今属上海）人。贡生。钱大昕婿。博览群籍，搜访金石，收藏甚富，尤邃于金石考据之学。

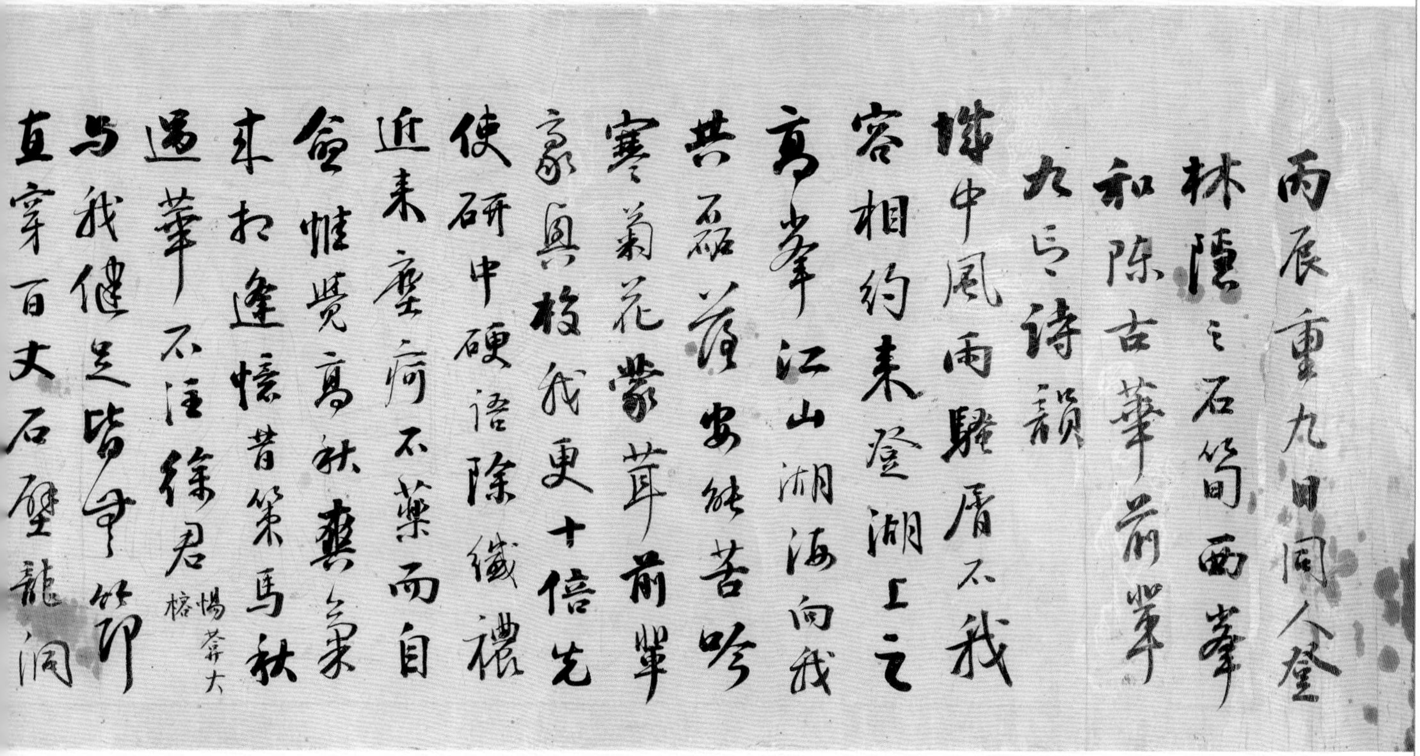

阮元行书横幅
嘉定博物馆藏

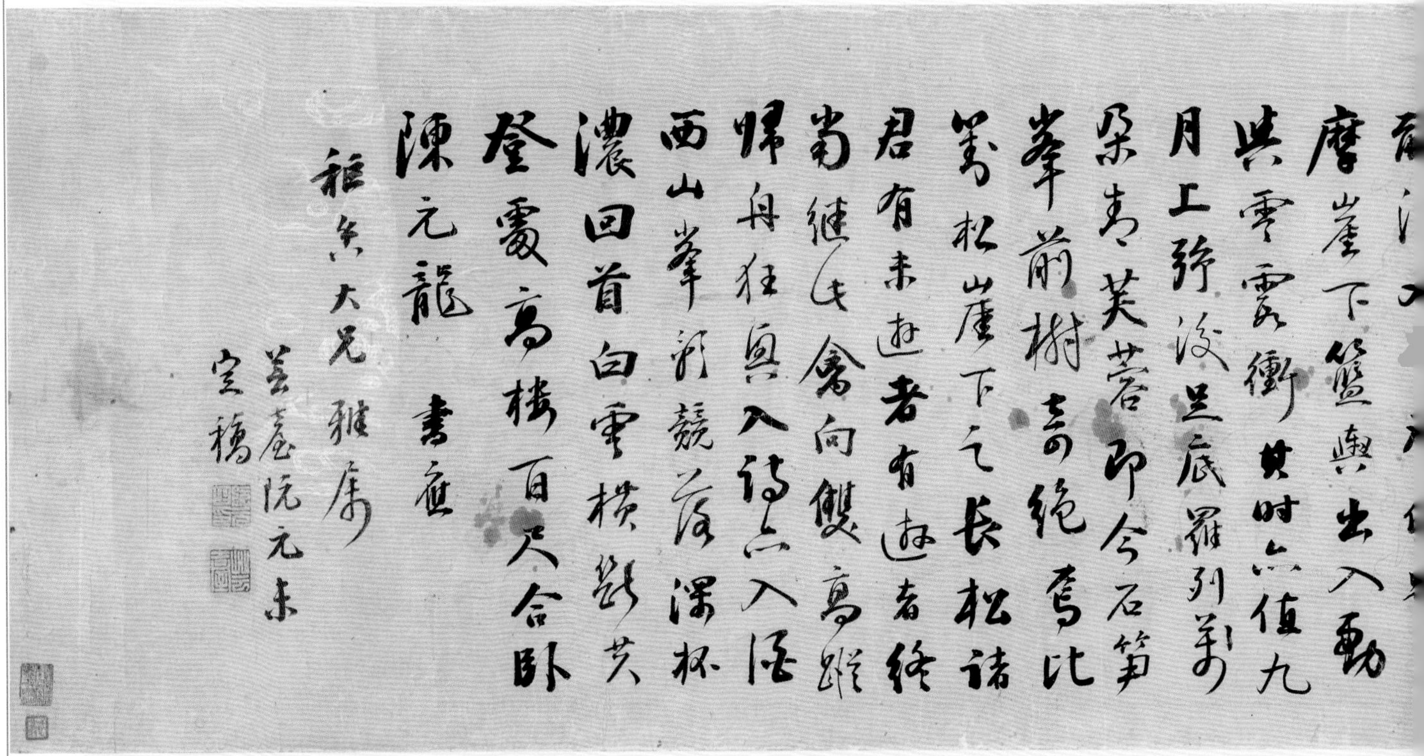

阮元（一七六四—一八四九），字伯元，号云台，扬州仪征人。乾隆五十四年（一七八九）进士。曾督山东学政，官至体仁阁大学士。在经史、数学、舆地、金石、校勘等方面皆有造诣。乾隆五十一年（一七八六）与钱大昕相交。为钱大昕刊刻《三统术衍》《十驾斋养新录》。

鵲啄枝頭散晚烟 軒車枉過敝廬前 故人暮景成三老予指檀溪先生錢太公方壺及予俱以暮年受覃恩里中稱為三老 才子文推計十年 頻許舊秋如積雨來 逢乞假許歸田 耳邊蟻鬭何勞數予近患耳疾 只此高談雖未全 轉眼風光早夏時 江浙東趣只儂知 登府櫻筍初嘗過 遠逢薦蕭歸掃遲 久別將夢未覺 重逢何意問頭垂 感君墜藉情尤深于情 朱顏對霜鬢 早侍天一下楓宸 恩被高重誥舊 春懷別敬溯舍遠 教栽從古情禁 甫三句書添杜鄭 推鴻筆時方修纂三通諸書 詩比應劉課後身 問道石渠天祿表 遠朝計日待斯人 老秋相見動擁顏 玉杖雙扶鶴

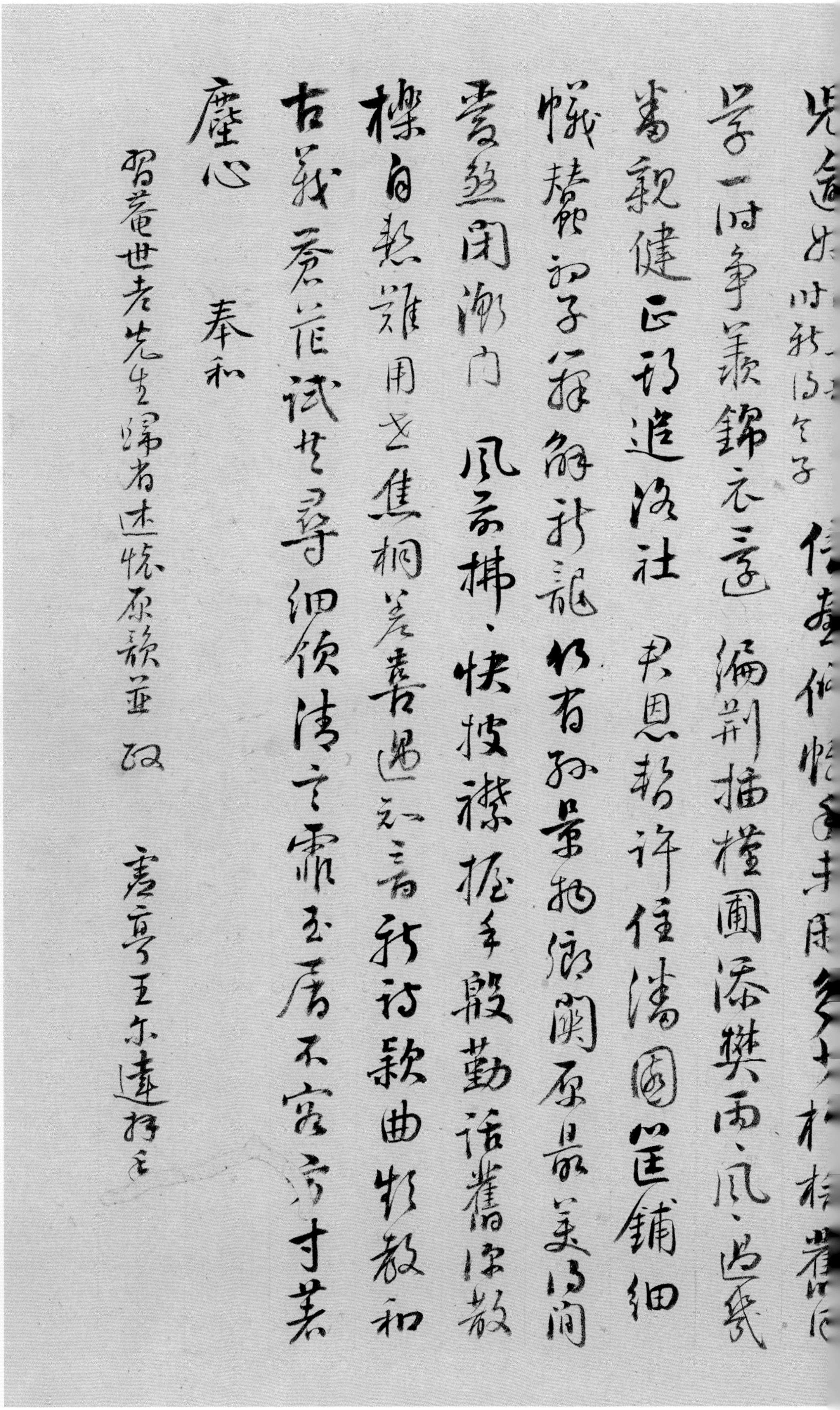

王尔达致曹仁虎诗札
嘉定博物馆藏

王尔达（一六九三—一七六八），字通侯，号虚亭。王鸣盛父，钱大昕岳父。钱大昕十五岁应童试，王尔达见其文，爱其才而许婚季女，并亲自指导其课业。

宮袍猶帶御爐煙錦返江鄉遶膝前頒鬢不曾殊
夙昔頭銜封之孫當年一邑新買潞家宅二頃屋芸部
外田祿卷且休植舊宦何人得似二疏全
江上花開綵澇時遠人好到鵲先知心依魏闕登年晚
意態庭闈見孝歷仕宦歸來話事子好文章爭羨
大名毛君家先來東南少科第真如摘頷髭
天上頻年侍玉宸故園歡笑夢中春嘗新筍籠時方暖
話舊崇□雨□自羨嘉賓同重握手來家富貴早抽
身試開小閣攤書坐恰與簪花作主人
誅郎向指好家顏瑜珥□□環釵兒孫與姊齊肩行樹〻
見耶錯而向樣間生味晨夕〻佛生態小住田園未許間玉
杖板輿扶侍好春前歡喚抱孫意

竹叢柚花遠陸离金□□□吟弄□筆生長□
孫景物居然佳染翰新詩攬芝紫門衡
登臺猶記芝枝孫鈔的泓嶢牲枝話深永園郁文咸遠夢
江湖浼自作春方期倚輕舸的修謁河平高軒
忽重尋順共秋風趨日上雲龍遠慰十年心
次元韻奉和
習菴老先生乞假歸省和到家述悵之作即請
郢政
　　　　　　　晚苼王元勳呈草

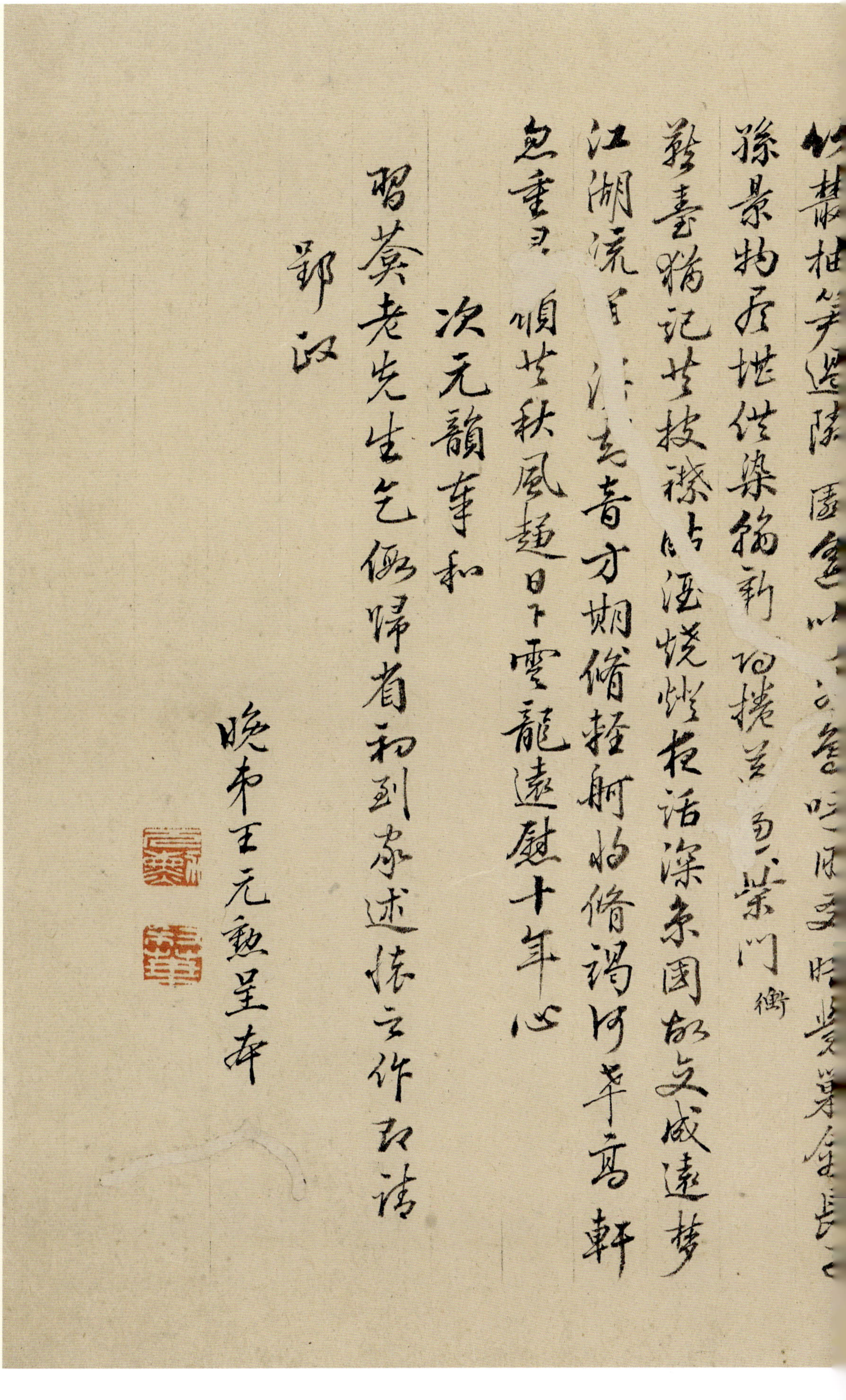

王元勋致曹仁虎诗札
嘉定博物馆藏

王元勋（一七二八—一八〇七），字叔华，号东溟，王敬铭侄。乾隆四十三年（一七七八）进士，官徐州府学教授。

揭曉之前二日即聞廣東之信賢孫
兄喜精為同輩惜蓋在他人不過少一
談資在賢弟則失一師資矣然吾
兄由此甘苦有供異日有資則弟亦未嘗不
暢滿如意也人來所需事已妥至
尊眷在京諸皆安妥一切與程姑爺
商辦去庸歷懷也現在東事已就緒
安帖明春南行未期節前當令而後動
尊處寄弟與程以的家信內自當
詳敘禁梓踪回年棘裝山東伊敏、
起身竟於見馬適兄弟借騎
尊顯伊堅辦借之已書植轉送矣

曹学闵致钱大昕书札
嘉定博物馆藏

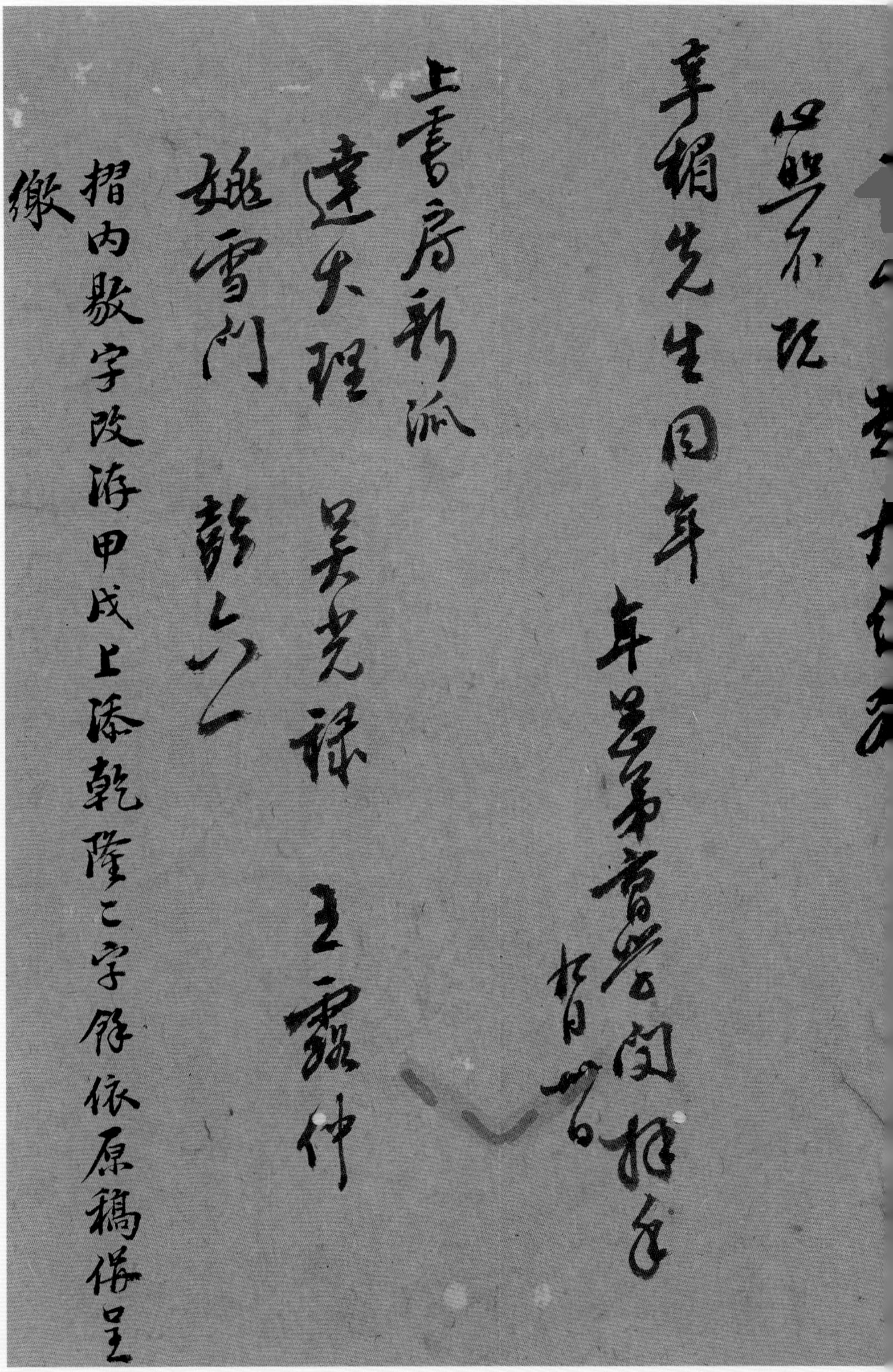

曹学闵（一七一九—一七八七），字孝如，号慕堂，山西汾阳人。乾隆十九年（一七五四）与钱大昕同中进士。官至内阁侍读学士。与钱大昕交往密切。

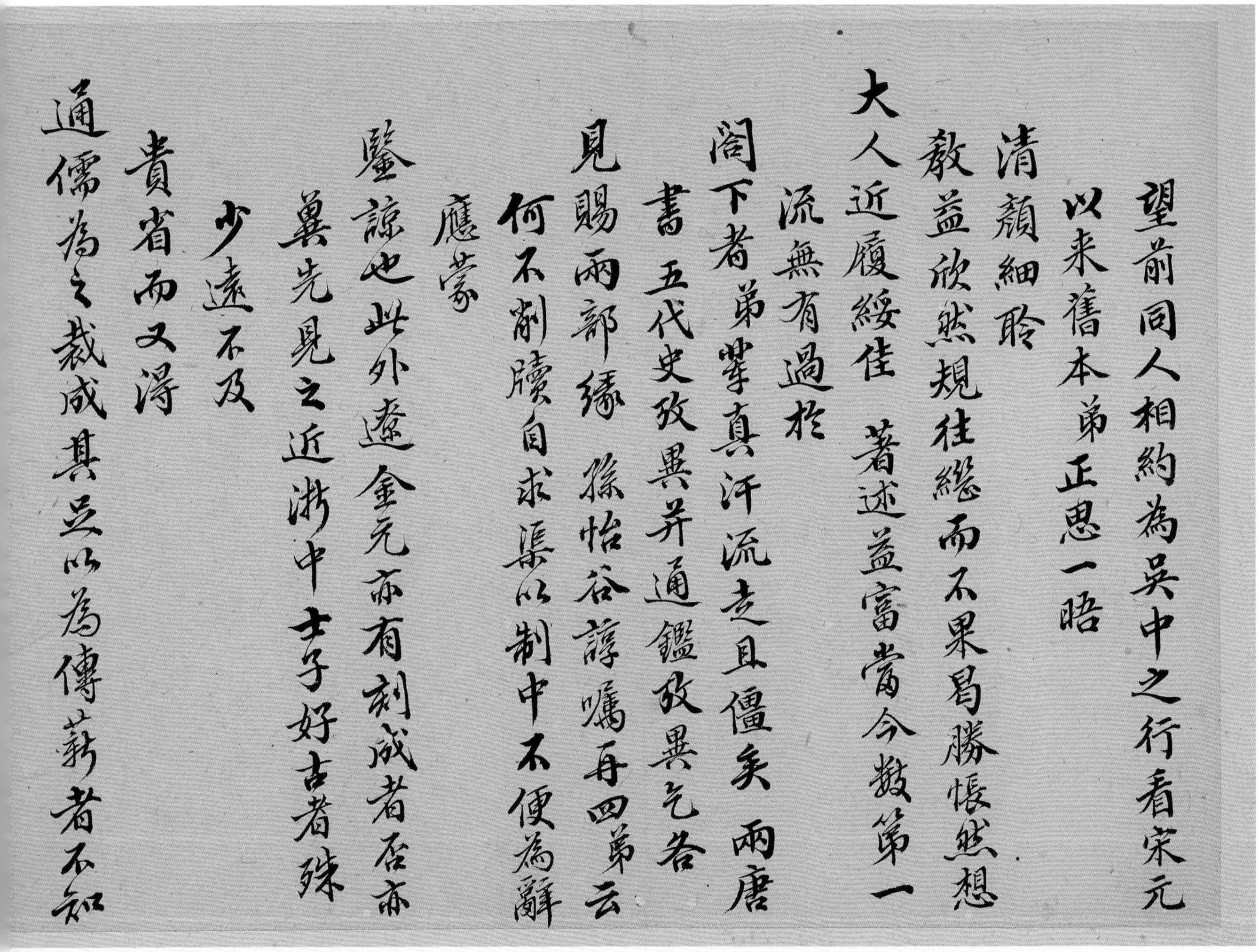
望前同人相約為吳中之行看宋元
以来舊本弟正思一晤
清顏細聆
教益欣然規往總而不果曷勝悵然想
大人近履綏佳 著述益富當今數第一
流無有過於
閣下者弟輩真汗流走且僵矣 兩唐
書 五代史攷異并通鑑攷異乞各
見賜兩部緣 孫怡谷諄囑再四弟云
何不削牘自求渠以制中不便為辭
應蒙
鑒諒也此外遼金元亦有刻成者否亦
冀先見之近浙中士子好古者殊
少遠不及
貴省而又得
通儒為之裁成其益以為傳薪者不知

卢文弨致钱大昕书札
嘉定博物馆藏

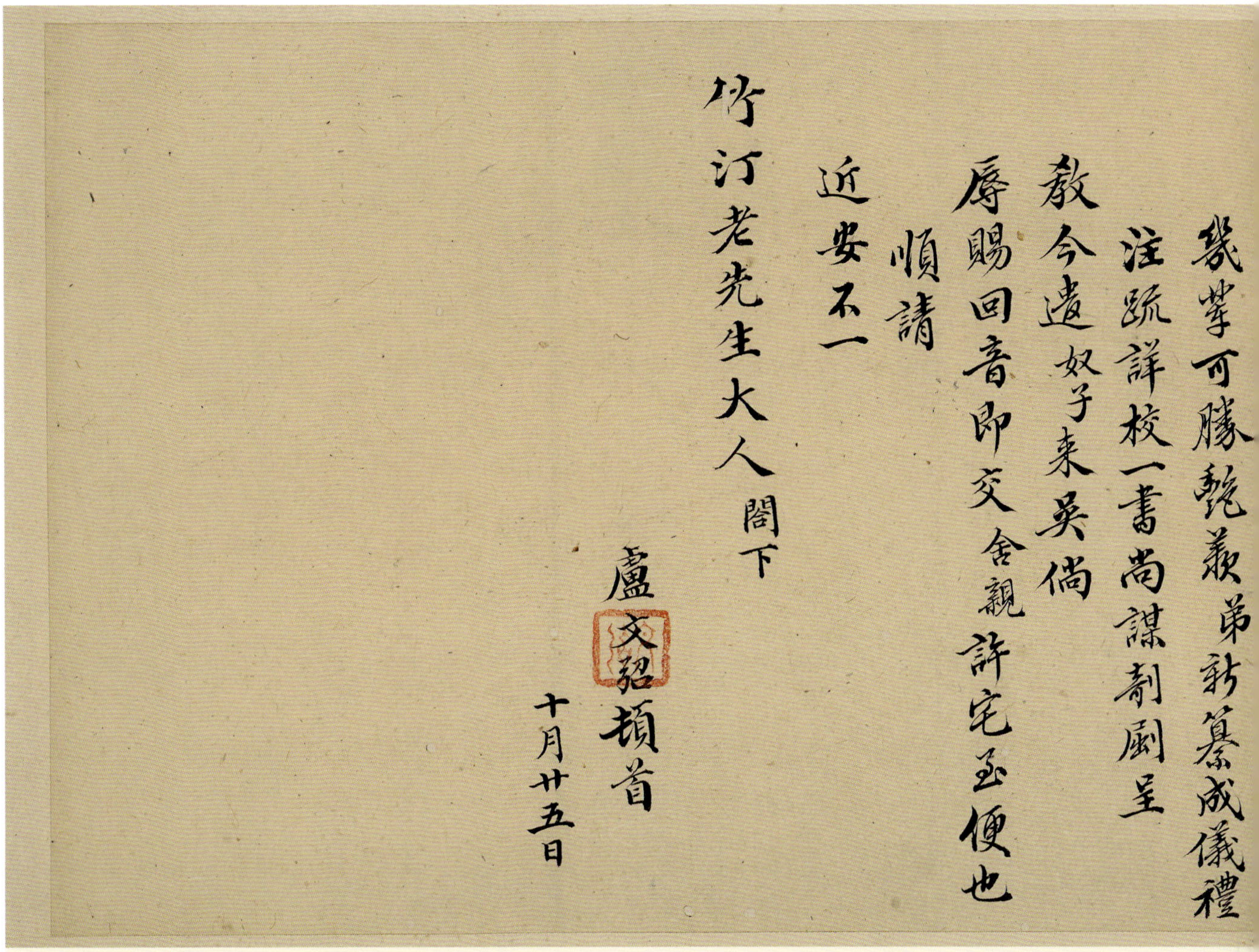
幾輩可賸艷羨弟新纂成儀禮
注疏詳校一書尚謀剞劂呈
教今遣奴子来吳倘
辱賜回音即交舍親許宅至便也
順請
近安不一
竹汀老先生大人閣下
盧文弨頓首
十月廿五日

卢文弨（一七一七—一七九五），字召弓，仁和（今浙江杭州）人。乾隆十七年（一七五二）一甲三名进士。历主江浙各书院讲席，以经术导士，江浙士子多信从之，学术为之一变。与钱大昕交往密切。乾隆三十年（一七六五），与钱大昕同任起居注官。三十一年（一七六六），与钱大昕并充会试同考官。四十四年（一七七九），钱大昕接替卢文弨任钟山书院山长。五十五年（一七九〇），钱大昕序卢文弨《群书拾补》。

受業談泰頓首

竹汀老師大人講座：客秋承唐文來接誦

教言，始知南海三郡如後世羈縻之州，并非三

十三年始有三郡之名，於是前疑渙釋，快何

如之。本考淮南氾論訓云：秦之時，西至臨洮、狄

道，東至會稽、浮石，南至豫章、桂林，北至飛

狐、陽原。是會稽與桂林分敘之證。蓋合前

後所置言之。至宋時經義合算卅百二名官

中有王安石荊撥之文，亦不知于何所本。且

其程式與文體一篇同否，仍望便中查示

爲要。又宋史張燦傳內四見壽母一處，所謂母

其母之母耶，抑其母之姊耶？文義不能了了，乞

先生考之。前在書肆中見

大著考異已經刻成，不勝歡喜，惜價值太貴

谈泰致钱大昕书札
嘉定博物馆藏

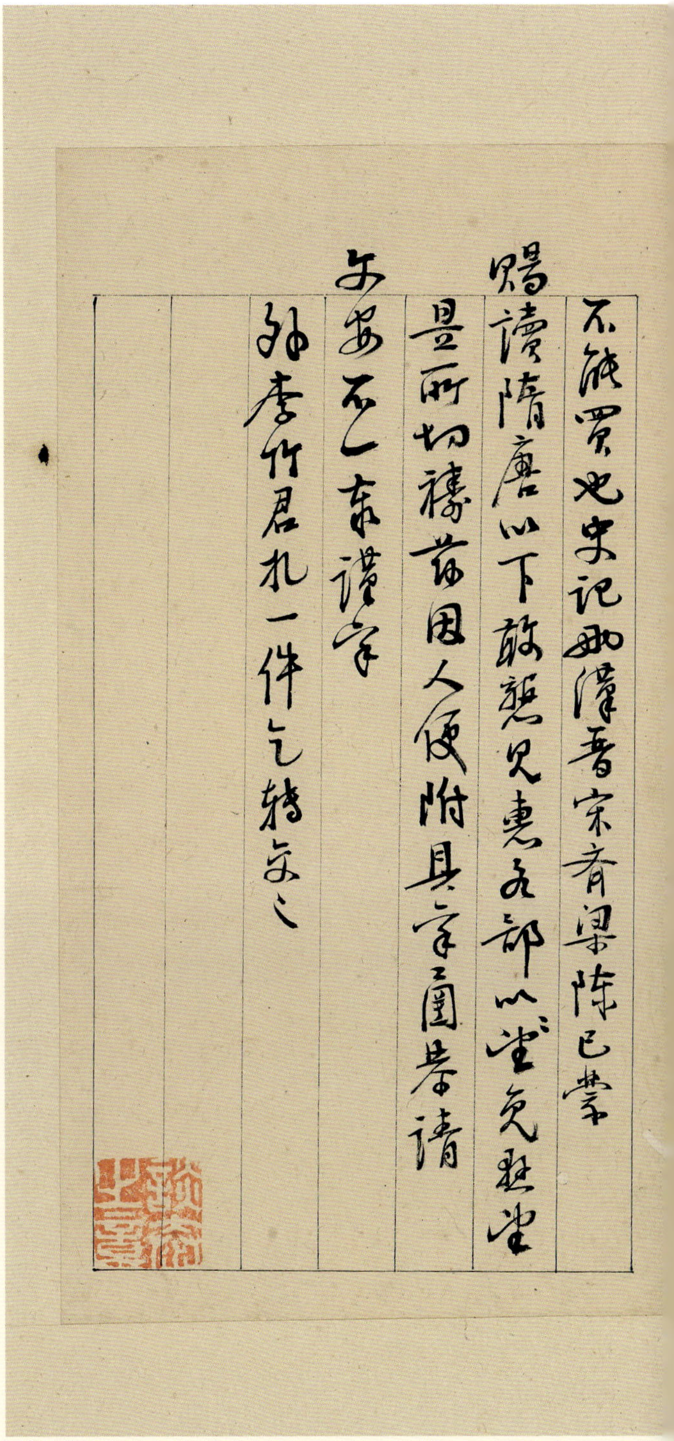
不能買也史記兩漢晉宋齊梁陳已蒙
賜讀隋唐以下欲懇兄惠五部以光斯坐
是所切禱若因人便附具寄圓爲請
安不一 泰謹字
外 李竹君札一件乞轉交之

谈泰（生卒年不详），字阶平，上元（今江苏南京市）人。乾隆五十一年丙午（一七八六）举人。精通音律算数。尝从钱大昕游。

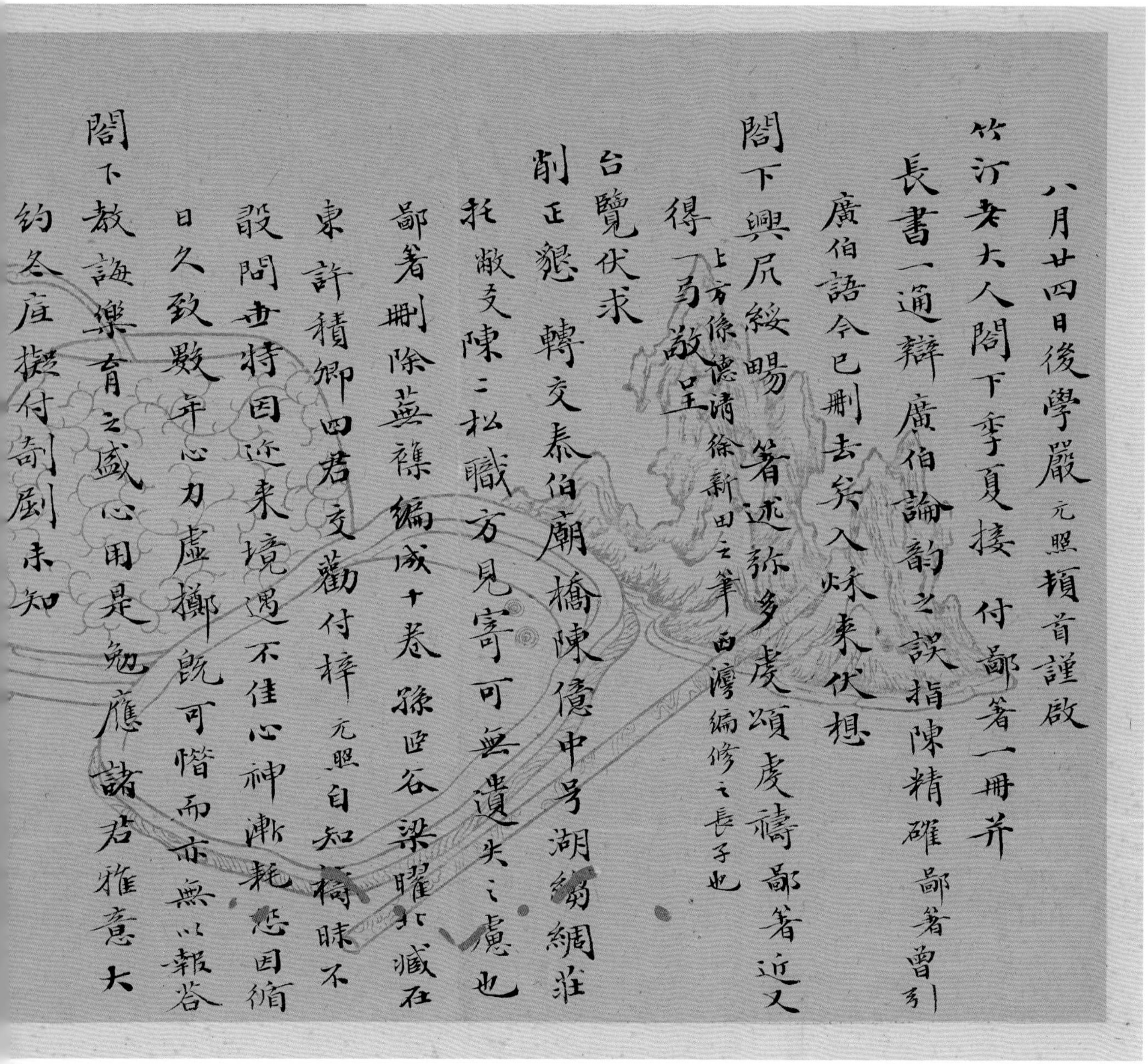
八月廿四日後學嚴元照頓首謹啟
竹汀老大人閣下季夏接 付鄙著一冊并
長書一通辯廣伯論韻之誤指陳精確 鄙著曾引
廣伯語今已刪去矣入秋来伏想
閣下興居綏暢 著述彌多 虔頌虔禱 鄙著近又
得[illegible]敬呈上方係德清徐新田之筆 西灣編修之長子也
台覽伏求
削正懇 轉交泰伯廟橋陳億中号湖縐綢莊
托敝友陳二松職方見寄可無遺失之慮也
鄙著刪除蕪雜編成十卷 孫頤谷梁曜北臧在
東許積卿四君交勸付梓 元照自知檮昧不
敢問世特因近来境遇不佳心神漸耗恐因循
日久致數年心力虛擲既可惜而亦無以報答
閣下教誨樂育之盛心用是勉應諸君雅意大
約冬底擬付剞劂未知

严元照致钱大昕书札
嘉定博物馆藏

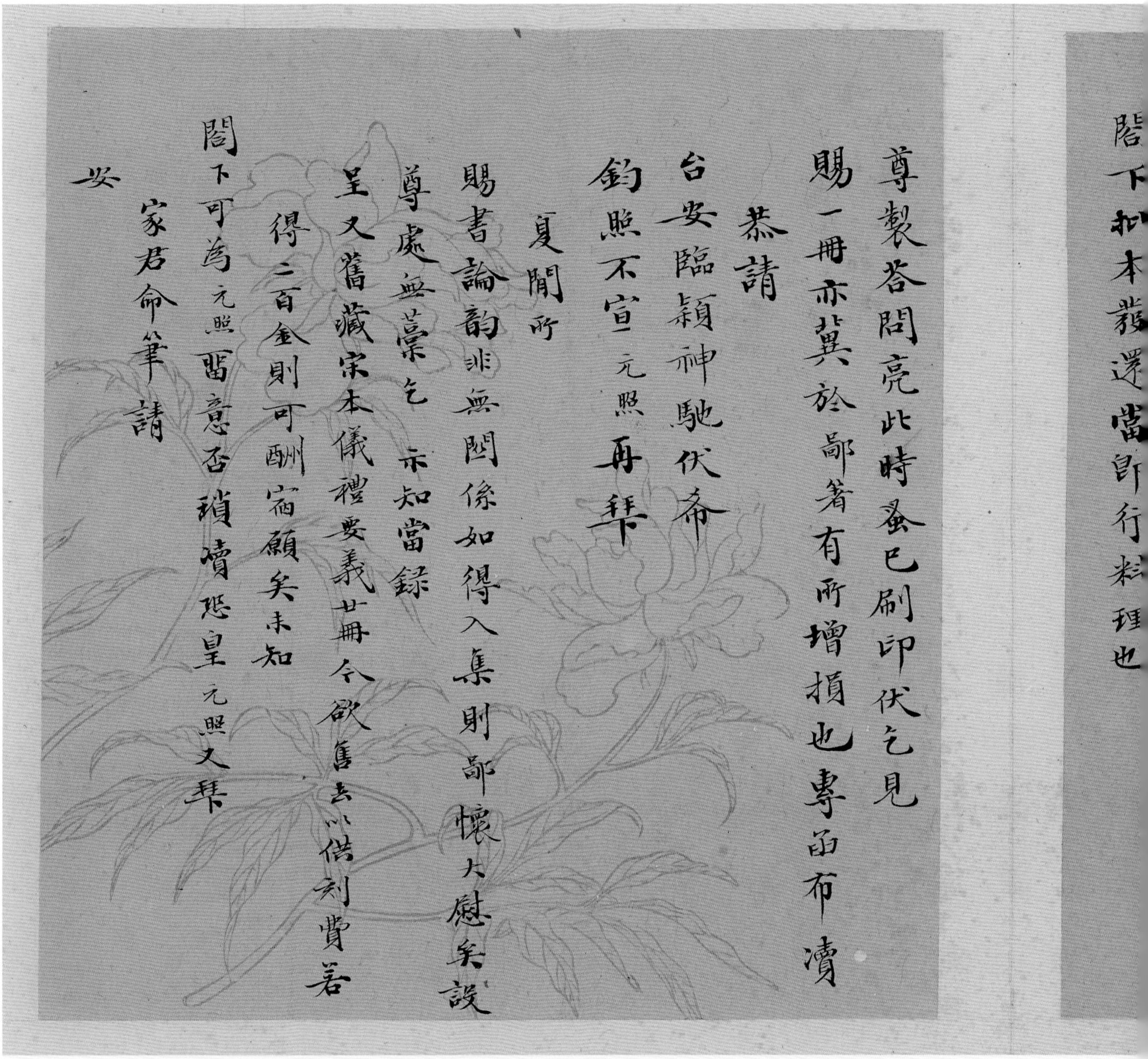
閣下初本獲還當即行料理也

尊製荅問亮此時蚤已刷印伏乞見
賜一冊亦冀於鄙著有所增損也專函布瀆
恭請
台安臨穎神馳伏希
鈞照不宣 元照 再拜
夏間所
賜書論韵非無闕係如得入集則鄙懷大慰矣設
尊處無藁乞 示知當録
呈又舊藏宋本儀禮要義廿冊今欲售去以供刻費若
得二百金則可酬宿願矣未知
閣下可為 元照 留意否瑣瀆悚皇 元照 又拜
家君命筆請
安

严元照（一七七三—一八一七），字符能，归安（今浙江湖州市）人。尝从钱大昕游。

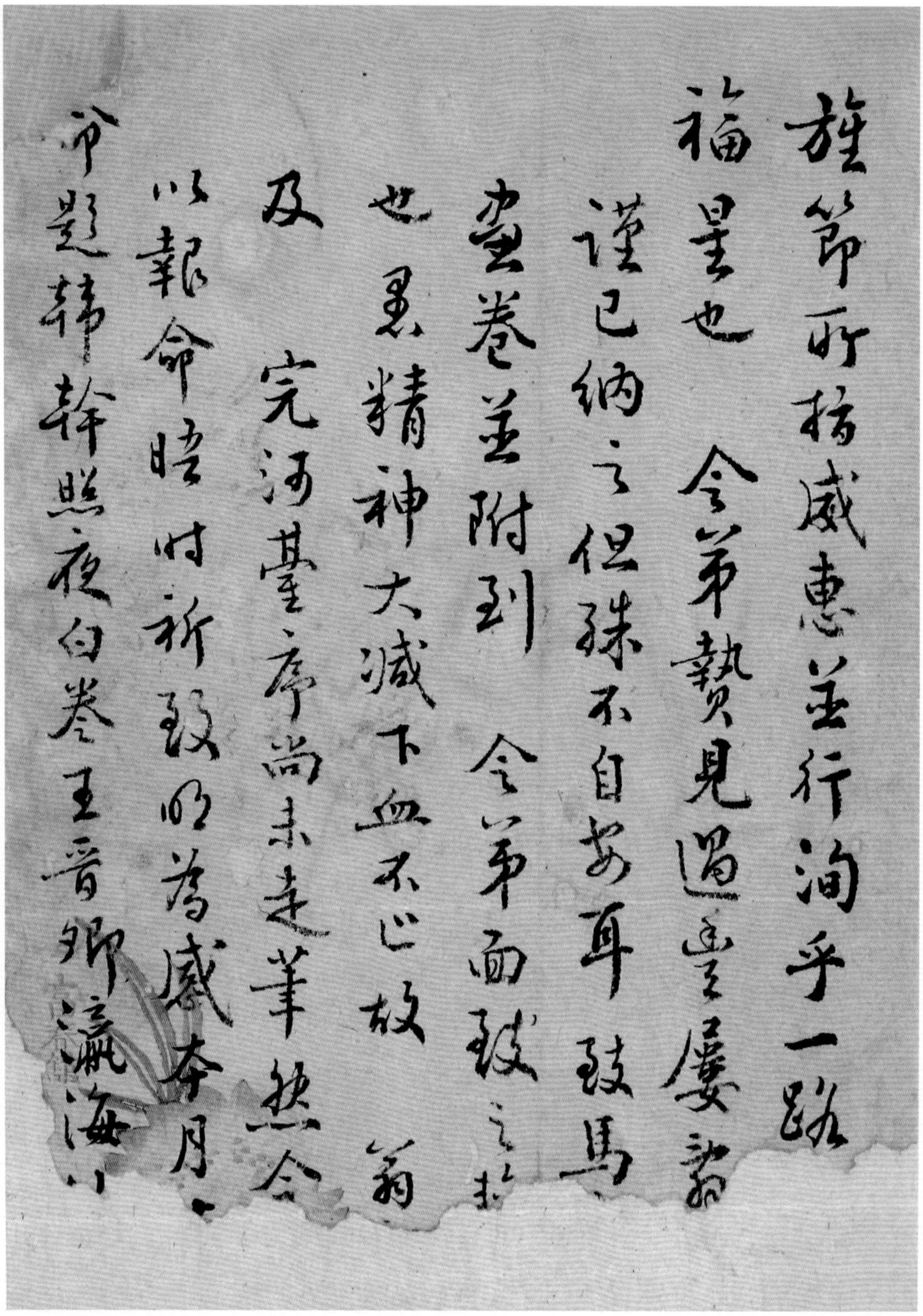

旌節所指威惠並行洵乎一路
福星也　令弟贄見過蒙優禮
謹已納之但殊不自安耳致馬
畫卷並附到　令弟面致之於
也愚精神大減下血不已故翁
及　完河墓序尚未走筆然今
以報命時時祈致收為感本月
命題韓幹照夜白卷王晉卿瀛海

沈德潜致沈廷芳书札
过云楼旧藏
观雪斋藏

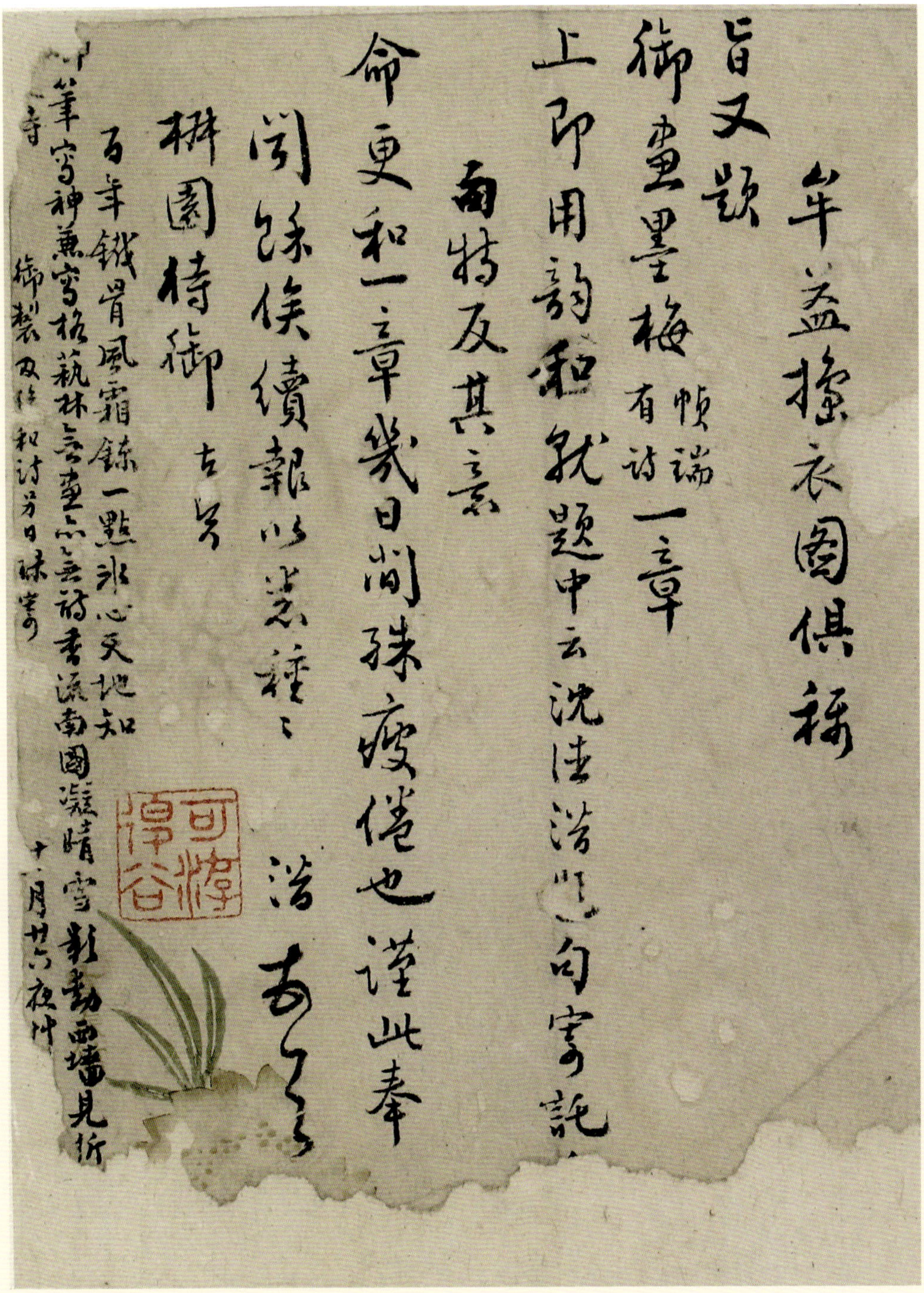

沈德潜（一六七三—一七六九），字碻士，号归愚，长洲（今江苏苏州）人。乾隆元年（一七三六）荐举博学鸿词科，乾隆四年（一七三九）成进士，官至内阁学士兼礼部侍郎。

乾隆十六年（一七五一），沈德潜任紫阳书院院长。同年秋，集钱大昕《辛楣吟稿》、王鸣盛《耕养斋集》、吴泰来《砚山堂集》、王昶《履二斋集》、黄文莲《听雨楼集》、赵文哲《娵雅堂集》、曹仁虎《宛委山房集》各两卷为《七子诗选》。

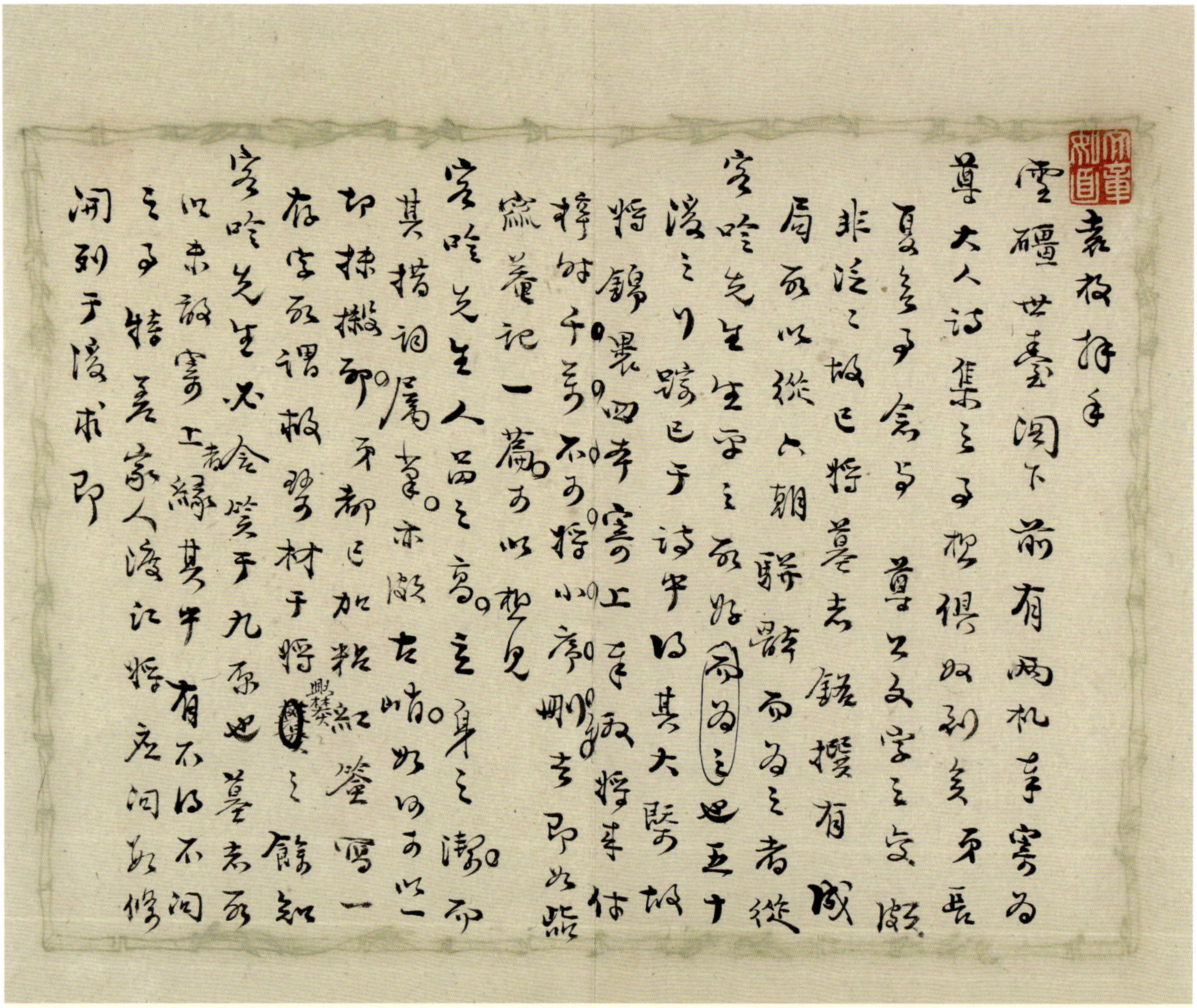

袁枚致汪大榀书札
过云楼旧藏
观雪斋藏

汪狂大概是越
国公之後东
红号居

赐覆不宣伫候伫候

一祖籍何县係何远宦之後何时遷
到扬州住闸口门
一五十以前曾居何试抑致居家
抑或幕焉
一卒于乾隆何年何月旦居威昌
宦寓
一子女若干
一享年若干
一葬何地或且空壙一某字
将
六月初四日状上

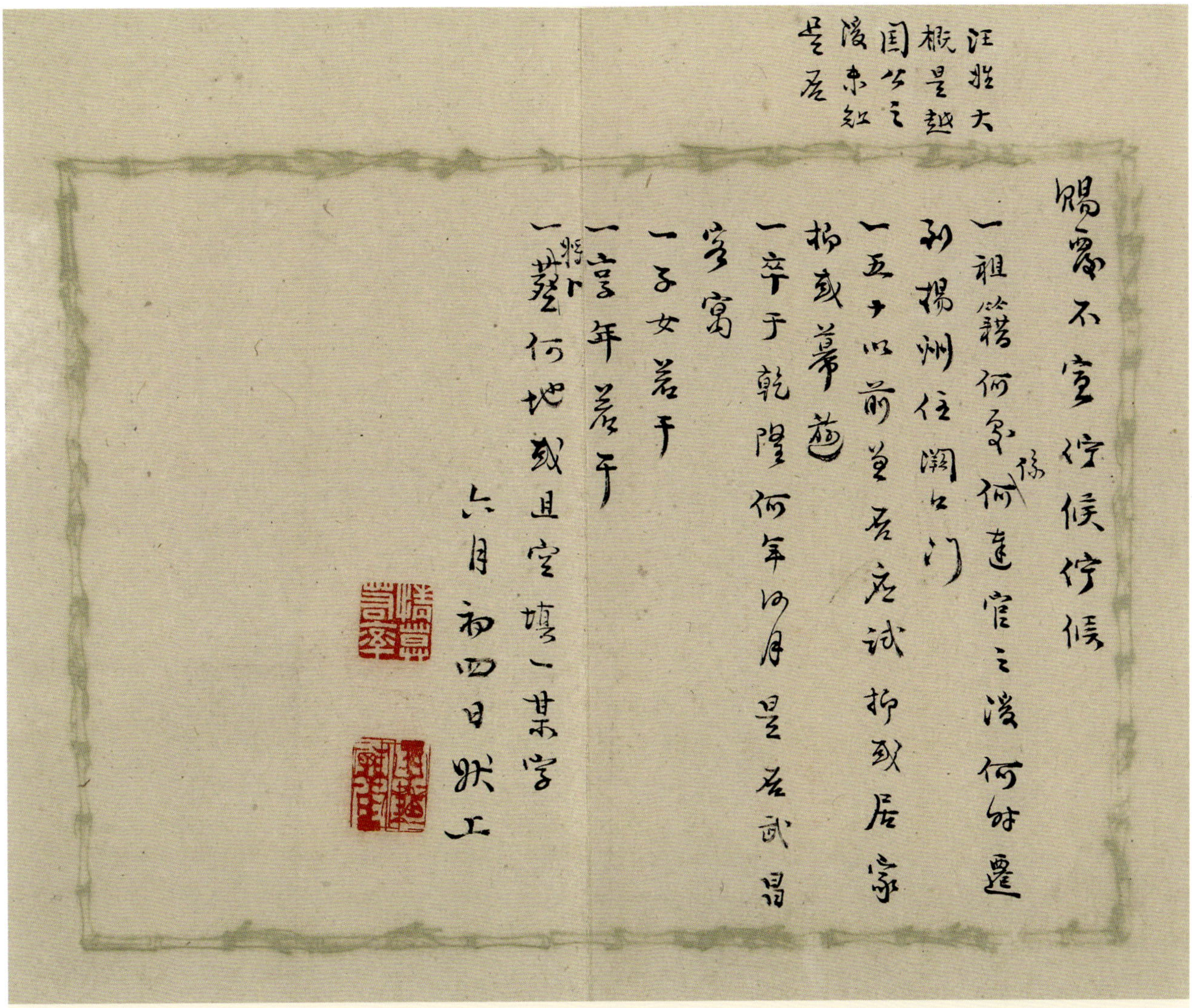

袁枚（一七一六—一七九七），字子才，号简斋，晚号随园老人，钱塘（今浙江杭州）人。乾隆四年（一七三九）进士。乾隆四十四年至四十六年（一七七九—一七八一），钱大昕任南京钟山书院山长期间，二人多有往来。乾隆四十六年袁枚为钱大昕母亲沈氏作墓志铭。

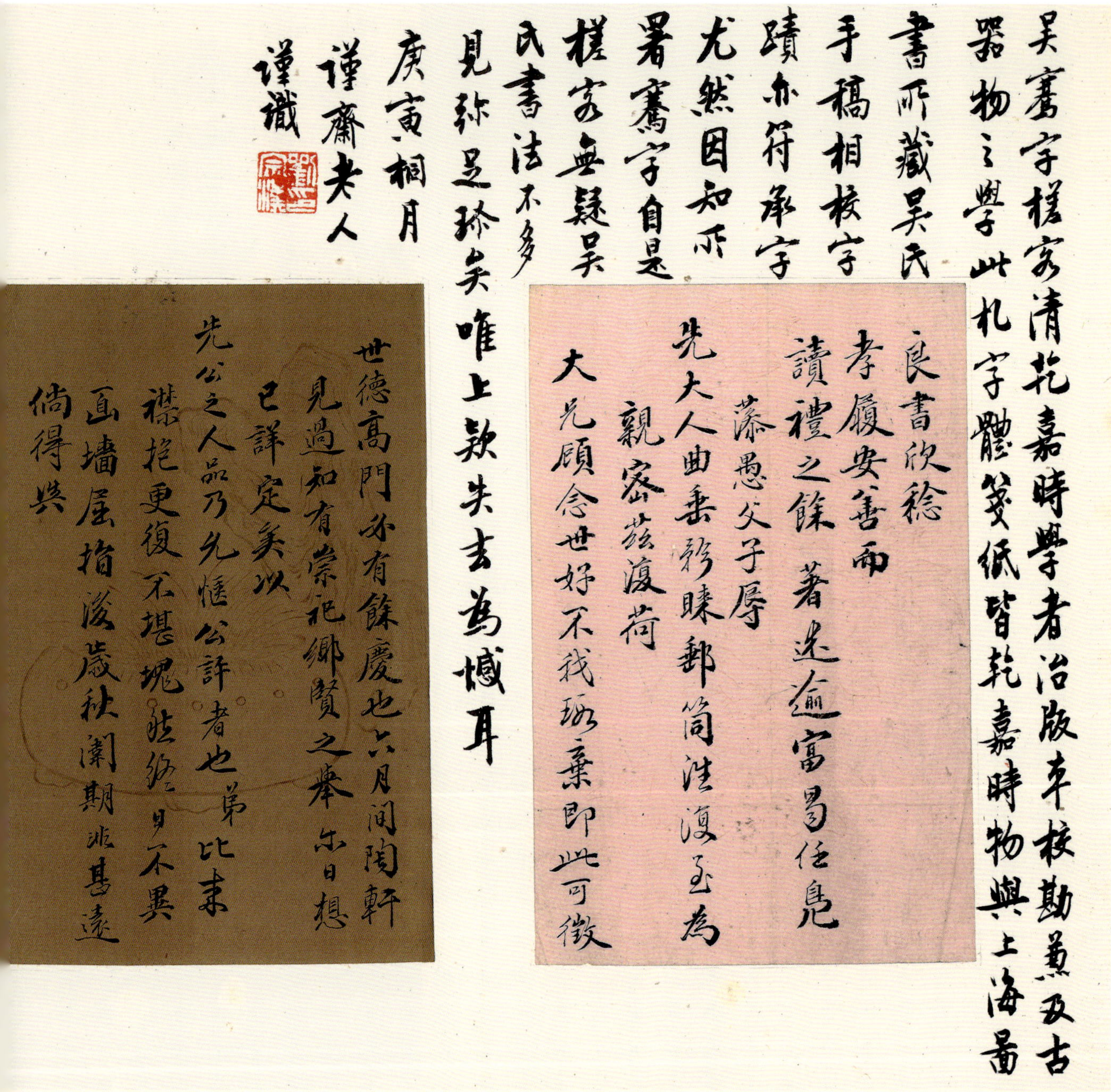

吴騫字槎客清乾嘉時學者治版本校勘兼及古
器物之學此札字體箋紙皆乾嘉時物與上海圖
書所藏吴氏
手稿相校字
蹟亦符承字
尤然因知所
署騫字自是
槎客無疑吴
氏書法不多
見弥足珍矣唯上款失去為憾耳
庚寅桐月
謹齋老人
謹識

良書欣稔
孝履安善而
讀禮之餘 著述逾富曷任凫
忝愚父子辱
先大人曲垂矜睞郵筒往復至為
親密茲復荷
大兄顧念世好不我遐棄即此可徵

世德高門亦有餘慶也六月間陶軒
見過知有崇祀鄉賢之舉 尔日想
已詳定矣以
先公之人品乃允愜公評者也 弟比來
襟抱更復不堪塊然終日不異
面墻屋指淺歲秋闈期非甚遠
倘得與

吴骞书札
观雪斋藏

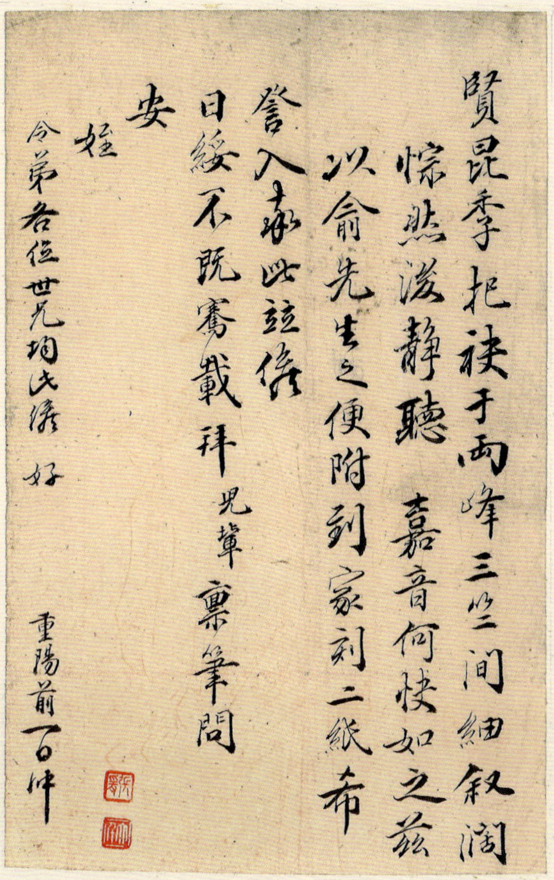
賢昆季把袂于兩峰三竺间細敘闊
悰，然後靜聽
嘉音，何快如之。茲
以俞先生之便附到家刻二紙，希
詧入。承此兹候
日綏，不既。騫載拜。兒輩稟筆問
安
姪
令弟各位世兄均此候好
重陽前一日冲

吴骞（一七三三—一八一三），字槎客，号兔床，海宁（今属浙江）人。诸生。著名藏书家。与钱大昕来往密切。

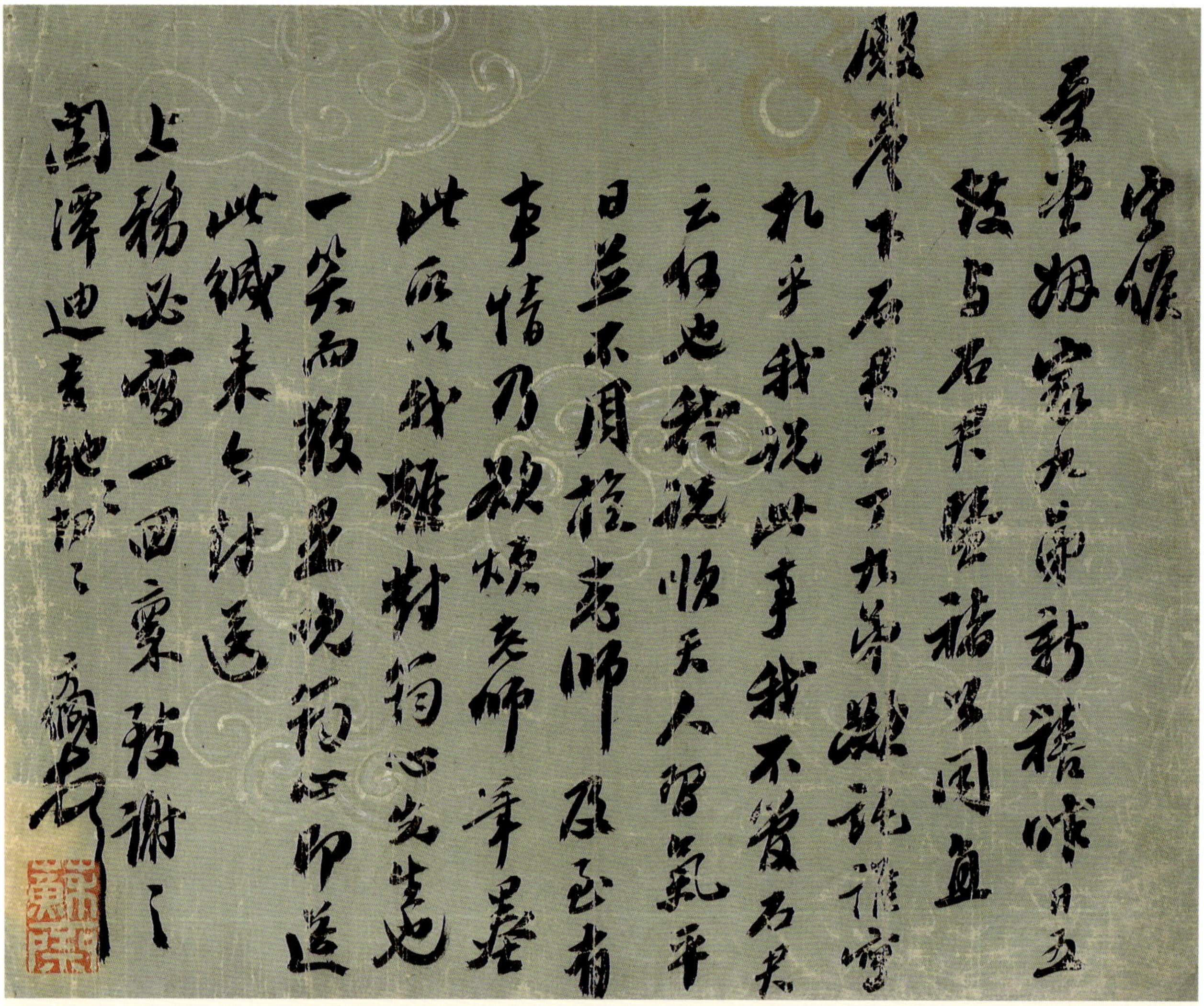

翁方纲致丁兆隆书札
观雪斋藏

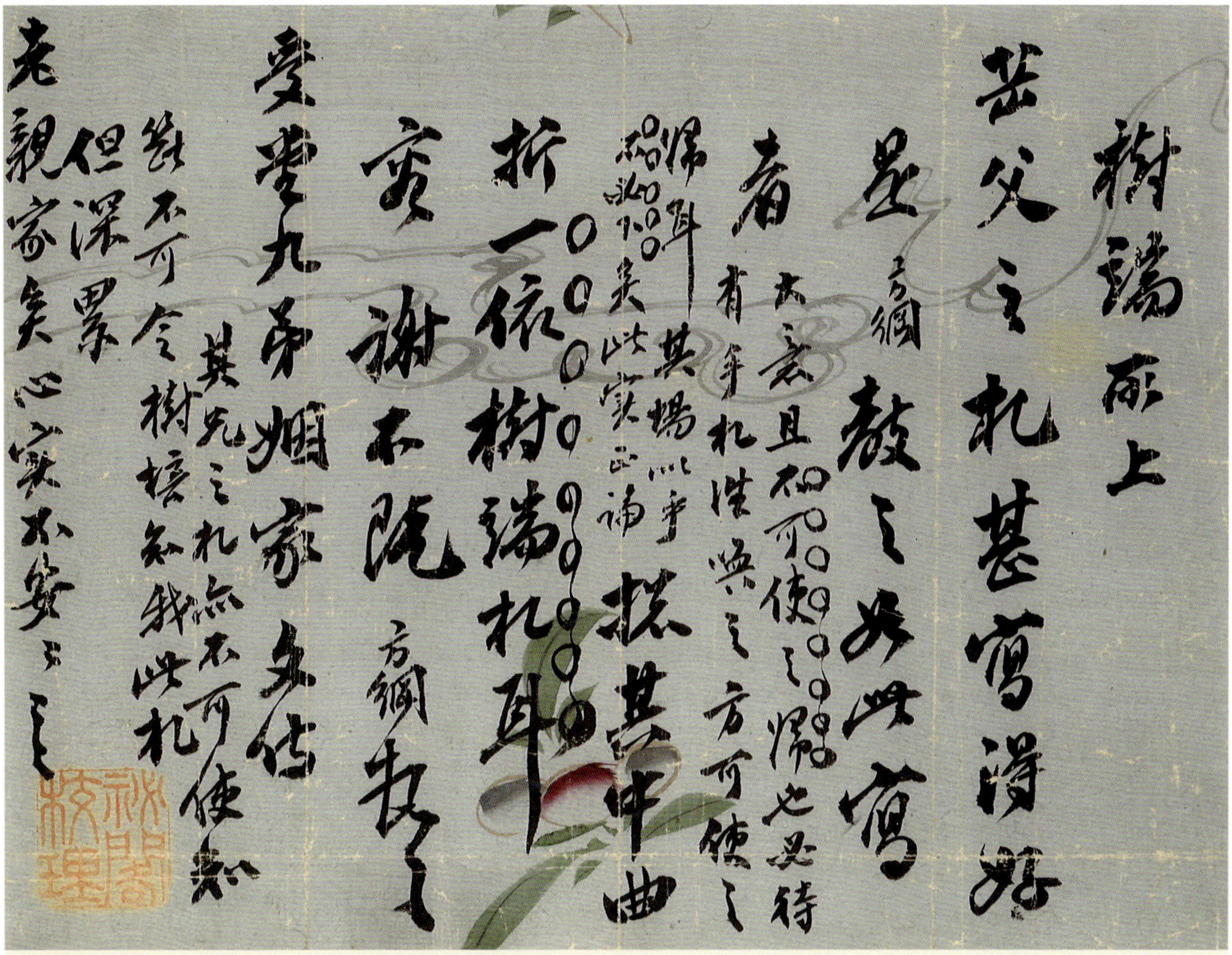

翁方纲（一七三三—一八一八），字正三，一字忠叙，号覃溪，大兴（今属北京）人。乾隆十七年（一七五二）进士。历督广东、江西、山东三省学政，官至内阁学士。乾隆二十八年（一七六三）、二十九年（一七六四），与钱大昕同任起居注官。

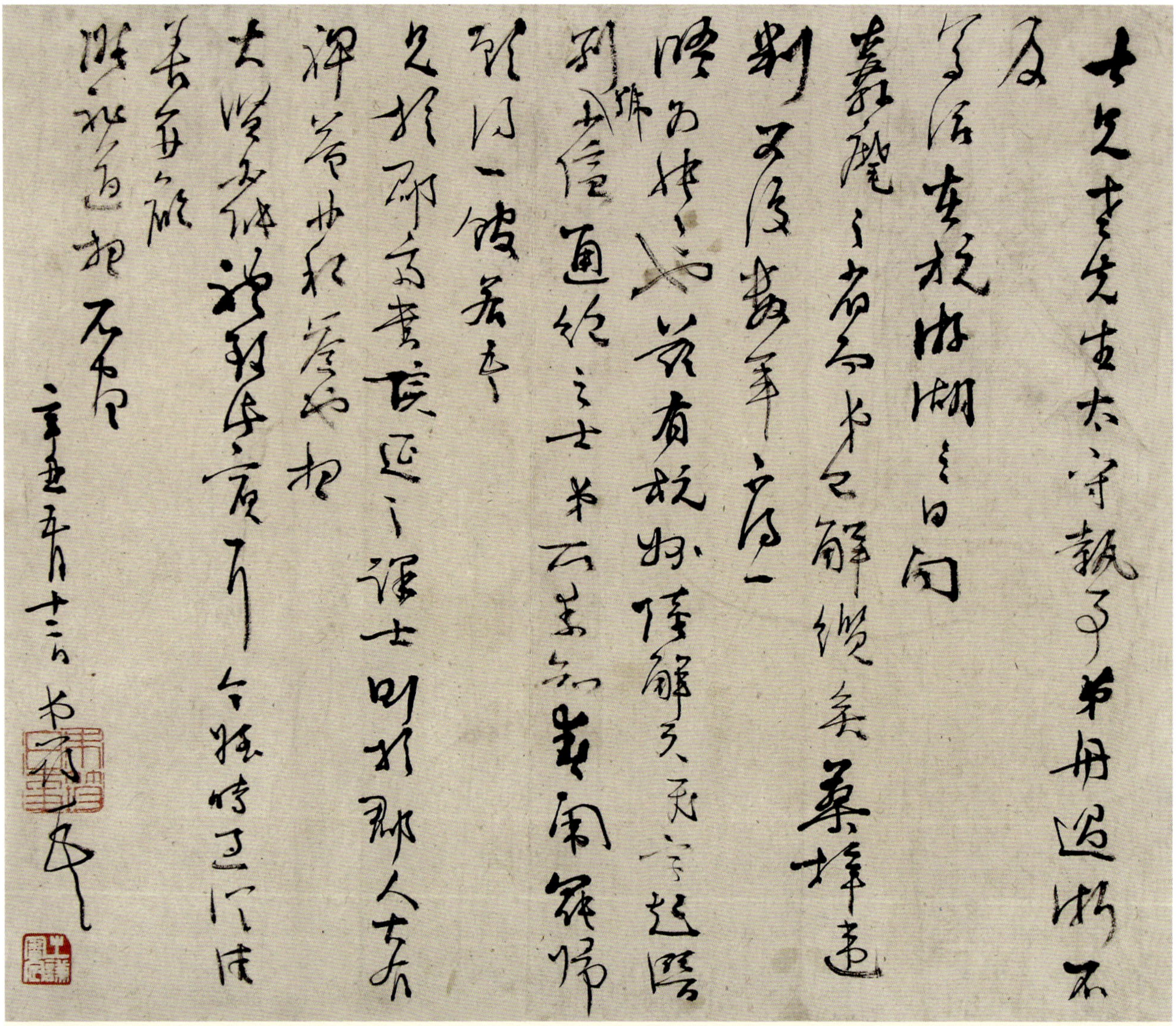

朱筠书札
过云楼旧藏
观雪斋藏

朱筠（一七二九—一七八一），字竹君，号笥河，大兴（今属北京）人。清代著名文献学家、藏书家、学者。为乾隆十九年（一七五四）同科进士中与钱大昕交往密切者。

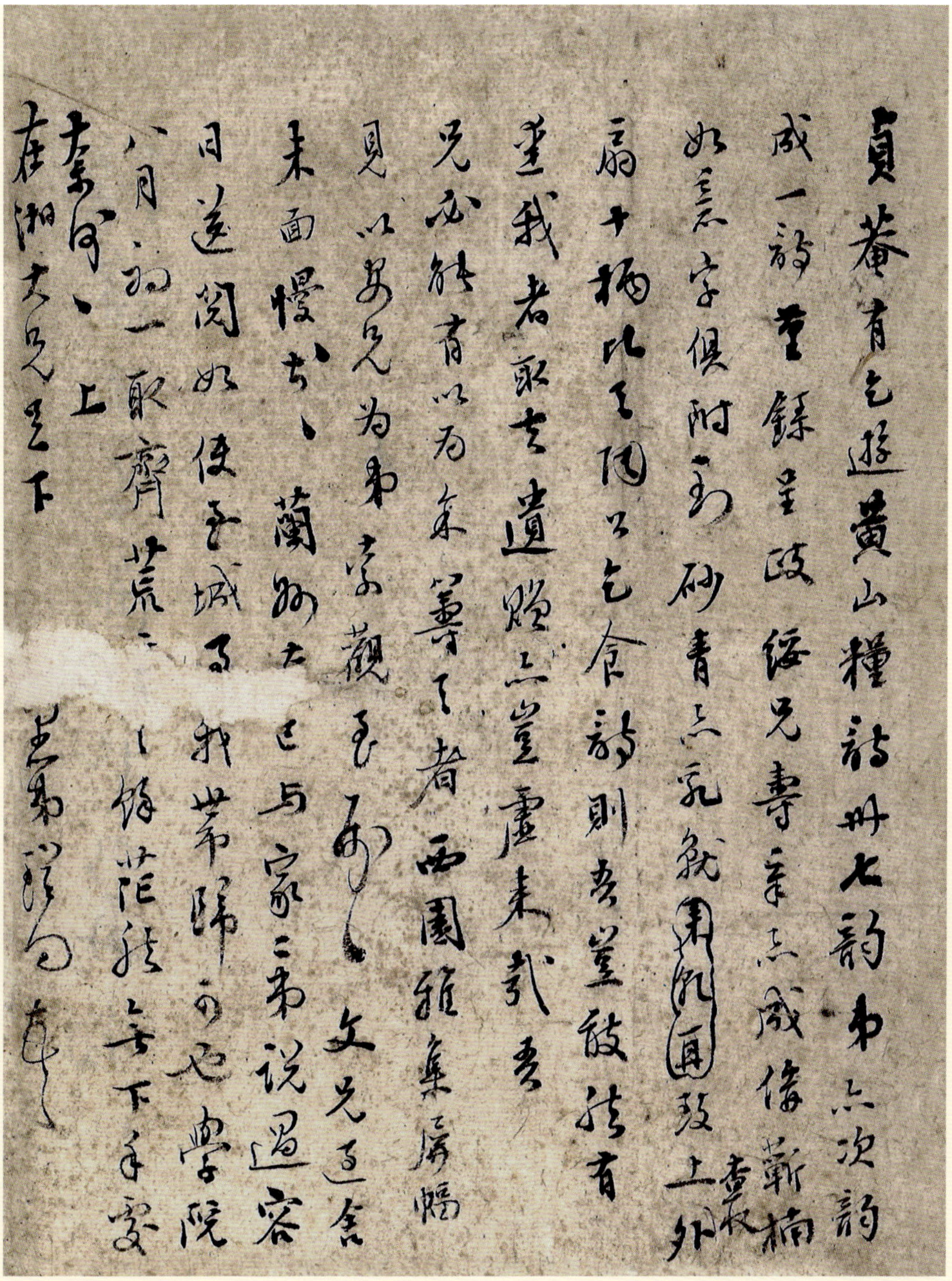

程瑶田致汪梧凤书札
观雪斋藏

程瑶田（一七二五—一八一四），字易畴，号让堂，安徽歙县人。清乾隆三十五年（一七七〇）举人。乾隆五十三年十月至乾隆五十六年（一七八八—一七九一），程瑶田任嘉定县教谕期间，与钱大昕交往密切。

年侄伏蒙南中寄椷
並前辈夫人榮膺羙廕拜誦風雅金壺
歸向
龍門勝蹟富先生白門燈塙為之羙
晚傳家俶口占快覩之是走侄新耕
喜秋冬涸雨詒子可家丽載者秋時
事迹按杜征南釋例年月辨成五年
卷以冒窘于繹史高史之雯俊此上
时乑
抈起新刻易鮮云水正含欵辛就正
吾邁此書
挍著承坐寄一二種雲碧中回侭許

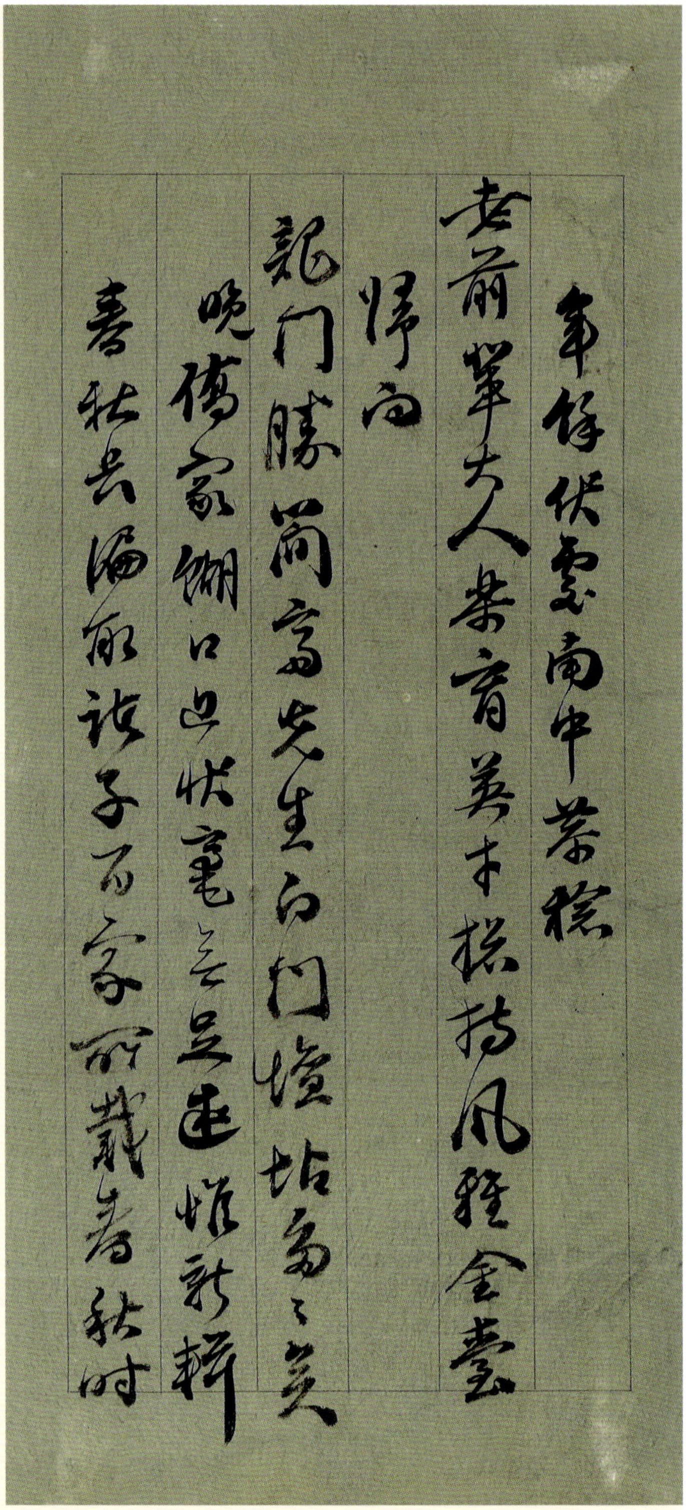

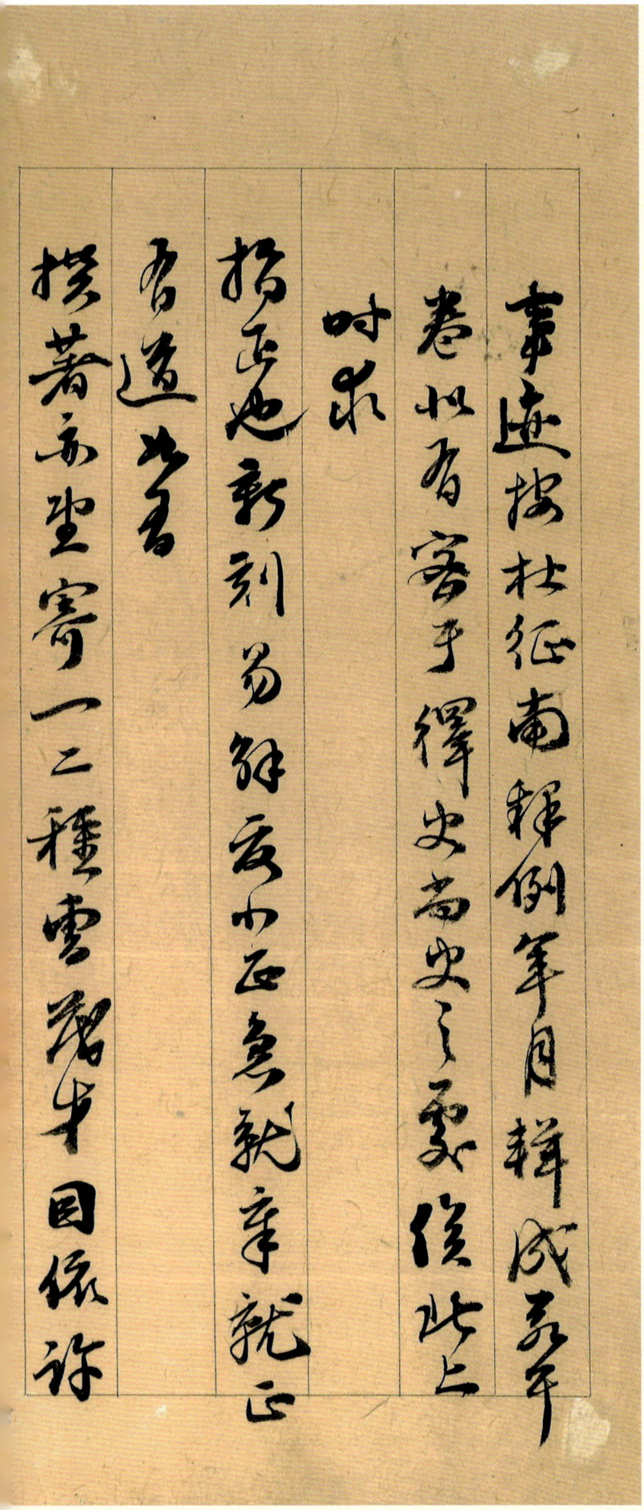

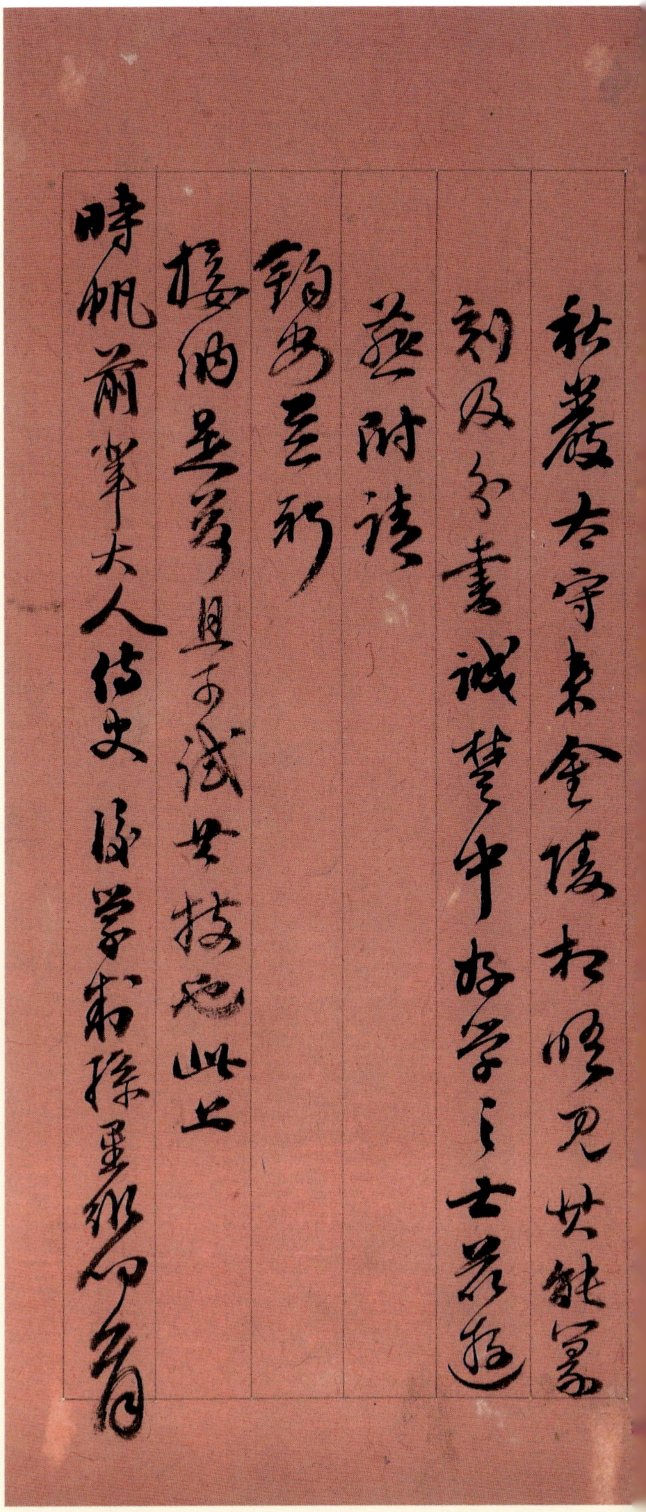

秋巖太守來金陵相晤見其能篆
刻及分書識楚中好學之士莫過
燕附請
鈞安并祈
接納是荷且可識其技也此上
時帆前輩大人侍史 後學孫星衍頓首

孙星衍致法式善书札

观雪斋藏

孙星衍（一七五三—一八一八），字渊如，阳湖（今江苏常州市）人。乾隆五十二年（一七八七）榜眼。钱大昕及门弟子。二人多次书信往来。嘉庆九年（一八〇四），钱大昕复书孙星衍，以《十驾斋养新录》序文及身后墓志相托。

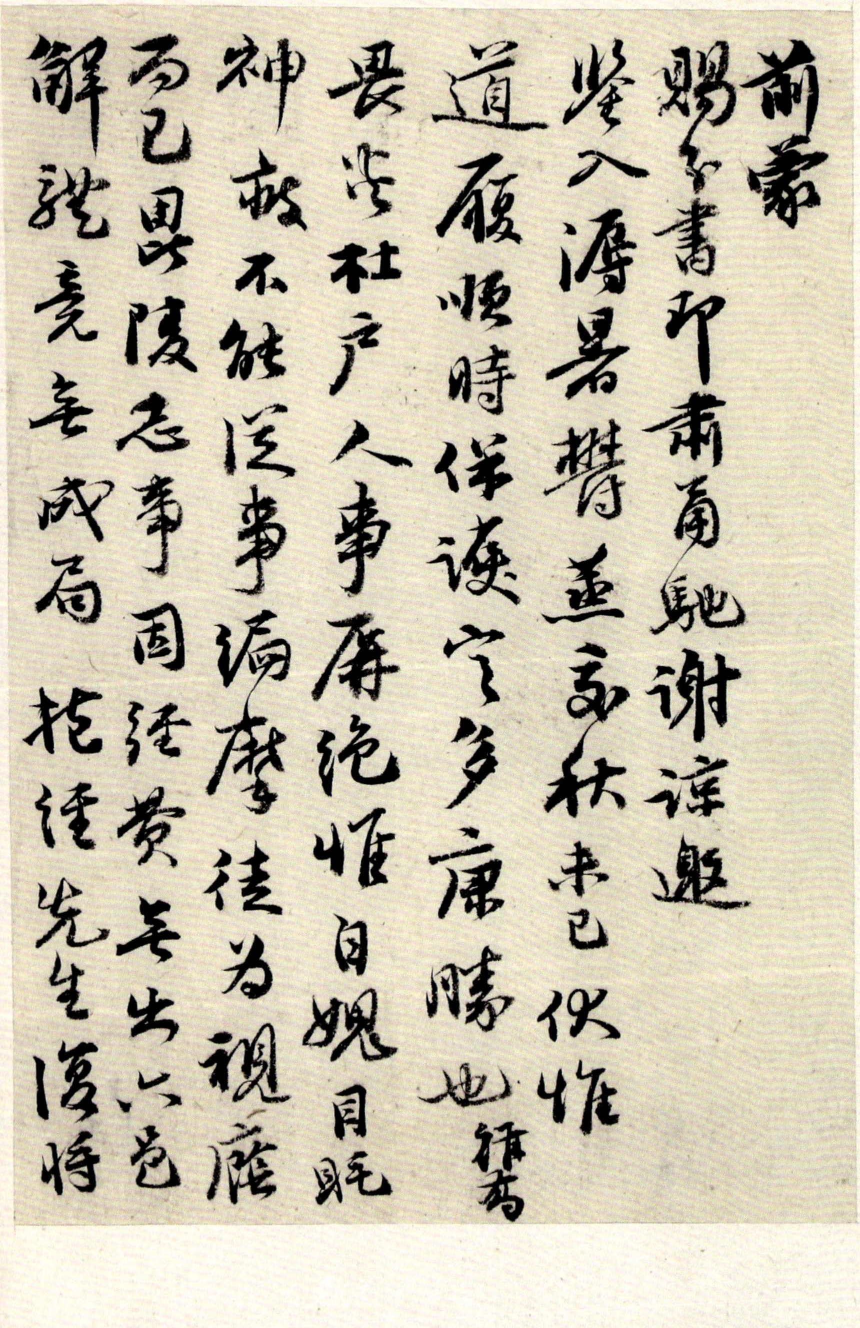

钱维乔致钱大昕书札

过云楼旧藏

观雪斋藏

钱维乔（一七三九—一八〇六），字树参，号竹初，武进（今江苏常州市）人。乾隆二十七年（一七六二）举人。乾隆五十年（一七八五）五月，鄞县令钱维乔延请钱大昕主纂《鄞县志》。夏，钱大昕序钱维乔《竹初诗钞》。

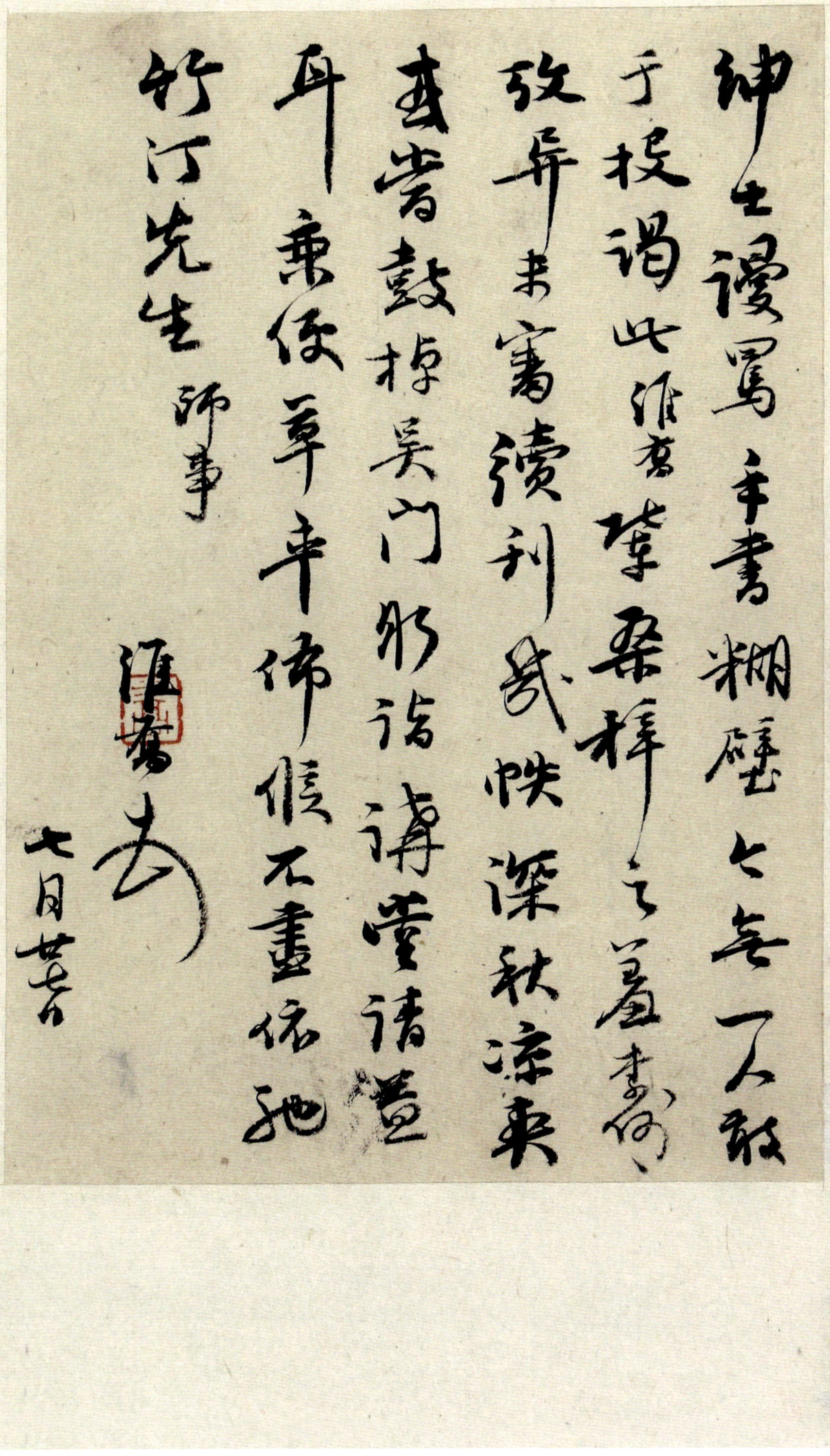
紳士謾罵手書糊壁七年不敢
于投謁此非吾筆墨樣之墨書
致異來寓讀刊武帙深秋涼爽
來嘗鼓棹吴门邪詣請業請益
再一乘便草平佛假不盡依弛
竹汀先生 師事
汪□
七月廿六

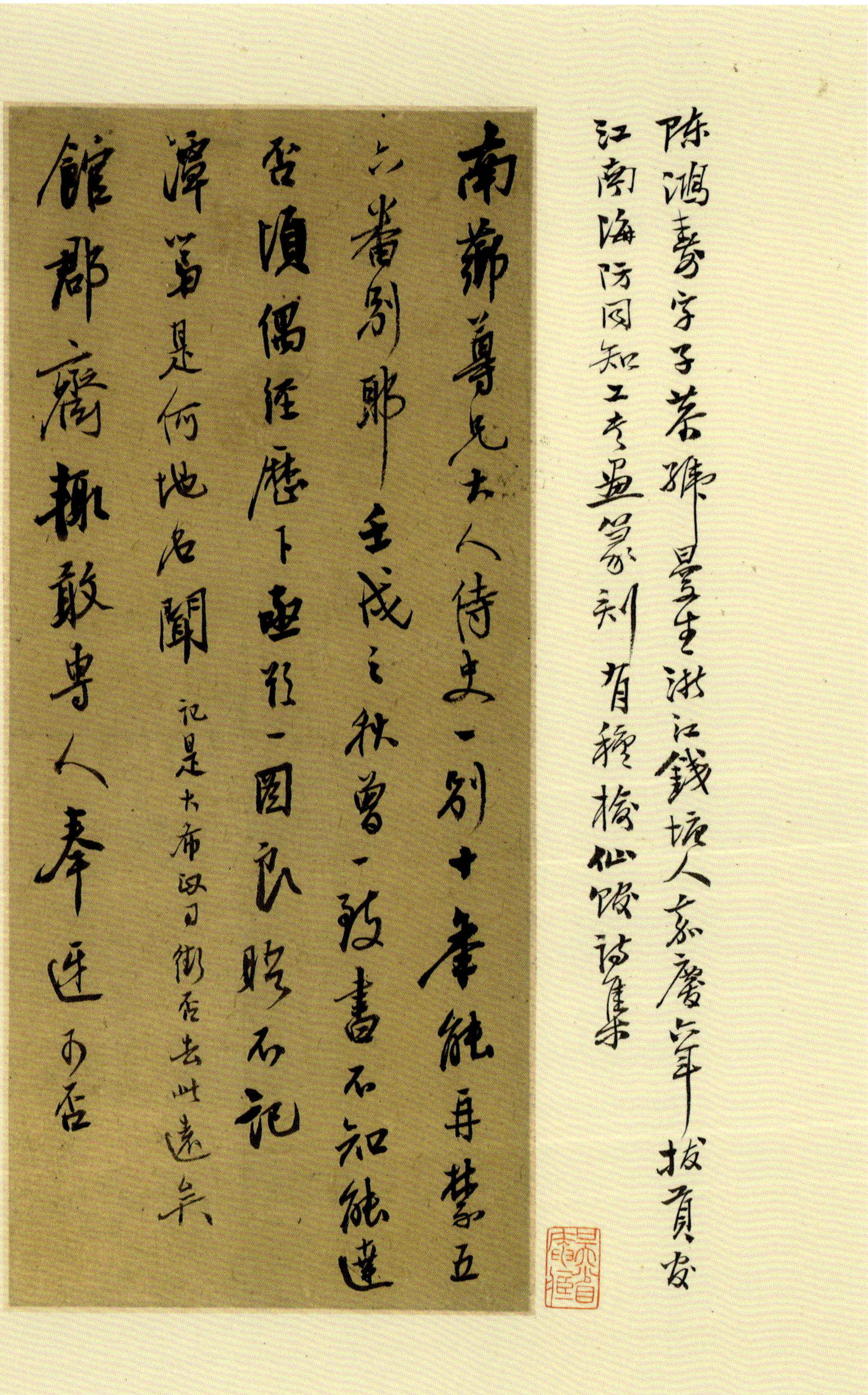

陈鸿寿致吴文澂书札
吴省庵旧藏，姚虞琴题跋
观雪斋藏

陈鸿寿（一七六八—一八二二），字子恭，号曼生，钱塘（今浙江杭州）人。贡生。『西泠八家』之一。与钱大昕有交往。

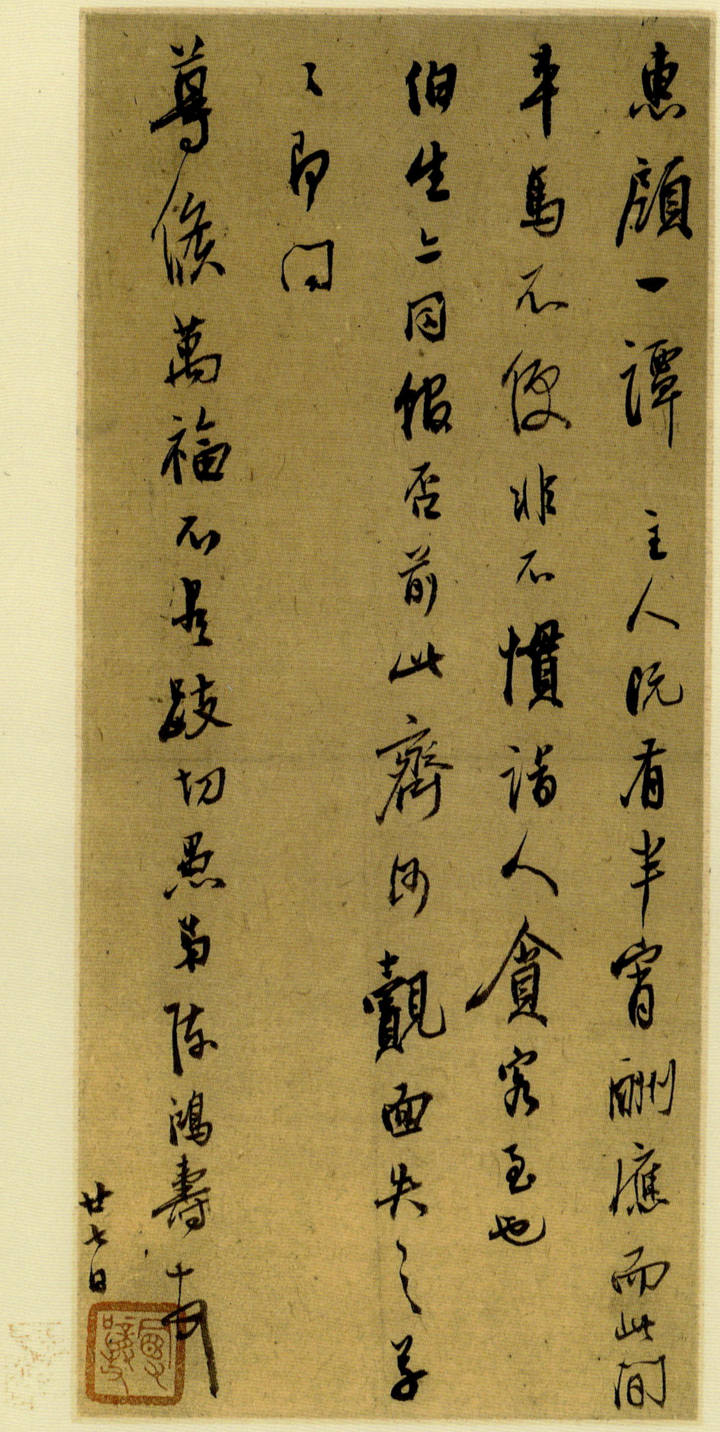
惠顧一譚 主人既有半宵酬應而此間
車馬不便非不慣諸人食宿至也
伯生上同館否前此齋所觀西失之筆
乞即閱
尊候萬福不具 鼓切思弟陳鴻壽頓首
廿七日

王昶致王鸣盛书札
过云楼旧藏
观雪斋藏

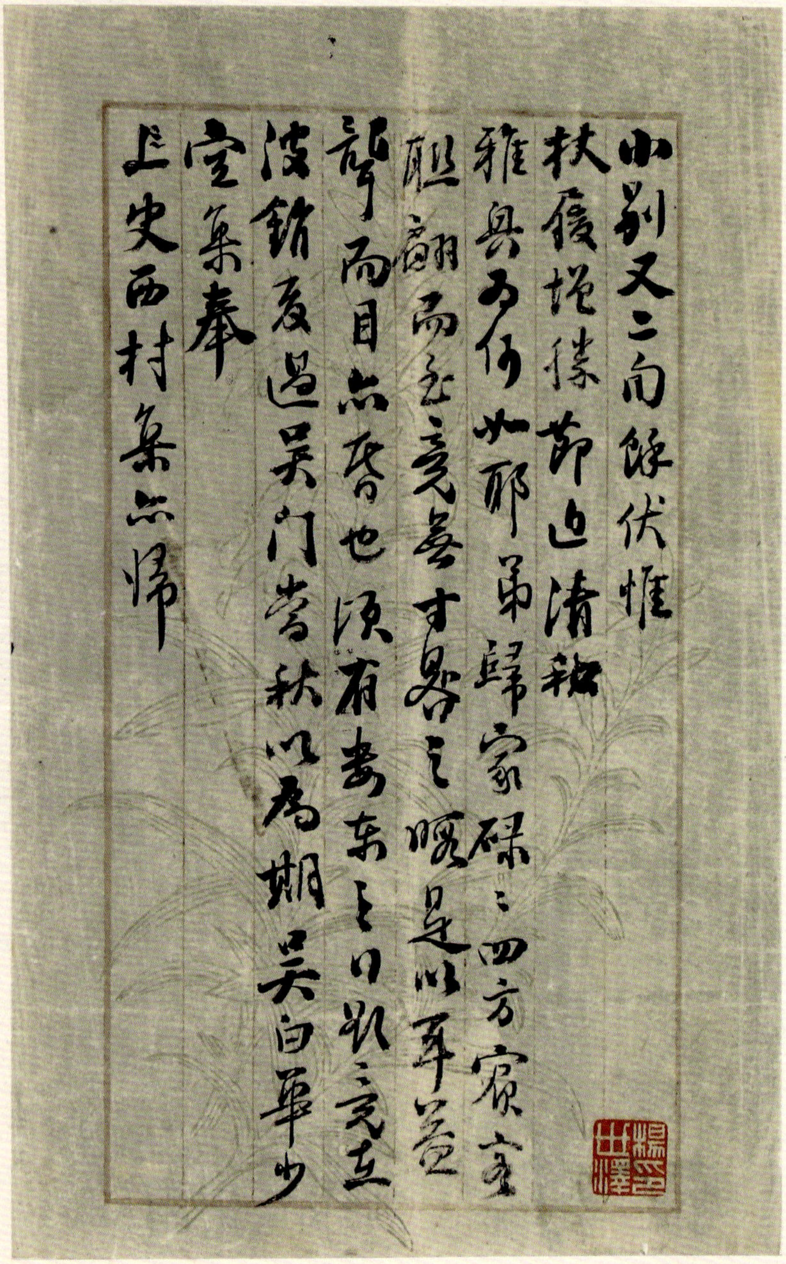
小别又二旬餘伏惟
杖履增勝節近清和
雅興可何如耶弟歸家碌碌四方賓客
酬應而無竟無寸晷之暇是以耳
聾而目亦昏也須有婁東之行孔亮立
波銷夏過吳門當秋以為期吳白華少
宰集奉
上吏西村條亦歸

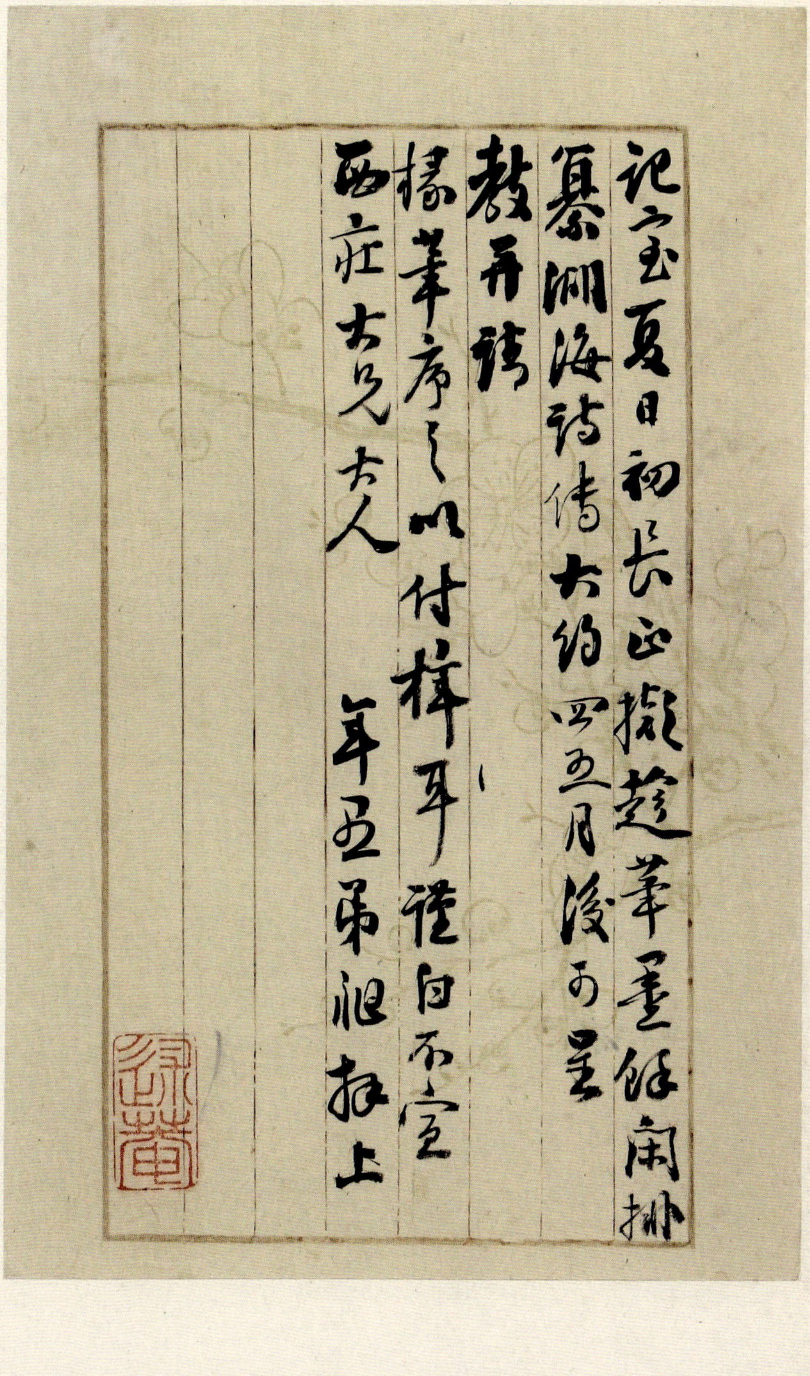

記室夏日初長，正擬趨華墨館，聞排纂湖海詩傳，大約四五月後可呈教，并請揚華序之，以付梓耳。謹白不宣。

西莊大兄大人　年[illegible]弟昶拜上

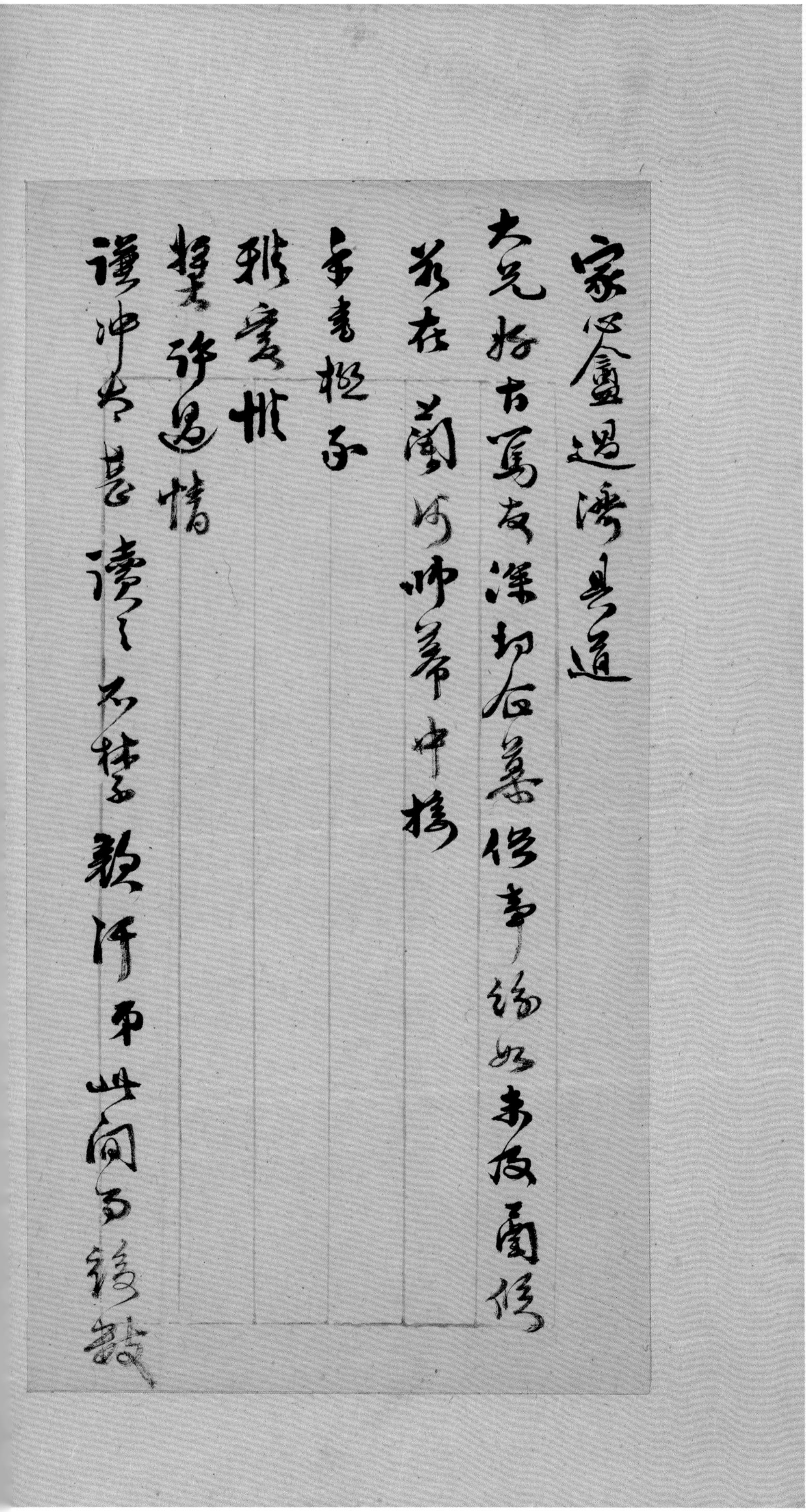

黄易至武亿书札

观雪斋藏

黄易（一七四四—一八〇二），字大易，号小松、秋盦，浙江仁和（今属浙江杭州市）人。监生。通金石，以篆刻著称于世，为『西泠八家』之一。为钱大昕金石友。钱大昕序其《小蓬莱阁金石文字》。

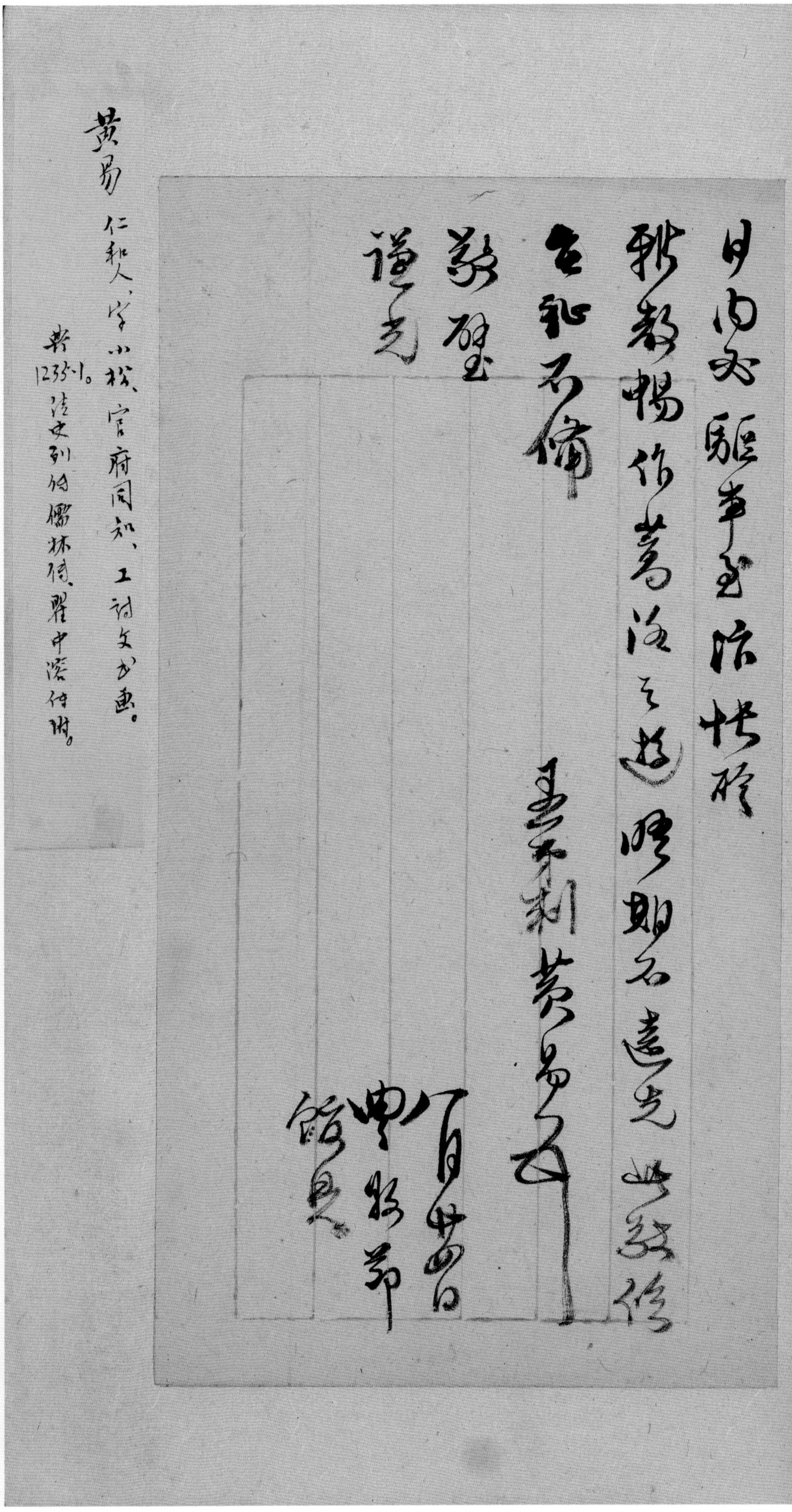
黄易 仁和人，字小松，官府同知，工詩文书画。
犹1235-1。清史列传儒林传、瞿中溶传附。

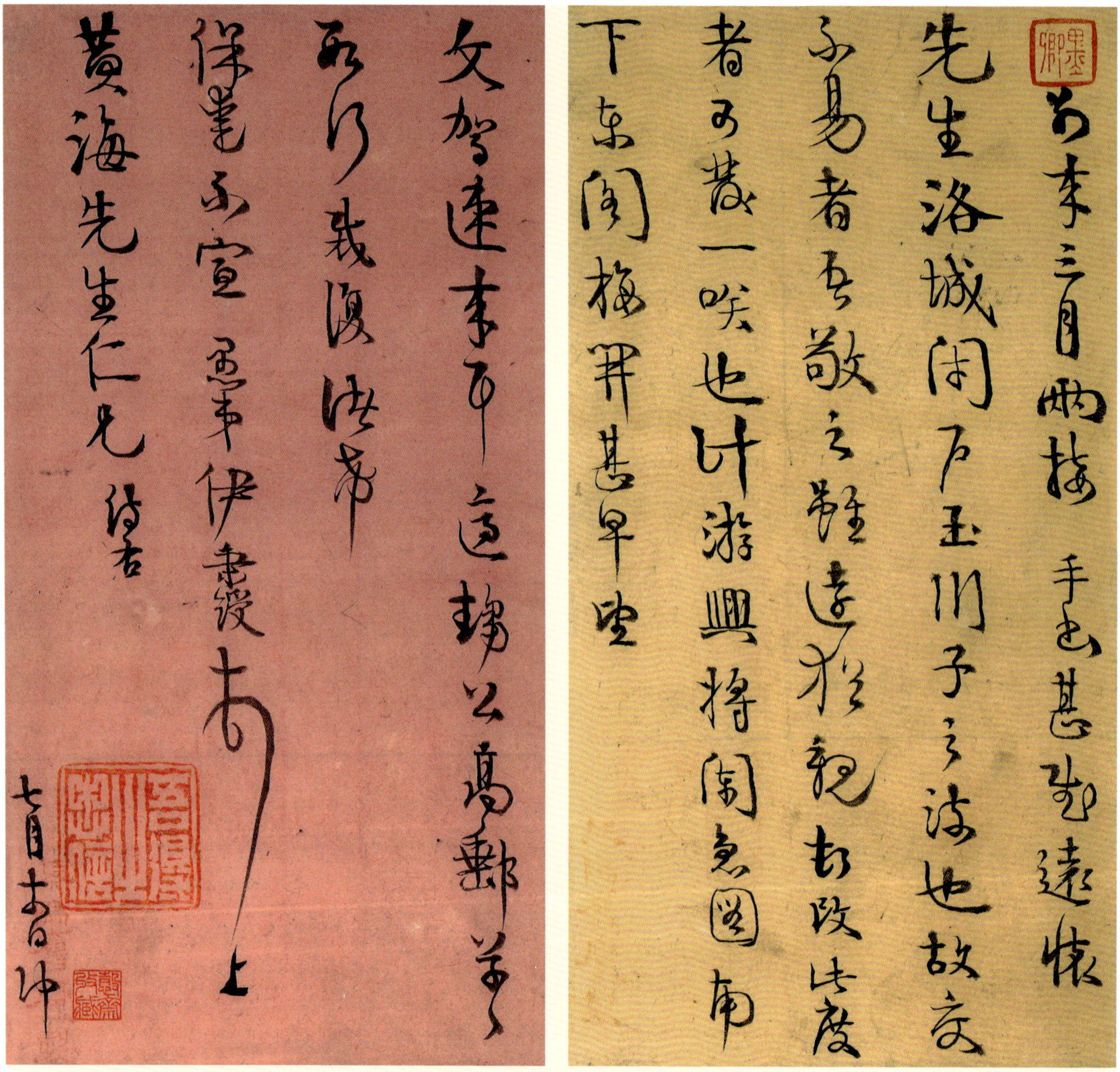

伊秉绶致黄海书札
观雪斋藏

伊秉绶（一七五四—一八一五），字组似，号墨卿，福建汀州（今属长汀）人。乾隆五十四年（一七八九）进士。工书，尤精篆隶，精秀古媚。为钱大昕墓志书丹。

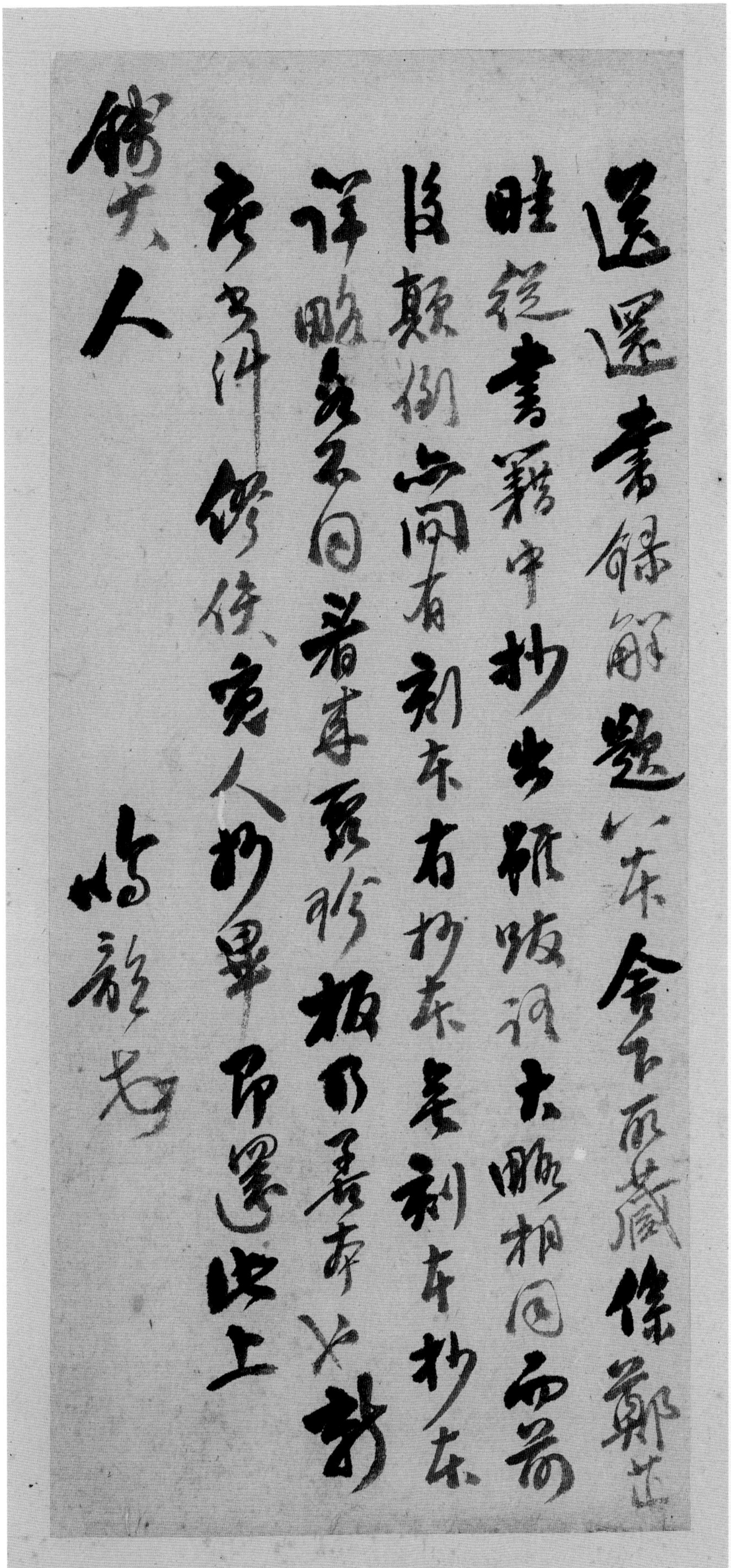

王鸣韶致钱大昕书札
嘉定博物馆藏

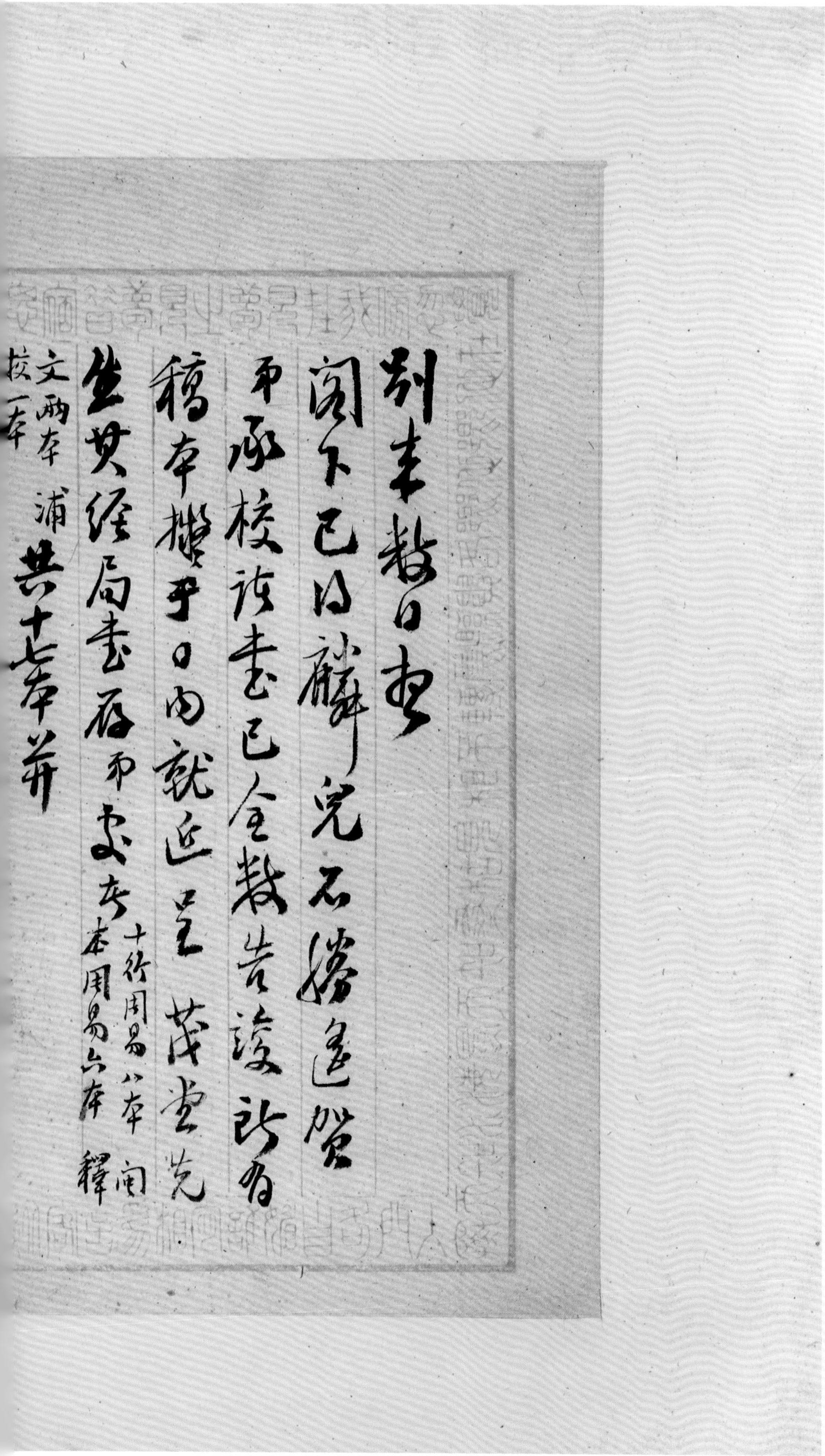

李锐致何元锡书札
观雪斋藏

李锐（一七六九—一八一七），字尚之，元和（今属江苏苏州市）人。诸生。精通数学、天文学。钱大昕紫阳书院弟子。

過吳西林處，內眷及來杭，須俟
春初再作湖山遊矣。兄 中丞
希為道詢請安，并致此意，去函
順請
夢華三兄大人近安。愚弟李銳頓首
來人姓源，係杭人，在京處甚苦，倘可
駿策，希為之若則賞薦一吃飯處，為感不朽。
十一月廿五日
受生者不能往廣之信，確否，便希
示知

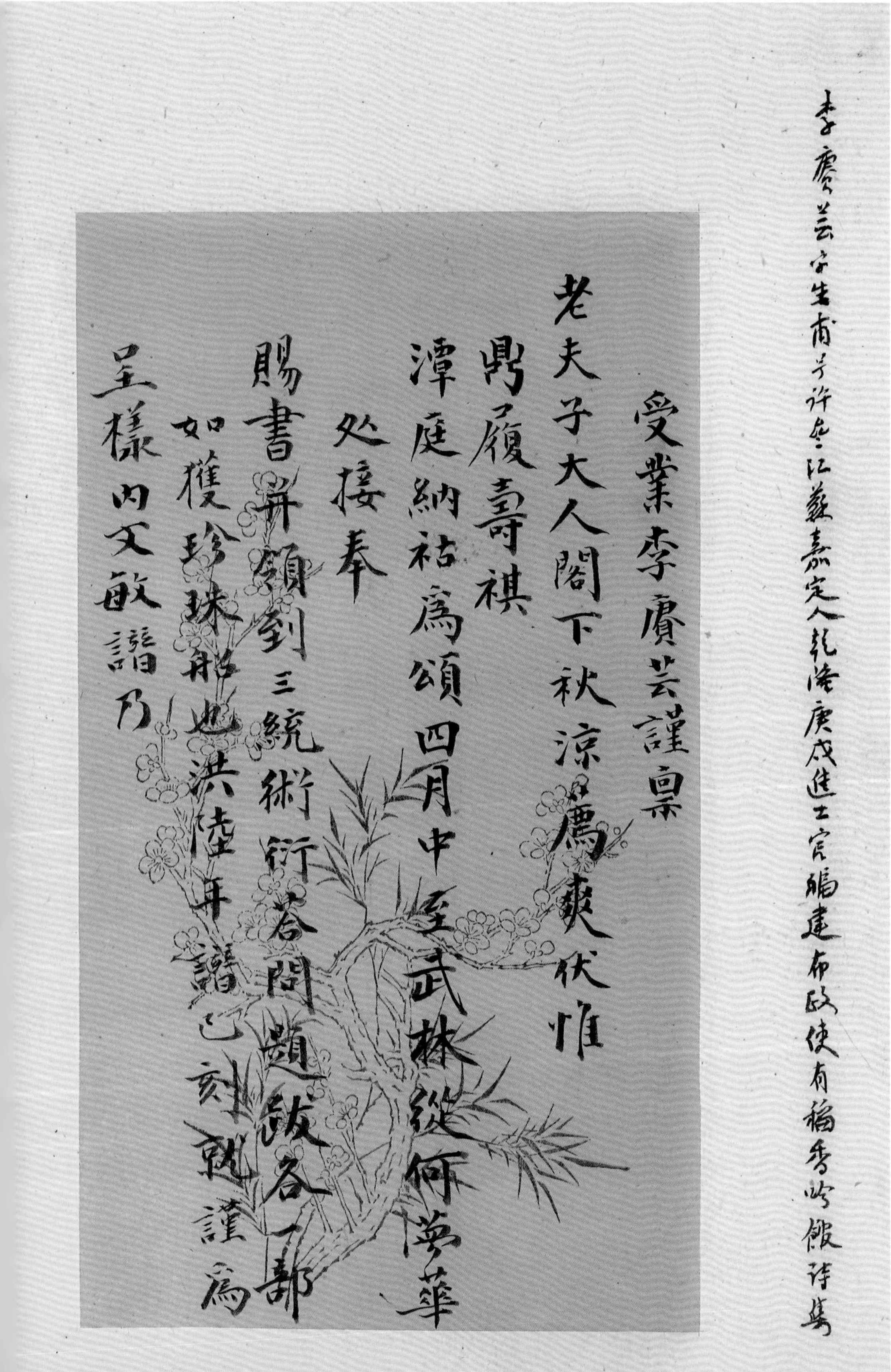

李賡芸字生甫號許齋江蘇嘉定人乾隆庚戌進士官福建布政使有稻香吟館詩集

受業李賡芸謹稟
老夫子大人閣下秋涼薦爽伏惟
興履壽祺
潭庭納祜爲頌四月中至武林從何夢華
处接奉
賜書并領到三統術衍答問題跋各一部
如獲珍珠船也洪陸丹譜已刻就謹爲
呈樣内文敏譜乃

李赓芸致钱大昕书札
观雪斋藏

李赓芸（一七五四—一八一七），字生甫，嘉定（今属上海）人。乾隆五十五年（一七九〇）进士。钱大昕入室弟子。

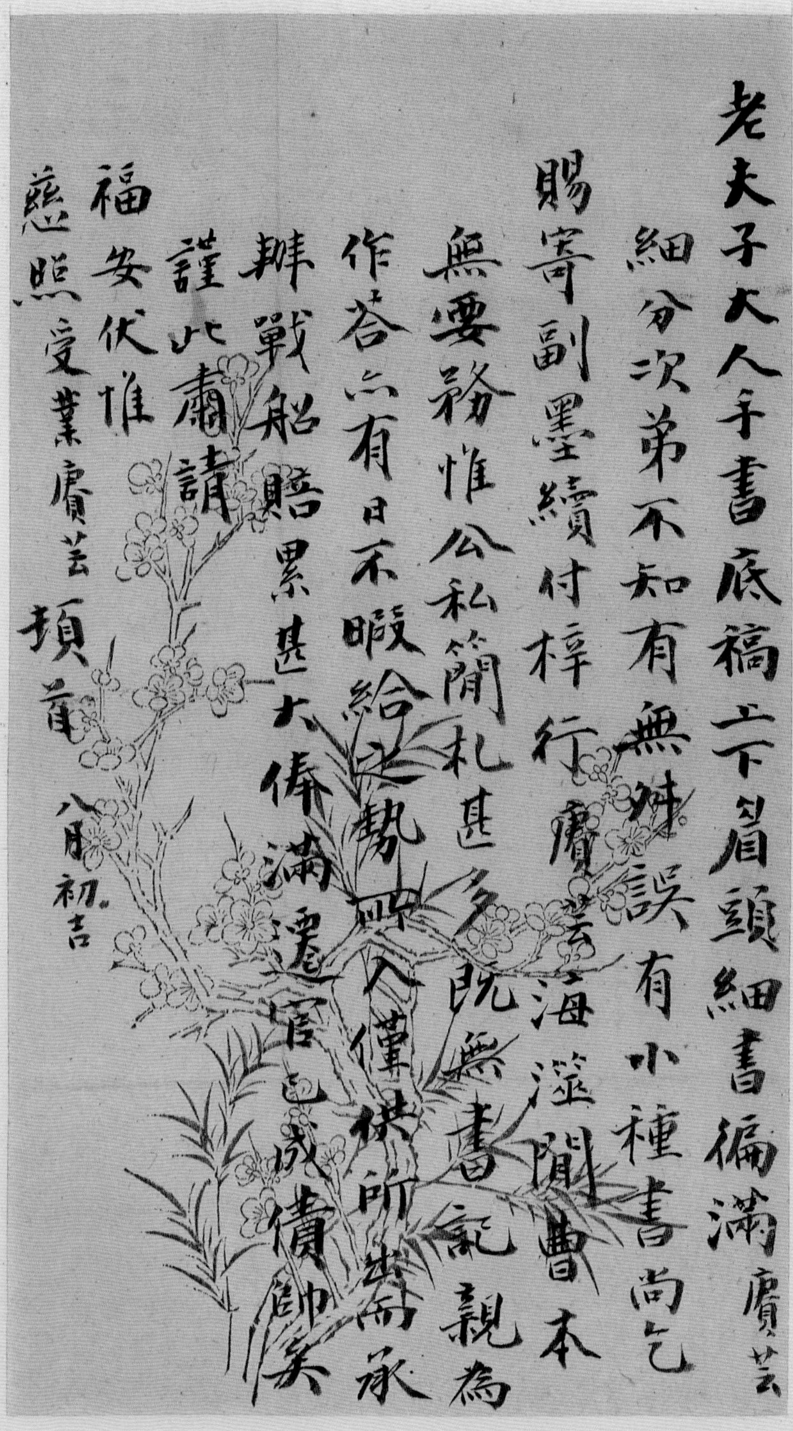

老夫子大人手書底稿上下眉頭細書徧滿賡芸
細分次第不知有無舛誤有小種書尚乞
賜寄副墨續付梓行賡芸海濱閒曹本
無要務惟公私簡札甚多既無書記親為
作荅亦有日不暇給之勢所入僅供所出而承
辦戰船賠累甚大倖滿遷官已成債帥矣
謹此肅請
福安伏惟
慈照受業賡芸頓首
八月初吉

纪昀书札
过云楼旧藏
观雪斋藏

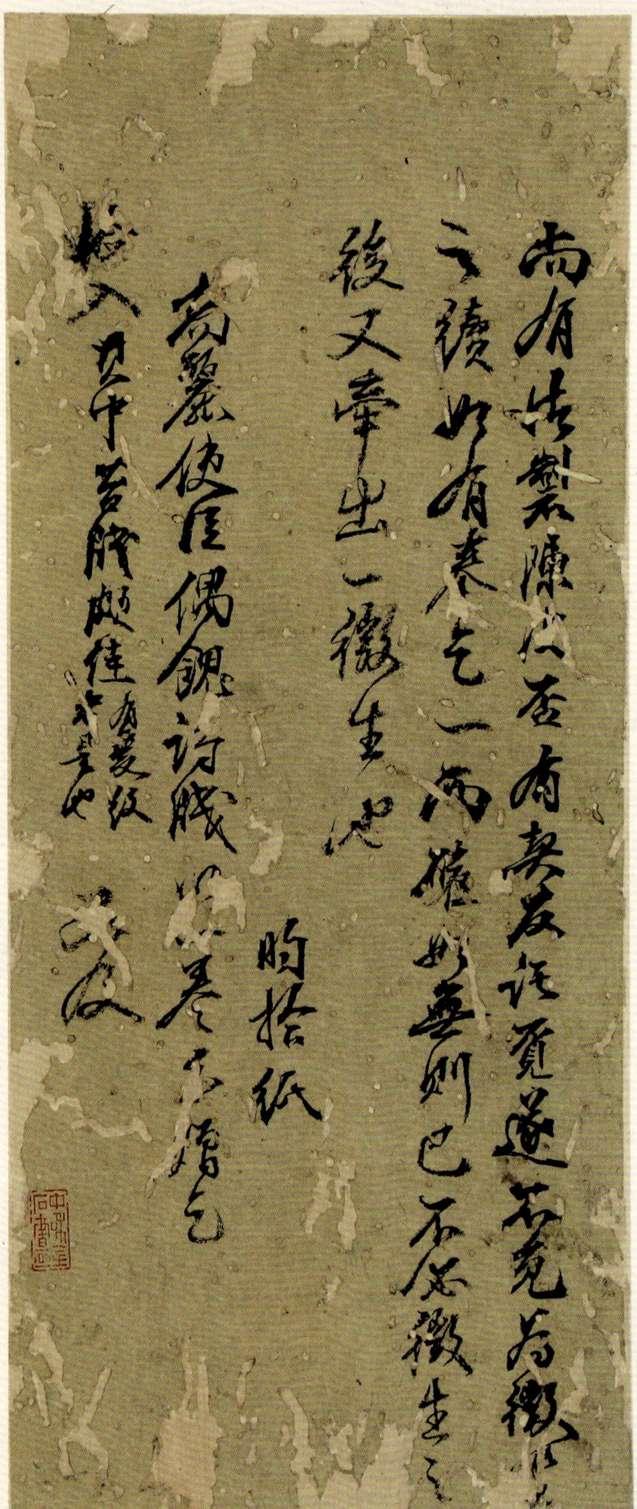

纪昀（一七二四—一八〇五），字晓岚，河北献县人。系钱大昕乾隆十九年（一七五四）同科进士中交往密切者。乾隆二十二年（一七五七），二人同任翰林院编修。时有『南钱北纪』之名。

錢大昕

叁

（钱氏子弟及相关文献）

钱坫篆书五言联
嘉定博物馆藏

钱坫（一七四四—一八〇六），字献之，号十兰，大昕侄。乾隆三十九年（一七七四）顺天副榜。补陕西乾州州判，历任陕西兴平县、韩城县、大荔县知县，华州知州。又以乾州知州兼署武功县。自幼精通小学，及长，博览群书，于汉唐诸儒之说，洞见底蕴。工书法，小篆冠绝海内。晚患风痹，以左手作书，尤为世所珍。兼工铁笔，画墨梅。著有《十经文字通正书》《说文解字斠诠》等。

金启绘《钱坫像》轴
嘉定博物馆藏

金启（？—一八二三），字东屏，号耘麓，苏州人（今属江苏）。山水笔意得自家传，深入宋、元堂奥，兼擅人物画。

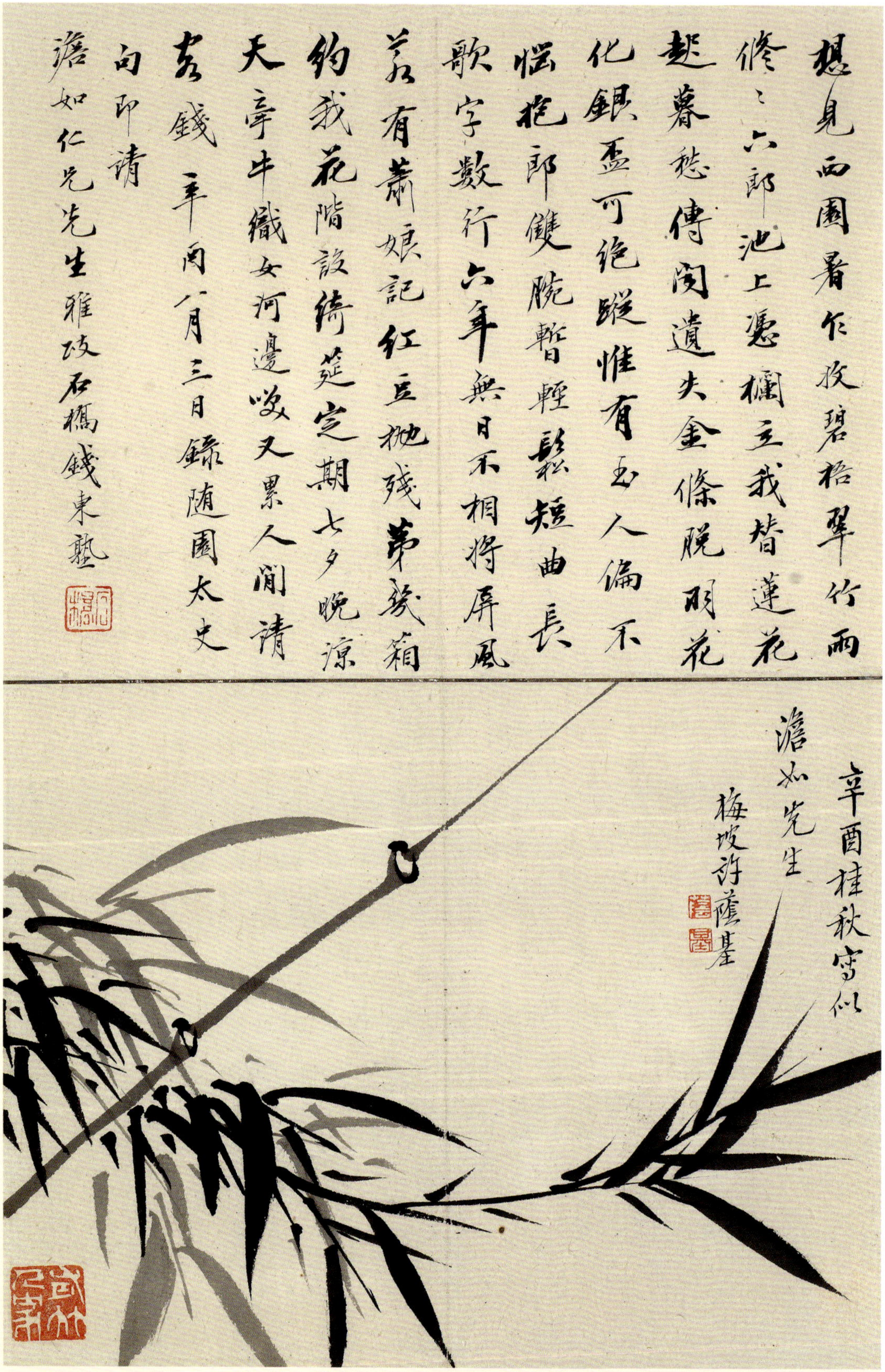

钱东塾、许荫基书画立轴

上海翥云艺术博物馆藏

钱东塾（一七六八—一八三三），字学仲，一字石桥，大昕次子。国子生。署吴县训导。得钱大昕亲授，诗文皆有法度。工书法，隶书朴茂苍古，行草浑穆流利。著有《石桥偶存稿》等。

许荫基（生卒年不详），字介磐，号梅甫，青浦（今属上海）人，大昕婿。诸生。善绘水墨花卉。

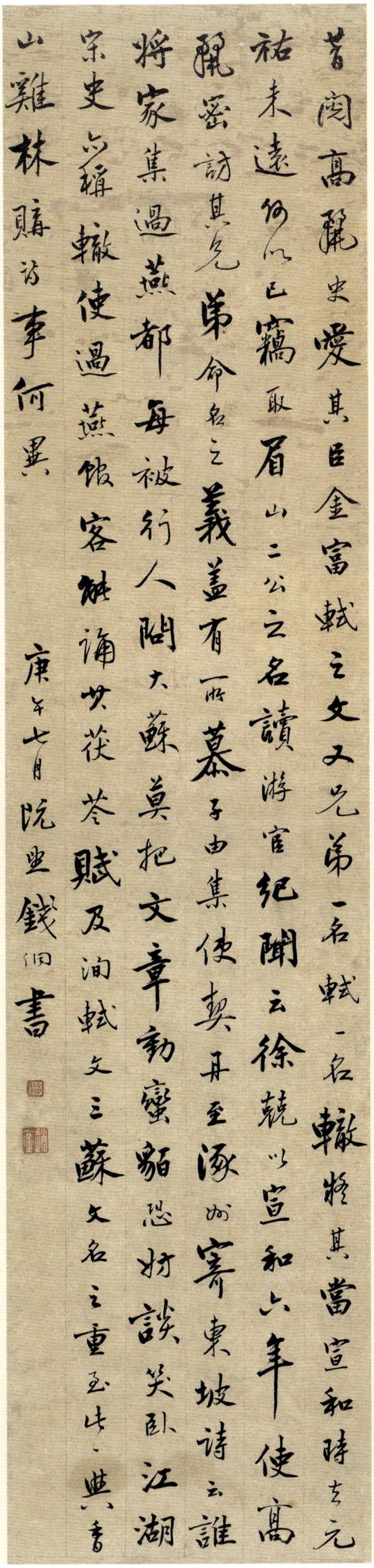

钱侗行书轴
嘉定博物馆藏

钱侗（一七七八—一八一五），字赵堂，一字同人，钱大昕之弟钱大昭子。嘉庆十五年（一八一〇）举人。经史传志，无所不通，于《说文》用力至深。精研韵学，熟于古音之通转。工书法篆刻。著有《乐斯堂诗文集》等。

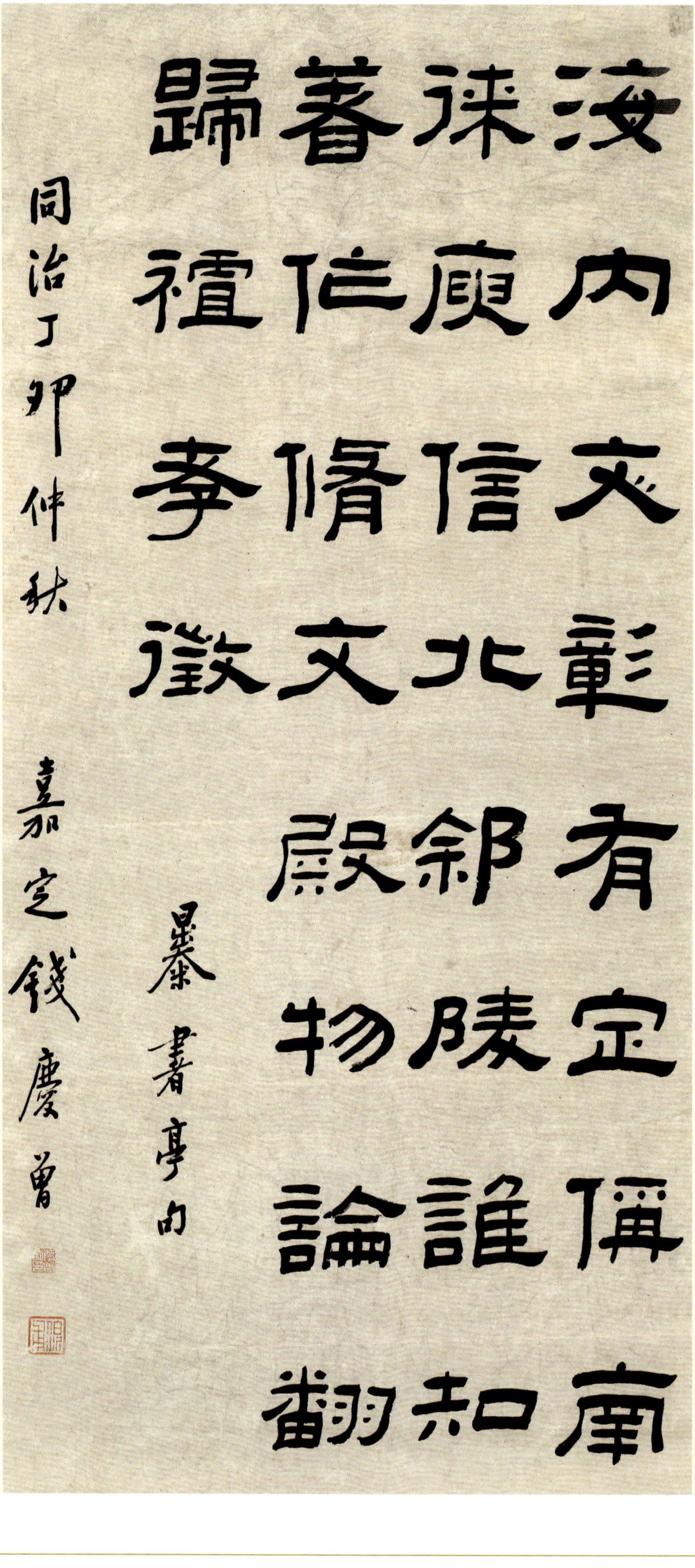

钱庆曾隶书中堂轴
嘉定博物馆藏

钱庆曾（一八〇九—一八七〇），字又沂，大昕曾孙。咸丰二年（一八五二）岁贡生。历署江阴县、武进县教谕，靖江县训导。通小学。工隶、楷。著有《古今文字假借考》等。

钱大昕墓志铭并盖
嘉定博物馆藏

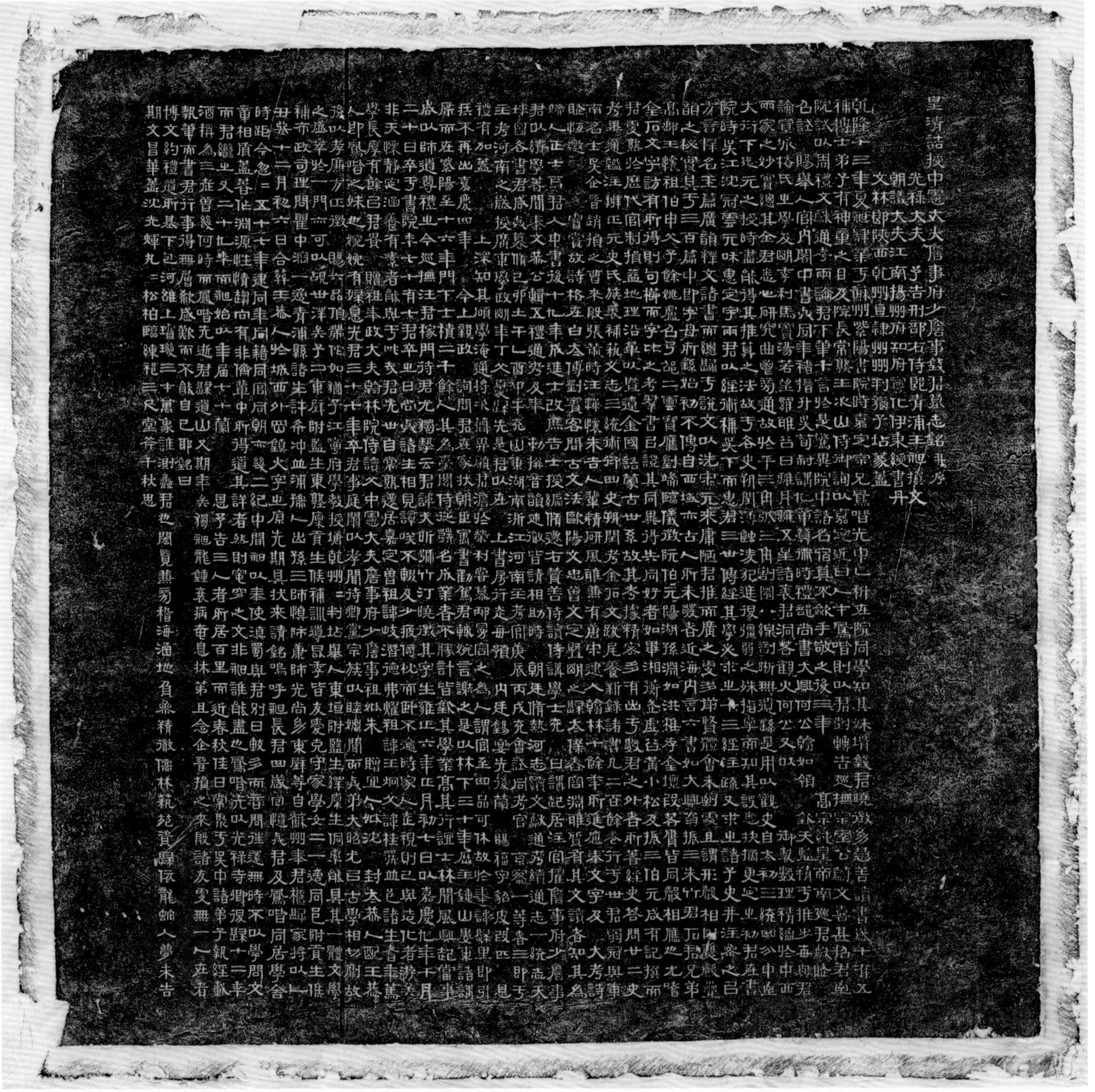

嘉庆九年（一八〇四）十月二十日，钱大昕在苏州紫阳书院的寓所去世。是年冬，其子钱东壁、钱东塾扶柩归里。翌年十二月初十，与其妻王氏合葬于外冈镇东练祁塘畔。钱大昕挚友王昶撰墓志铭，伊秉绶书丹，钱坫篆盖。碑原在外冈钱大昕墓内，今存嘉定博物馆。

錢大昕

肆

【图版释文】

壹 钱大昕手迹

钱大昕隶书七言联

名酒过于求赵璧，异书浑似借荆州。竹汀钱大昕。

钤印：钱大昕（白）、乡饮大宾（朱）。

钱大昕隶书轴

吴楚则时涉轻浅，燕赵则多伤重浊，秦陇去声为入，梁益平声似去。又支脂鱼虞，共为一均；先仙尤侯，俱论是切。欲广文路，自可清浊皆通；若赏知音，即须轻重有异。

二酉八兄访予小唐庼，以素纸索书，欣然作此。时庚戌三月，竹汀钱大昕。

钤印：钱大昕（白）、辛楣（朱）。

钱大昕行书轴

欧阳公不喜肥字，而夸杜子美独贵瘦硬。东坡先生诗云：『杜陵论书贵瘦硬，此论未公吾不平。丰妍瘦硬各有态，飞燕玉环谁敢憎。』芰裳贤侄孙倩。竹汀居士大昕。

钤印：钱大昕（白）、辛楣（朱）。

钱大昕《竹石灵芝图》

（题识）乾隆丙午中春之朔写，祝一区年先生五十大诞，即请教正。竹汀居士钱大昕书于孱守斋。

钤印：大昕私印（白）、竹汀（朱）。鉴藏印：木夫所藏（朱）、序伯秘玩（朱）、古畯戴浩生识（白）。

钱大昕楷书扇面

于是饮酒乐甚，扣舷而歌之。歌曰：『桂棹兮兰桨，击空明兮溯流光。渺渺兮予怀，望美人兮天一方。』客有吹洞箫者，倚歌而和之。其声呜呜然，如怨如慕，如泣如诉，余音袅袅，不绝如缕。舞幽壑之潜蛟，泣孤舟之嫠妇。苏子正襟危坐而问客曰：『何为其然也？』客曰：『月明星稀，乌鹊南飞，此非曹孟德之诗乎？西望夏口，东望武昌，山川相缪，郁乎苍苍，此非孟德之困于周郎者乎？方其破荆州，下江陵，顺流而东也，舳舻千里，旌旗蔽空，酾酒临江，横槊赋诗，固一世之雄也，而今安在哉？况吾与子渔樵于江渚之上，侣鱼虾而友麋鹿，驾一叶之扁舟，举匏尊以相属。

临为少田三叔大人正字。钱大昕。

钤印：钱大昕（白）、辛楣（朱）。

王敬铭山水轴

（钱大昕题跋）

未岩修撰早为麓台入室弟子，笔法苍劲，骎骎欲度骅骝前。登第未久，即赴玉楼之召。尺素流传，人争宝之。此本虽未完，而架构密致，一展阅间，如见经营惨淡之迹。鹤溪主人其善藏之，勿为好事豪夺也。

缣素风流数太原，奉常墨妙启儿孙。麓台已老耕烟死，又见吾乡画状元。

浴堂西畔早修书，红杏诗才小宋如。几辈句胪矜第一，评量能事要推渠。

买画金多胆太豨，纷纷赝鼎重人间。匡庐真面谁能识？一幅模糊未了山。

衣钵当年付阿谁？残缣断楮尽堪师。督邮善马何人赏？地下休笑济叔痴。

鹤溪于修撰为诸父行。

乾隆己丑二月廿日，钱大昕观，因题句。

钤印：臣（朱）大昕（白）、辛楣（朱）、竹汀（朱）。

（王鸣盛题跋）

此幅乃吾家未岩殿撰所作未成本也，笔意规仿黄一峰老人，苍秀生动，可云具体。未岩归道山后，笔墨流传者已多零落，大幅尤为难得。此虽未成，丘壑已备。吾弟宜善藏之。己丑长夏，西庄鸣盛题。

钤印：王鸣盛印（白）、礼堂（朱）。

（余绍宋题跋）

是幅得钱竹汀、王西庄两先生题识，始知为未岩殿撰所作。未岩者，嘉定王丹思先生敬铭之别号也。《画征录》《百幅庵画寄》诸书，俱载其别号为味闲，惟王安甫《昔梦录》作未岩。盖未岩、味闲音略同，别号固不妨别写耳。先生之画出于麓台，故笔法酷似，然亦别具风格。其遗迹传世极少，巨幅尤罕见。此幅为其未完之本，殆作于将殁之前，弥足珍贵，而章法谨严，钩勒轮廓俱见骨力，似更胜于平昔所作。钱、王两先生所称，信非虚誉。吾友新之先生，于先生为族裔，而西庄先生之五世孙也，生平于其先德所遗，刻意搜访，往曾刊《先泽残存》若干卷行世，志趣可知。顷复以重值收得此画，持以示余，属为加跋，谓将以贻子孙。余甚嘉其志，以为足以风末俗之忘本蔑先者，故乐为题之，又不第赏斯画之高妙也已。丁丑仲春之月，龙游余绍宋记于杭州寓居之寒柯堂。

钤印：余（朱）绍宋（白）印（朱）、寒柯（白）、居士（朱）、余氏越园（朱）。

鉴藏印：越园审定（朱）、点染云山（白）、仲宣楼头春色深（白）、江左王郎（朱）、修竹吾庐（白）。

钱大昕致毕沅书札

去冬吴门晋谒，得饫清言，并追陪灵岩山馆之游，从容竟日，此乐奚似。别后即闻再抚秦中之命，曾附拙句奉送，托章观察转呈，谅登记室矣。献岁想天眷优崇，与春俱到，曲江细柳，遥迎棨戟，欣慕交并。弟今岁已辞钟山之席，奉亲家居，了无一事，惟著述结习未能尽废。夙慕三秦名胜，从未津逮，河声岳色，时在心目间。欲乘兴裹粮作半载之游，但未审此愿得遂否？

兹因献之西来，附具短札，敬候近安，不任依切。

弇山大兄大人师事。愚弟钱大昕九叩。辛丑二月五日。

钱大昕致毕沅书札

岁暮得读手教，奖借殷勤，循讽无已。伏惟大兄大人以韩范之勋名，当方召之重寄，政务殷繁，乃犹垂念苔岑，曲为嘘植，古道照人，感佩奚似。所谕伯母太夫人祠记，弟于夏间已经具稿，正欲觅便奉寄，旋以先慈病剧，荏苒数月，遂至大故。昏迷之中，漫不记省，兹奉教言，谨录稿呈上，伏希诲正。《关中金石记》想已刊竣，委作序言，俾贱名得附巨制以传，不胜幸甚。俟属稿粗定，另行驰寄也。世台奄忽辞世，西河之泪，情所难制，尚祈为国自爱，幸甚。兹因道甫家信之便，附请近安，不任驰切。

秋帆大兄大人师事。制愚弟钱大昕叩。

钱大昕致卢登焯书札

别后忽又易秋而冬，回思题襟挹袂之乐，前尘不远，时在心目间。三兄书城坐拥，评花品砚，定多乐趣。弟到家后，俗务碌碌，刻无宁晷，近始稍暇，可以整理笔墨，而天寒日短，工夫有限，聊以遮眼度岁而已。竹初先生于何时北上，此间亦不得信也。汇川、莪亭、敬修上人暨志局诸公想皆佳胜，匆匆不及具札，希为转候，顺请日安。不戬。弟钱大昕顿首。书船三兄先生侍史。

乙巳十月三日。

钱大昕致王昶书札

大昕顿首谨白。述庵先生大人阁下：前闻台从小驻吴门，私拟可侍绚舄，洎于前月廿五抵院，知阁下先已解维，敞罔奚似。浙中自石君尚书、芸台中丞先后视学，崇尚经术，人文甲于海内。兹得阁下主讲皋比，示以圭臬，郑学一脉，益以振兴，此于文运有关，匪特为浙士幸也。大昕精力日茶，常恐无几相见，拟于月内扁舟奉访绛帷，在湖上小住两三日。次儿东塾亦欲携来，令其一识西湖面目耳。同人侄想已到浙矣。兹因娄东顾上舍雪亭来游武林之便，附槭敬候兴居，余容面颂，不及覼缕。年愚弟钱大昕再顿首。二月八日。

钤印：竹汀（朱）。

钱大昕致冯集梧书札

大昕谨启。鹭庭老先生阁下：春间高轩过访，快接尘谈。次日到胥江奉候，则尊舫已移山塘，废然返院，握手之缘亦未易多得如此。接来翰知《续鉴》

刊刻告成有日，并示疑义数条，具见考核精当，一字不苟，深为钦服。弟昨到苏，未携此稿，无从检阅，无以奉复。唯沈介时、介福之异，依弟愚昧，似只是沈介一人。盖宋制权尚书侍郎与真授尚书侍郎阶级本不同，而所谓时暂兼权者，如今之暂管印务，亦与权侍郎有别。时暂即是暂时，不连上文。若沈介福云云，则必有脱文讹字。但弟未见元稿，不敢妄措词，姑述所见，质之大方，未审有当万一否？渐暑，想兴居如意，不任驰溯。学弟大昕再顿首。

四月廿二日。晚尊谦敬缴。

钤印：竹汀（朱）。

钱大昕致听松书札

阅谷口书两日，颇有技痒之态，而箧中未曾携有汉碑，无凭补写。尊处有《孔宙》或《曹全碑》，可借一本付去手。弟到州后尚未小试恶札，今见册中空白纸甚佳，又许其涂抹，因不欲藏其拙耳。顺候日安。不宣。

听松老先生侍史。姻弟钱大昕顿首。廿八日。

钤印：渭渔所得（白）。

钱大昕致听松书札

『香光墨宝』四字，遵即写就奉呈，未知合式否？昨来对联并送上，又另写一纸奉为糊壁之用，乞检收。不备。

听松太亲翁先生。姻弟钱大昕顿首。

钤印：张光第审定印（朱）。

钱大昕致王鸣韶书札

承赐过，已造府奉谢，未值，为歉。启者：敝居堂中尚少一对，意欲借时贵出名，敢恳吾哥代为一挥，另日走领。面颂不戬。

鹤溪二兄先生师事，竹汀拾纸。

十八日。

弟已定于初六日一早起行，此时百冗猬集，不及到城面辞矣。昨所托大笔挥写四纸，如已写好，幸即捡付来手，为感。附呈开元泰山碑五纸，以当润笔，一笑。

鹤溪二兄大人

弟大昕顿首

岳父大人前乞转致

初四日

钱大昕致张夔书札

昨检搢绅簿，商邱今已划去。兹将武虚谷、王方川二札奉求转致，并呈拙刻金石题跋三种及《通鉴注辩正》一册求教。今日课期扃院，不得趋送，俟文旌荣旋再图畅谈耳。顺候近祉，不备。

子恂大兄先生

弟大昕顿首

钱大昕先生手简十五通（又名家书册）

（之一）我自起身以后，上下俱平安，九月初三日出榜，定于十二日起身进京。今于十一日下午接到部文，知蒙恩差广东学政，即赴新任，不必来京请训，随即在此略办行装，俟有兵部勘合，即起身赴广矣。此时已交冬令，且山东路上亦难行，今岁断乎不能接家眷矣。拜匣上钥匙，昨已遗失，即可另配开出，箱内存银，随时取用，用去即记一总帐，庶不致遗忘。我到广后，有人赍折进京，汝等再商量起身，不可造次。起身已有定局，然后将房子转典，元价及修理，须得四百两，典期三年为满，方可成交。万一典局不定，起身时与曹大人慕堂借二三百金，其房即算典与曹处亦妙。此时路上盘缠短少，幕宾或到江西，或到广东，再行延请，若在京中请去，我不能有盘缠多帮也。今遣胡升进京递折，带回汴绫五个（元青二，红紫、藕褐），绵绸一个，搭包四个，手帕八条，逐一点收可也。

十一日字

（之二）十二日送白大人回京，是晚制台何大人仍回汴城。我在此只买羊皮袍一件，及狐狸统子一件，所有布政司支给路费银二百两，已经缴还。其主考所领勘合，亦交与何大人，托其咨部代缴，另由河南驿道填给勘合。从归德一路入安徽凤阳府境，即是上广东正站矣。今于本月十五日从祥符起马，恐京中不放心，故寄信告知。张大人曾敞荐来家人一名，名唤胡德，系桐城人，现已收用。今冬家眷断乎不可南行，俟明春我有信来，再定起身赴任之局。浦爷嘱其照应家中门户，伊第二儿子在此尚好。顺天乡试全录尚未得见，姑爷已得中否？家中盘缠尚可支持，且安心过此冬。大官、二官肯读书否？余不多及。

九月十五日字

在汴梁城封寄，即刻起身矣。

（之三）自胡升回京后，又有两次安报，想俱已收到矣。我于十月初三日过江，到九江府，今于十七日过梅岭，已达广东境，离省城尚有一千余里，大约此月内可接印任事。路上人马俱平安，惟天气太暖，不但皮袍用不着，即皮马褂下半日亦不能穿也。家中须用银子，箱内开出应用，仍要立一本账簿，开明支用若干，方不致有记忆不清之患。家眷起身之期，当在明年，然于何月起身，尚未可定，须问李铁拐斜街曹大人，及米市胡同曹老爷，斟酌妥当，然后可雇船起行也。自京师雇船到家，从家中到杭州须六日，换船至常玉山，约须六七日，常玉山起旱一日，再换船到江西，不过七八日，又从江西雇船到南安，系上水，有滩，须要十七八日，起旱过梅岭一日，再换船至广州省城，不消十日矣。我到任后，即有承差赍折至京，俟我所差之承差到日，将上次所进折朱批封好，交其带回，不可误也。奶奶、大官、二官、小姐俱问好。今因金大人承差赍折之便，寄此安信。

十月十七日字

在南雄府灯下

（之四）我在河南起身，路上又寄过三次安报，想已收到。胡升想于九月廿五前后到京，未识谢恩折已投递否？兹于十月二十七日已到广州省城，接印任事，衙门甚为宽大，房子亦多，又有太湖石，树木茂盛，将来家眷到此，颇不寂寞也。学院每年出巡，在省中居住之日甚少，必须有家眷在此照应，方为便益，不然，则一应家伙什物岂能尽行搬移，于事甚不便。但今岁既不能来，明春开冻，路上好走，亦须打听明白，方可起身也。从京师雇船到苏州至嘉定，约须四五十日，将家伙粗重及书籍可不带来者，留在家中。另雇船至杭州，约计五六日，换船至常玉山，约七八日，在常玉山起旱一日，又换船至江西，不过七八日，在江西换船至南安府，上水，须十七八日，过梅岭一日，换船到广东省城，顺水不过七八日，路上不算辛苦。盘费要得数百金，亦不必顾惜，因任所无人照看，恐花费更大也。我到任才二三天，事情忙极，精神亦不大佳。今差承差徐光到京进折，其上次所奉朱批，即交承差徐光带回，决不可误。家中一应大小事，俱写在信上，要写得明白。奶奶及大官、二官俱好否？南边有家信，亦可封在信内带来也。广东天气甚暖，此时或穿绵夹衣，或穿小毛褂，亦无一定，大约雨后略冷，平时总甚暖，但身上宜于略热，常出些汗方好，一受寒，便不爽快矣。学院衙门无事，长随不必多用，相公看文字者，须要五六位，现在金大人荐来一位，系其外甥。此外前已写信到家，要请几人，未知何时得到这里也。今晚办题本及折子，此时已及三鼓，故不能多写。

十月二十九日字

再承差回时，要买奏折几付，白奏折十个，黄奏折五个，俱要封套，黄绫夹板四付，一并交彼带来。

（之五）十一月初一日遣承差徐光入京，已有家信，想已接到矣。今又有要紧事，须托米市胡同曹老爷仁虎代办，字到，即于家中取银八两封好（用绵纸紧包），粘一红签，写『微敬』二字，同书信一并寄去，断不可迟误。

内书房一应书籍碑帖，不可遗失，如曹老爷仁虎要来检取书籍，可开书房请其进去，邵爷晋涵要进到书房，亦可请进。将来南归时，收拾书籍，或应带到广东，或应存在嘉定，俱请邵爷酌定。凡我所抄写自己著述，即随笔零碎之件，俱要一一检好，放在一箱，带到广东。其碑帖亦尽行带到广东方好。余具前信。

初三日字

外信两封，一寄曹老爷仁虎，并另加银信，一寄邵老爷晋涵。

（之六）昨接来札，言及重固添价一事，此产本不取利，只可听其冬间翻赎。至借贷一说，此时用度甚费，亦无以应之，乞寄信婉复之可也。端阳节苏城龙舟颇盛，望吾弟同二奶奶并侄媳、侄女到苏一观，已遣李瑞买舟奉候，幸勿它辞为荷。余容晤悉。

可庐二弟

大昕顿首

廿七日

（之七）初七日更余到胥门马头，即上大船，初八日往各处辞行，初九日晚间移舟阊门外小泊，明早便北行矣。书院束脩未曾支取，所买生绢、夏布等物，并有零星物件，俱寄航船带回。两日甚热，体中尚好，余俟有便，当随时寄信回来也。王臬使亦已落职，候审，并闻书制台亦罢官矣。新任臬使陈公奉兹，江西人，尚未到任，现委松太道张公署事，亦往江宁公干矣。天暑，绿豆汤、金银花汤俱可常服，冷水不宜吃，戒之戒之！

六月初九日酉刻。字付东塾阅看。读书为上，闲游无益。

（之八）昨接家信，即遣人到于斯，订于本月廿七日接大妹妹归家，今早得镜涛信，已经允诺，届期即在苏买舟，遣徐升送归矣。天气骤冷，务须多穿衣服为妙。汝母亲近日饮食能多进否？据于斯说，本欲于冬至后到嘉，今恐天冷，故遵于廿七日来，冬至前要回去也。家中上下想安好，阿同、阿闰俱好否？余俟后信。

廿二日申刻。字付东壁、东塾、二姐仝阅。

钤印：东壁图书（白）。

（之九）今日买舟接大小姐并镜涛到嘉，我本拟同来，因初三日课期伊迩，省得多此一番来往，是以不归矣。家中想上下俱平安。于斯云冬至前要接回家，愚意似乎太速，即或渠家中有要事，或镜涛暂归去数日，似无不可。此间新米久已吃完，有便望寄新米并陈米数袋。丸药亦将次吃完，从前所制料豆仍望寄来，以便接续。今寄归湘莲二斤，核桃肉、大枣各一包，糖食一篮。

廿七日辰刻。字付东壁、东塾、二姐同阅。

钤印：东壁图书（白）。

（之十）昨蒉葭浜程先生送来选择起造照墙吉日，今遣徐升带归，如事忙无暇及此，或另择日亦可，但明年方向不通耳。天气尚不甚冷，颇似三春，租米想尚未收也。汝母亲饮食比前稍加否？日间不宜过于劳碌，夜来亦须早睡为佳。东塾夫妇往罗店已归否？寄归羊肉五斤，鸡蛋糕五斤。余不多及。

初四日。字付东壁、东塾及二姐阅。

初三日藩台到院课题（『以友辅仁』『秋澄万景清，得「澄」字』）。浙江墨卷一部并寄。道藏目录乙小本，寻出交徐升带来。

钤印：东壁图书（白）。

（之十一）别来二十余日，想阖宅纳福为慰。节内尊大人已解馆否？前所订尊堂同往武林之说，今拟于十九日在苏启行，唯船只尚在未定，大约即在此间雇舟矣。望转禀尊堂，务于十七日先期到院，家中相候甚殷也。海盐张芑堂欲将丰宫瓦刊入《金石契》中，乞摹一纸付下，以便转寄。匆匆不多及。

既勤大侄

竹汀拾纸。三月十日

（之十二、十三）前二次信俱经收到，转送尊宅。上下俱极安好。今将二侄寄来安信，托小松先生转致。前一次信因无便人，稽迟两月，今亦并致。覃溪先生前希代请安。因来人即要起身，不及另具启也。晦之贤弟。大昕白。七夕前一日。

涉斋之约，兄虽曾辞过，昨又来面订，谅不可却。吾弟若能全来，相叙半日，亦甚妙也。余不多及。可庐贤弟。大昕顿首。原帖仍留尊处，并及。

钤印：竹汀（朱）。

（之十四、十五）可庐贤弟：来信具悉，家信亦即日寄去矣。邑志采访陆续已到，正可删定成书，了此一事矣。兄咳嗽虽止，而精神渐渐恍忽，恐不能久驻人世也。《太仓志》曾阅过，所载人物颇详备，此鳌沧来、王述庵之力，而同人亦有助焉，可喜也。匆匆不多及。竹汀居士便纸。

钤印：竹汀（朱）。

别后已逾月，得手书，知精神康健为慰。适有便人回嘉，已将来信带去矣。兄日来感冒渐除，翻胃亦少止，而元气未复，夜常不寐，殊可虑也。既勤告假之计，未审已定否？两家上下俱安好。余不多及。可庐二弟。大昕顿首。

钤印：竹汀（朱）。

【附】钱竹汀手简十五函考释

陈垣

钱竹汀手简十五函，原裱十四开，尹石公先生自沪寄京，展阅一过，皆竹汀寄家人子弟信，其中三开有『东壁图书』印，当为竹汀长子东壁所藏。今考其年月如下：

第一至第五函凡六开，皆乾隆三十九年竹汀由河南乡试正考官转任广东学政，九月至十一月寄京家信。信无上下款，皆点句，时妻王夫人已前卒，盖寄浦夫人者。信中有浦爷，即浦兄弟。奶奶，竹汀母亲。大官、二官，即东壁、东塾；小姐，即竹汀长女。时东壁九岁，东塾七岁，女二岁，皆浦所出。

第一函之曹慕堂，名学闵，竹汀同年，京官而兼山西帮，当时同人恒倚以为缓急。第二函之白大人，为河南乡试副考官白麟。制台何大人，为河南巡抚何煟，曾加总督衔，故称制台。姑爷，为竹汀妹婿陈药耘曦，见竹汀自编年谱。第三、第四函之金大人，为前任广东学政金士松。第五函之曹仁虎、邵晋涵，均请进内书房，曹为嘉定同乡，邵为浙闱所取得意士，故特许入室。

第六函约可庐携眷至苏城观竞渡。可庐竹汀弟大昭，字晦之。乾隆五十四年正月，竹汀初至苏州，主讲紫阳书院，一住十六年，此函当作于五十四年四月。

第七函付东塾，盖乾隆五十五年六月入京祝八十寿时作。信中言王臬司已落职，书制台亦罢官，臬司王士棻，制台书麟，皆因高邮州伪串冒征案革职。是年东塾廿三岁，故诫以读书为上，闲游无益。

第八、第九函皆付东壁、东塾。订廿七日接大妹妹归家，冬至前要回去，信中并问阿同、阿闰好否。大妹妹即大小姐，乾隆五十六年年十九，适同县瞿木夫。木夫名中溶，号镜涛，见《潜研堂诗续集》七《洞庭杂咏》诗注。此二信盖作于五十七年十月，是年十一月初八日冬至，归宁仅可住十日，故嫌太速。阿同东壁子，名师慎。阿闰，东塾子，名师康。时阿同五岁，阿闰一岁。嘉业堂刻瞿木夫自订年谱，不载镜涛旧号，不合，非《洞庭杂咏》诗注，孰知镜涛为谁。

第十函付东壁、东塾，笺墨与前二札全同，札中所言人事亦相接，盖同一时作，即乾隆五十七年十一月。二姐，竹汀次女，亦浦出。

第十一函（按，图录中标为十五通之十二）寄晦之，托小松转，并候覃溪。乾隆五十九年阮元继翁方纲任山东学政，晦之曾佐阮元幕，翁撰《复初斋诗》卷四十五《甲寅题黄秋庵同知得碑十二图》，有『近与钱家仲，停车意不忘』之句，即在此年。黄易字小松，号秋庵，官山东运河同知。

第十二函（按，图录中标为十五通之十一）与既勤大侄，既勤系晦之长子东垣。札中问『节内尊大人已解馆否？前所订尊堂同往武林之说，今拟在苏启行』，当是嘉庆元年晦之又佐阮元浙江学政幕时作。《研经室四集》二，有《丙辰题钱可庐明经蕉窗注雅图》诗，即在此时。札中又言『张芑堂欲将丰宫瓦刊入《金石契》』，张芑堂补刻《金石契》，正在嘉庆元年。

第十三函与可庐，札无月日。涉斋，瞿塘，瞿中溶父。嘉庆二年八月，涉斋招竹汀为洞庭西山之游，见《竹汀年谱》，此札当作于是年。

第十四、第十五函皆与可庐。二札无月日，共裱一开，笺墨相同，盖同一年作。札中言『邑志采访陆续已到，正可删定成书，了此一事』，嘉庆六年，长兴令延竹汀、可庐总修县志，八年志成，此二札当作于是年，即竹汀卒前一年。时屡患病，故札中有消极语。沧来，鳌图。述庵，王昶。

综核此册，虽寥寥十五简，但自乾隆三十九年竹汀四十七岁起，至嘉庆八年竹汀七十六岁止，绵互凡三十年，中多有月无年，或有日无月，或月日并缺。今为一一注出，以质石公。

《钱宫詹帖册》

（之一）前接两次手札，匆匆未及裁答为歉！闻年兄已辞繁露讲席，将旋里键户著书，循陔养志，何乐如之！

所询刘猛将军来历，诸说不一，未能得确据也。仆所手抄《金石录》，系从明时叶水东所抄本录出，又将谢世箕刊本校对一过，中间有脱漏目录一条，则两本皆同。

近于朱竹君编修所，见北魏《刁遵墓志》一纸，今在乐陵县，有邑人某君跋语，即镌于碑之一角。此碑不著录于欧、赵诸家，乞年兄代为访求，分遗乙本为感！碑出土未久，表章之责，当在大雅君子耳！

《隶释》《隶续》二种，仆寓中亦有抄本，将来如有副本便可分送也。《隶释》有明时刊本，《隶续》则本朝曹楝亭曾刻于扬州书局，仆俱曾见□□坊间不常得耳。

盖都距都门稍远，往来书问恐未能如德水之便，倘有便鸿，幸不吝瑶华，以当面谈也。兹因朱年兄旋里之便，嘱其转达，并候安，不备。

茝园年兄讲席

友生大昕顿首

腊月五日

《元史》之举，虽晨夕不去手，而汗青尚未可逆料。愚意欲竭一生之精力成之，不拟速成也。来札问《元史》无传而今有碑可据，卓有可述者，不识可补入否。此正仆之所亟欲得者。

足下如有见闻，务期示教，以佐不逮。旧史之病，在略于后妃、诸王、世戚、功臣，致一代事迹不完具。今所编葺，意在详于蒙古、色目，略于汉人、南人；详于政事，略于文学。至于氏族、国语及西北地理，尤在详晰考证，不独删烦就简，斧藻其文词已也。其稗官所述琐碎事不可入正史者，拟另为一书录之。

（之二）去冬自湖南回，有一札奉候，想已登记室矣。嗣后又两次奉到手教，及琅邪台诸刻，并悉志书已刻期蒇事，可以信今传后无疑矣。恨未得受而读之。

诸城县署篆字当是汉人所刻，赵六吉遽指以为延光年，则无所据。今六吉已客死京华，无从询问。琅邪台石刻，赵德甫谓颂诗久亡，独从臣姓名及二世诏书尚存。今所拓本与德甫语合。惟都元敬《金薤琳琅》所载十七字皆颂诗中语，盖得自宋莒公刻本，而元刻在琅邪者，则元敬未之见，故不同耳。生现在改纂《元史》，访求有元一代文献，搜讨颇勤。昨尊札内称境内元碑数种，如未便椎拓，乞为抄录见示。至感至感！

再《元史·诸王表》，宣靖王买奴，由泰宁王徙封，而《泰定纪》泰定元年泰宁王买奴卒，以其子亦怜真朵儿赤嗣。三年封诸王，买奴为宣靖王，距泰宁之薨已二年，不得为一人。此《帝纪》与《诸王表》必有一误。然别无他书可证，并求年兄为检志乘辨其异同。此贵邑典故，想不各考核也。宣靖王系宁海王阔阔出之后。宁海、登、莱三州，即阔阔出分地，并可访之彼处博雅者。

星野之说，前札略已及之。惟十二次宿度所起，则汉人已有三家。《汉书·律历志》：『绛娄，初奎五度。中娄四度，终于胃六度。』此刘歆说也。《费直周易分野》则云，降娄起奎二度。蔡邕《月令章句》则云，自壁八度至胃一度谓之降娄。所以不同者，古人未明岁差之说。《三统历》（刘歆撰），据周末冬至，日在牵牛，故定斗十二度为星纪之初。东汉测冬至日躔斗二十一度，遂改斗六为星纪之初（蔡邕《章句》本此）。以日躔所在当十二次，日躔差而西，不得不改宿度以就之。如今时冬至日在箕，将以营室、东壁属降娄之次乎？此其说不可通也。十二次之名，由星象而定，不当随时改易。《尔雅》以降娄为奎、娄，其说近古。言鲁分野者，当主奎、娄，不当及胃也。又古者有分星无分度，论度则广狭不同，且有一宿而入两次者，将何以取验？（《春秋传》：『婺女，元枵之惟首也。』婺女□星纪、元枵两次，《传》但云『姜氏、任氏实守其地』，不及吴、越。）故康成以堪舆有郡国所入度，为非古法。后代言占验者，一州、一郡必细求其所入度分，如《清类天文分野》之类，似密实疏，皆失古意。窃意宜删去胃宿，独存奎、娄为是。即以《晋·天文志》陈卓所言为据，则琅邪入奎六度，城阳入娄九度，亦不得更取胃宿也。旧志星野图似不必用。至以诸邑山水分配奎、娄、胃诸宿，其说穿凿不经，必应驳去为妥。

己卯诸孝廉到都来晤者，甚属寥寥，因便附候。缘鹿鹿裁答，稍稽时日，谅之。不备。

莅畹年兄讲席

友生钱大昕九叩

二月

（之三）去冬辱手教，得悉年兄兴居如意，宦绩著声，深为欣喜。

所属办封典事，已交人代办，此时尚未领出，俟尊纪入都时带回，必无误也。

仆自去秋以来，精神疲顿，须髯白者渐增。新春奉旨入直上书房，侍皇子讲读，此固词臣荣遇，但以山野之性，素多疾疢，于禁近之地，恐非所宜。前冬已于院长前辞过，业经许允，而此次理难再辞。

现已入直二十余日，卯入酉出，虽亦勉强支持，然故业日就荒落，家务亦不能料检。且自顾未有稽古之功，而虚忝教胄之寄，素餐鹤禁，殊多惶悚耳。

承为拙著《金石题跋》梓行，足征高谊。前已接到前三卷样本，下册未审于何时可得样本？又欲求大笔为我序之，亦希拨冗一挥为幸。

仆两三年内学问无所进，惟于声音、文字、训诂似稍窥古人小学之本。有族侄名坫，字献之者，亦好此学，与我同志。但此学自魏晋以后，已少解人，唐宋元明绝无问津者。今欲仿杨子云《方言》、张稚让《广雅》之体作为一书，推明双声同转出于天籁。后人以三十六母为西域独得之秘者，真所谓矮人观场。又如知、照、彻、穿、澄、床之重出，音和、类隔之分别，由作字母者不知古音而误分之，然因此可以推得三代以前之声音。仆资性拙钝，独于此事似有神解，自谓得千载不传之秘。然与当代贤豪长者谈，无可竟其说者。此书即成，恐终为覆瓿之物耳。道远，无由以其说质之高明，此事亦须天假以年方可成就。传与不传，听之造物可也。

《金石跋尾》，欲观者颇多，如有便人入都，幸多刷数本见寄。即有一二讹字，亦不妨，盖较之传钞终为便易也。《石刻铺叙》及《凤墅帖释文》，亦得再寄三四部来为妙。适有便人来粤，灯下捉笔作札。奉候

近安。草草不恭，并希

鉴宥，不宣。

名具另纸

正月廿六日

（之四）久不得年兄书，私心窃有过虑，屡向诸城、寿光、日照诸友人访问年兄近况，伊等亦无确耗。顷尊使至，接读手教，始知年兄于六月内奉太夫人之讳，悲哀恳至，而生以路遥未获具生刍絮酒之敬展拜惟堂，抱歉奚似。

承示所撰行状，并委生为表志之文，展读数过，文笔古雅，至性肫挚，流露行墨间，洵为必传之作。昔河东、庐陵皆尝表其先人之墓，今年兄之文自能不朽其亲矣，曷不仿此例为之？若生之文平浅，恐未能传世，而有虚年兄之盛意也。但交好有年，不敢固辞，谨撰次尊甫太翁墓表、太夫人墓志各一道，皆摭取行状中语，掠美之诮，谅所不免。行状内所述懿行可载者甚多，因篇幅无取太长，故割爱置之，然即者已足不朽矣。

表、志既出一手，故篇中载三代子姓及墓地各条互有详略，意取互见之义，未识于体制有合否也。书撰人衔名或在文后，或在文前，古人初无定式，可以不拘。结衔止署本官及阶。今人多有书进士及第出身者，虽似无妨，但宋元碑却未见，恐明人始有之耳。至称呼弟、侄、侍、晚之类，起于近日，最为陋恶，好古者当不效之矣。

戴君东原现在京师，馆于侍郎裘公邸，连日因生公务冗沓，不能多出门，曾往访一次，未值，故不曾得其篆书，而使者又亟欲东归。拟于半月内托其写就，于提塘内转寄，至迟亦不出岁内也。泰安聂剑光所著《泰山道里记》，去年属生作序，今已脱稿，并原书一并送年兄所，便中幸为转达。其书内所载近代人题刻大字，纤悉不遗。鄙意可汰其大半，俗书恶札徒费楮墨，甚无谓也。

太夫人祔葬在迩，不得在执绋之列，谨附挽额乙件，乞查收。润笔之说，所不敢闻。恐失孝子之意，暂留以图他报，并谢。天寒，哀戚之中，惟以道自重为幸，不备。

南涧年兄大孝

友生钱大昕拜手

十一月廿四日

外墓表、墓志二篇，挽额乙幅。

《泰山道里记》一本

寄聂剑光信一件

生于九月初二日得一男，今将及三月，颇能笑矣，并闻。

（之五）来教言七月内从邹进士寄书，尚未接到，不知何时可抵京也？江氏韵书三种，从前秦文恭公面奏，得旨交军机寄安徽巡抚索取。其时仆预闻之，然未见有折稿。盖造膝面陈，不曾具折，当求徽州官牒为据耳。翁学使闲居无事，惟以赋诗、考古为事。宦情恬憺，可敬殊甚。晓岚因世兄多负，家中屡生闲气，故心绪不甚佳。未堂太常札亦已致去。温生立广，现委惠倅，匆匆不能具札，晤时幸道意。张生成勋此时谅已入粤矣。余不备。

南涧年兄文坛

大昕顿首

十二月初二日

（之六·题跋）前跋《唐梁师亮墓志》，未详隐陵为何人所葬。后考《唐六典》：隐、章怀、懿德、节愍、惠庄、惠文、惠宣七太子陵署，各令一人、丞一人。又《唐书·儒学传》亦云：隐、章怀、懿德、节愍四太子，并建陵庙，分八署置官，列吏卒。乃知隐陵者，隐太子建成之陵。太子陵不别立名，以谥为名也。此册如蒙付剞劂，希为增改此条。此胡氏注《通鉴》所阙也。秋间无事，又续跋五十通，则俟它时增益为续刻可耳。

（之七）前尊使来，得年兄书，属仆为表、志文，自愧文笔孱弱，有虚表扬先德之盛意。然义不可辞，已属稿令来使带回，想久登记室矣。篆盖今求戴孝廉东原挥就，谨于提塘处转达。明岁为太夫人营葬之期，未与执绋，深为抱歉。年兄举此大事，哀恸自必过人，尚希少节哀思，以道自爱耳！

聂剑光《泰山道里记》，前已送至尊所，望觅便寄去为感！

丙戌腊月十九日

大昕白

莛畹年兄大孝

（之八）去冬伻来，得年兄手书，知奉讳家居，恪守古礼，诚孝之行，良足矜式。今春营治丙舍，想极劳瘁。所拟表、志，谅具收到，未识可用否？

仆于三月间伤寒卧床，展转五十余日，至五月内始得痊，然精神大减于昔。六月二十九日先妻奄逝，中年失偶，心绪益觉无憀。因念亡妻之贤，在闺阁内实为罕有。贫贱夫妻一旦永诀，营斋奠皆无益之举，当思所以不朽之者。伏惟年兄有道而文，且相爱有素，或能谅鳏夫之苦，而俾懿淑之行得藉佳文以传也。所撰行述，文思枯涩，又当伤感之余，殊无可采。今特呈上，求年兄为撰墓志一篇，择其应铭法者书之，非敢求多也。古人碑志之文，皆取质实简当。为妇人作志，尤无取词费。仆所望于足下者以此。

仆服官以来，十有六年，久疏温凊之礼。惟乙酉秋，典试浙西，得乞假省亲，越今又届三载。停云之思，时萦寤寐。今拟于中秋后请假南旋，大约八月底即挂帆潞河矣。急流勇退，夫岂易言！但得息肩一两载，稍修洁白之养。而吴中山水可游者，皆近在数百里内，束皙近游，亦足藉以破岑寂之闷耳！宦游虽久，归装全无长物，惟书一二万卷，金石刻几及千卷，亦足云富。去秋始得一子，望其长成，可免伯道之憾矣。相去千里而遥，不得一叙别悰，瞻望青社，情何能已！

所恳大文，如一时即能脱稿，则于九月望间寄至济宁李年兄绍沆所最妙。否则须觅便寄至苏州贵同年吴舍人竹屿处（讳泰来）。王礼堂光禄现住苏之勾阑巷，亦可寄也。《泰山金石考》已脱稿否？聂布衣剑光嘱仆序其《太山道里记》，前已寄至尊处，想当邮寄付彼矣。《岱宗石刻》内有数种，仆已为题跋。道远，又无写手，未得寄呈，为怅。

秋凉，惟以道自重。临纸不尽覼缕。

莅畹年兄侍史

期生钱大昕顿首

亡妻之变，凡京外诸戚友，俱未及讣。如晤诸同年，乞为致意。又拜。

八月初九日

（之九）昨于邮递得手教，并读所作《游南海庙记》文，既古雅，而搜剔古刻，补翁录之所未备，尤快意也。昨晤番禺宰张君，借得南海庙所拓碑文廿余通，皆翁公所著录者，拟先抄其全文。碑额皆未见，及年兄所见治平、熙宁诸刻，容俟它日自募拓手逐件开单付之，方无遗漏耳。

尊札欲寄至京者，已交张孝廉带去。兹因尊伻回潮之便，附复。不备。

南涧年丈

大昕拜白

十一月初九申刻

（之十）别后得十一月廿六日所寄手书，并石刻十余种。随有小札奉报，即托来友转寄，未审得达记室否？

春间想年兄轻舟南下，遍历吴越山水，而江岭滩峡，奇诡险峭，可喜可愕之景状，皆得一寓之诗文，斯足极宦游之乐矣。牵丝伊始，官署清嘉，循良之效，次第可布，定与俗吏所为同床各梦。

前得南昌徐年兄札，知年兄在途顺适，比来官况自俱如意。惟是南北邮签五六千里，相思之忱，殊恨不能奋飞耳。仆入都垂及一载，尚未得缺。然公事清闲，尽可键户著述。

《元史》拟于三五年内脱稿，稿成之后，更加十年考证之功，然后出而问世。纵不敢远比蔚宗，近方永叔，而事增文简，较之旧史别开生面，或冀后来不以覆瓿待之耳。

三月间，与朱竹君、曹慕堂两同年为西山之游，周历马鞍、潭柘诸峰，得辽金石刻六七种，皆《日下旧闻》所未载者。王学士鼎所撰《法均大师碑》文尤完好，书法亦方整可爱，辽碑如此者，世盖罕见其匹矣。悯忠寺有党怀英所撰《礼部令史题名记》，世亦无知之者。仆从坏壁间洗而出之，亦一快事。

前手翰询及涿州辽刻石幢后署年月日之下有『巽时』二字，欲求其解。今考悯忠寺辽《舍利石函记》文，称『甲时』；马鞍山戒坛寺辽石幢称『坤时』；王鼎撰《法均大师碑》称『乾时』；潭柘寺金《了公禅师塔铭》称『庚时』。大约以甲、乙、丙、丁、庚、辛、壬、癸、乾、坤、艮、巽代十二支名，亦惟辽金石刻始有之耳。

粤东僻远，谅少唐以前物，至宋元遗迹，自当目不给赏，其得入集古之录者，可否略示其目？元碑并乞抄其文见示，恐其中或与史事相涉故也。《端州石室记》《南汉铁塔文》如有拓本，幸各惠我一通为感。晓岚闻有纳赎之议，渠家中现在部署，俟有确信，另当奉闻。京师虽不乏能文之士，求如年兄之博洽宏通，行谊直追古人者，邈焉寡俦。

三五日前梦到年兄官斋，后园泉水清冽，花木布置殊有致。仆叩以近所作古文，历举数题，并略言其大意，叹赏不置。未识署中真有此景否？不觉为之神往矣。

兹因耳山主政奉使之便，附函道意。秋闱如预分校，定得奇士数辈。顺请近安，不备。

南涧年兄明府

友人钱大昕顿首

闰五月廿八日

（之十一）春间金海住宗伯使旋，接得手翰，知已莅潮阳，诸凡想俱顺适。嗣因湖南温生立广及顺德胡孝廉亦常之便，两附小札，未审俱达记室否？

仆本拟今秋南旋，养亲、著书，兼寻山水友朋之娱。而春间偶有韦学士外出之缺，遂复承乏旧巢。江淹才尽，于承明之地，殊非所长，且转增旅食之累，公私酬应亦减著述之功。夙昔亲故风流云散，殊难为怀。潮阳金石见于翁学使著录者，殊寥寥。不识更有出翁录之外者否？

足下方调剧邑，公事谅少暇日，然文字之好，由于结习，倘有制述，幸赐示一二。拙制《金石跋尾》，闻将付梓，不审何时可以告竣？

兹因李观察赴任来粤之便，草草道候。不戬。

南涧年兄文从

大昕顿首

七月十□

（之十二）去冬陆耳山典试回，得年兄手教，厚意周至。今春又得读尊刻同门卷诸生文，皆有笔力，洗去尘俗，而拟墨极古雅，可谓真以古文为时文者。冯经、陈寸云二生曾来谒，余俱未得见也。

承示《寄怀》四章，风格遒上，而人品之高，政绩之美，友朋相爱之笃，无不见于行间，深为感羡。拟即奉和，而末篇韵颇难押，遂尔阁笔。

今科南宫榜出，最为得人，邵与桐、周书昌、程鱼门，并天下才而皆不得预馆选，此亦风会使然。大约著述之事与馆阁体原自不同道矣。

《通鉴长编纪事》留在敝斋年余，竟未得钞。昨周书昌来，述年兄曾谆嘱托其带归转致尊处，已即将此书付彼矣。

仆家藏金石刻，自三代迄宋元，凡千余种，较之亭林、竹垞诸前辈所见为博。但年来志在改定《元史》，无暇为金石考证之举，曾为跋尾者不过五分之一。年兄在都门时，曾出以呈教，谬许可传，屡次见索稿本，欲于粤中开雕。去年托友人誊出一副本，因无便，迟迟未寄。今因竹虚宫庶典试之便，寄至记室。年兄试一披阅，如证据无甚牴牾，议论有一二可取，幸为刻以问世。倘有不妥，则当藏其拙，勿使播于众也。

昔洪景伯《隶释》及《隶续》先后成书，尤延之、范至能为之锓板。仆于洪氏无能为役，而吾友之博洽好事，远出尤、范诸公之上。倘可付梓，并求大序以光简端。此稿虽经点校一过，然亦未必无讹舛。行款疏密不必定依原本，每叶或廿行，或廿二行；每行或二十许字，俱好。

《汉孔宙碑阴》『太山华母楼觊』一条，遵教改定，此外有似此者，尚希酌为删易。《凤墅残帖》《石刻铺叙》如已刊成，得便即乞一二部。《安南钟铭》如有拓本，亦希见赐一纸为感。

古文家须略识字。仆入春来，读许叔重《说文》，深悟古文篆籀分隶之旨。阳冰篆法妙绝古今，然喜构别体，多失叔重之旧，后来作者更无论矣。

素少宦情，长安居亦不易，行止俟明岁再定。躬耕养亲，读书乐志，是人生第一受用事。悠忽岁月，未知何日得遂此愿尔。天暑，挥汗作此，词不多及。

南涧年兄词丈

钱大昕顿首

外《金石文跋尾》一册，邵与桐札乙件。

（之十三）月初因湖南钟君（圣芳）试用来粤之便，曾附书奉贺。此时想年兄已抵新任，繁剧之区，亟须良政，忠信慈惠之泽从此宣播益广，诚大快人意也。

顷晤典试胡给事，知秋闱再预分校，得人之庆，于仆亦有荣施。

前曾将《金石文跋尾》一册呈送记室，谅已收讫。闻有尊札在曹竹虚宫庶处，宫庶业赴江西学使任，不得回京，故瑶华尚未祗领。仆日来况味略见所寄钟君札中，病目今犹未愈，恐昏眊遂以为常。然因此更可为归田侍养之计矣。

《长编纪事本末》前已交周林汲，令其转寄，未识今已归赵否？此书闻欲付梓，极见嘉惠后学之意，但恐刻资一时未足，不无稍须以时日耳。

兹因敝同年卫君卓少来粤之便，草草奉候近祉。不备。

南涧年兄贤友

通家生钱大昕拜

十一月廿日

（之十四）献岁令弟及翁学士先后入都，得□年兄两次所赐手翰，并新刊《三事忠告》《石刻铺叙》《凤墅帖释文》《山左明诗钞》诸种，具见嗜古阐幽之盛心，迥非仕途龌龊者流所能窥见其万一。

闻拙制题跋，误爱欲为付梓，感荷难以言喻，但恐徒费梨枣，不堪问世耳。粤中刻价颇廉，所示近刻诸种亦甚精工，较之江南刻□多费而不工者相去径廷矣。

翁公《粤东金石略》精审胜黄氏《中州金石考》。仆十余年前得《南山寒翠亭□刻题名》十余种，系宣城张君汝霖宦粤时所拓，颇有出于翁录□□者，乃知搜访之难遍，抑或昔所有而今失之欤？仆去冬病目，入春已愈，而夜卧不寐之疾又时作。

去冬十月生第四子，甚秀惠。两日前忽以微疾殇，心绪亦殊不佳。江右罗孝廉台山尚未见到。所赐手教从曹庶子、胡孝廉处寄来者，俱未接到。

年兄荣调潮阳，想已任事。大县繁剧，酬应非易。谅高才当游刃有余耳。匆匆不多及。

南涧年兄知己

大昕顿首

二月廿日

（之十五）春间令弟出都，曾附一行奉候，未审已登记室否？翁学使、胡孝廉、金侍郎先后入都，连得手教，具稔年兄兴居顺适，著述日富。比闻文旌已抵潮阳，繁剧之区，肆应不易。然大才政以盘根错节，益见其美，且亦迁转之借径，宏此远模，良可喜也。

仆自去冬祝嘏礼成，即拟于今岁夏秋间南归侍养，而适有韦约轩外擢之缺，遂复承乏旧巢，此一两年内未便求去。但病后才思枯涸，记忆遗忘，恐终当退三舍以待新进耳。

胡孝廉才品俱优，洵是佳士，与钦州冯君敏昌可称岭南二妙。然非衡鉴之精，何以得此，今亦南归有日矣。

拙制《金石文跋尾》，不识曾付梓否？兹因莱阳张年兄成勋挑选来粤，附寄此札。年兄素敦年好，自当有以教之。又有温年兄立广，湖南益阳人，系仆壬午所取经魁，现亦拣选来粤，其才地甚可造就。并希推爱，指示一切，益佩高谊矣。

晓岚先生还朝，家况不如从前，而意兴未减，且更耽心著述，亦见胸次之不凡也。

《凤墅帖释文》已校过，是正二三十字，当另开单寄呈。匆匆不多及。

大昕再拜

素伯年兄执事

曹竹虚处所寄银信，昨已接到，并闻。

五月初七日

（之十六）久未得书问，想念之忱有如饥渴。春间番禺张明府南回，曾附寸函。

拙著《金石文跋尾》承年兄付工刊刻，其中尚有应修改数十处，俱用红字标出，亦附张君转寄，想俱登记室矣。张之诰轴，亦经交明无误。

岭南山水奇秀，古称瘴乡，今为乐土，而士大夫亦尚有读书好古者。年兄在彼数载，所识拔奇士谅不一而足。惟胡生同谦奄为异物，良可悼惜。意欲访其轶事，并家世、生卒年月，撰墓志，以遗其家。仆文虽未必传，亦稍慰此子于地下。张明经锦芳与胡至好，或可嘱张述其事状，寄至都中，何如？

仆所藏金石文，顷料简其目，实有壹千八十余种。以时代为次，识其撰书人姓名及碑石所在，疑则阙之，撰为四卷，虽不欲即付之剞劂，暇日时一翻阅，颇谓陋室中不少长物也。

此次典试，编修王春甫先生与仆同直内廷，性情最为相契。未识年兄复预分校否？仆两年来戴星趋直，寅入申出，率以为常，精神衰耗，髭须几白十分之二，而终窭之忧日深一日。今秋当有木兰扈从之役，资装一无所出，家具无可付质库者，惟有束手而已。年兄清宦，不名阿堵物，素不欲以俗事相慁。然此时实在无策，或可得假百金，以濡东海之鲋乎？若适有意外之幸，得一近省试差，则此事又可缓矣。南海庙中宋碑数种尚未得，便中乞募人拓以见惠为幸。

《石刻铺叙》《凤墅释文》希更寄数册。《潜研堂金石跋尾》务乞刷印几十部寄来，因索观者甚众，无以应之故也。即有一二错字，亦不妨。闻江慎修《韵书》亦已刻成，仆尚未得见，此外更有新刻，并望赐示。

年兄莅剧县，声绩甚著，当有迁擢之信，企俟德音。珍重，不宣。

南涧年兄

大昕顿首

五月卅日

温、张两年兄已得缺否？并望致意。顷阅《搢绅簿》，则温年兄名已镌去。仆近来无暇，邸钞久未寓目，未审以何故去，并乞示知。

（之十七）昨莱阳张年兄赴粤，已有一行奉候。迩惟溽暑方届，想神相惠和，动止如意。仆托庇无恙，惟髭须白者已有十五六茎。此亦早衰之验，而记忆亦多遗忘，大非昔比。补官以来，公事较多，一日之中得亲翰墨者无多时，而杂以人事酬应，益就荒落，著述恐终无成。如何！如何！

胡孝廉同谦诗文甚佳，而性情亦与古为徒，真东南之竹箭。礼闱虽暂踬，然此等人物固不徒以科名重也。

《凤墅贴》校出脱误数处，今另纸录呈，或可命梓人改正，尤为完善。厉太鸿《宋诗纪事》颇称博洽，然未收余端礼诗，可见其未见此贴矣。

草草不多及。

大昕拜白

素伯年兄执事

（之十八）三月初，潮阳黄生钺到苏，得去冬两次所赐手书，并蒙各宪所致先人祭幛，祇领之余，存没均感。

仆回里以来，百务俱灰，精神亦衰惫，年未盈五十而谆谆如八九十人。杜门终日，束书不观。改岁以后，稍检点家中书籍、碑刻，间作题跋数十篇，合之前数年所作，计未刻金石跋尾又有二百篇矣。

去岁年兄查办诸案，闻晨夕不暇，勤苦殊甚。顷见邸抄，知粤中官吏应处分者，俱得蒙恩原宥。况年兄于此案有功而无过，自当无碍也。

江先生今岁尚未会面，俟与商量酌拟脩脯并为谋终岁之计，庶□起身。所寄《九经古义》《左传补注》《石刻铺叙》《声韵考》等书，俱已收到。济宁新得《胶东令王君庙门残碑》，昨翁覃溪札中曾言及，兹得年兄远寄一纸，甚妙。恐世间如此埋没者尚不少尔。吴中少唐以前碑刻，若宋元石刻则所在有之。恨此间士夫绝少同志者。惟吾邑王鹤溪，系光禄之胞弟，及舍弟，颇能相从搜访也。

各宪俱拟作札申谢，因黄生亟欲得回信，先缮数行奉复。即日另具柬贴、行述汇寄尊处，求转致各上台也。邵二云丁艰南回，尚未及晤。张药房祈致候。温年兄被劾去官，此时不识尚在粤否？便中亦祈致意。余不尽。

南涧年兄

制大昕叩首

三月初五日

（之十九）昨出京日，曾有一行付京塘转致，想已登记室矣。

兹于廿三日早间已抵德州，约计五日内外可到聊城。如文驾能于彼处相待，得剧谈一昔，洵可乐也。此启。

南涧年丈著作

大昕九叩

廿三日

贰　钱大昕师友弟子手迹

秦大成行书轴

夜登华子冈，辋水沦涟，与月上下。寒山远火，明灭林外。深巷寒犬，吠声如豹。村墟夜舂，复与疏钟相间。此时独坐，童仆静默。每思曩昔，携手赋诗。当时春仲，卉木蔓发，轻鯈出水，白鸥矫翼，露湿青皋，麦雉朝雊，倘能从我游乎？簪园秦大成。

钤印：伴鸥（朱文）、秦大成（白）、状元及第（朱）。

周颢竹石图册页

钤印：周颢（白）、芷岩（朱），周颢（白）、峻瞻（白）。

王鸣盛行草七言联

莫放春秋佳日去，最难风雨故人来。

西沚王鸣盛书，时年七十有四。

钤印：光禄卿章（朱）、王鸣盛印（白）、在家出家（白）。

瞿中溶花卉轴

凌霜傲骨殿群芳，暑日何来篱畔香。想是幽姿先得气，不因世态写炎凉。

丙申冬日，法白阳山人意。

超岩大兄先生属。木居士中溶。

钤印：瞿氏中溶（白）。

阮元行书横幅

丙辰重九日，同人登林隐之石笋西峰，和陈古华前辈九言诗韵。

城中风雨骚屑不我容，相约来登湖上之高峰。江山湖海向我共磊落，安能苦吟寒菊花蒙茸。前辈豪兴校我更十倍，先使研中硬语除纤秾。近来尘病不药而自愈，惟觉高秋爽气来相逢。忆昔策马秋过华不住，徐君（惕莽大榕）与我健足皆无筇。直穿百丈石壁龙洞出，岩下余客瑟缩不敢从。又曾登岱题字摩崖下，篮舆出入动与云霞冲。其时亦值九月上弦后，足底罗列万朵青芙蓉。即今石笋峰前树奇绝，焉比对松崖下之长松。诸君有未游者有游者，终当继此禽向双高踪。归舟狂兴入诗亦入酒，西山峰影竞落深杯浓。回首白云横断共登处，高楼百尺合卧陈元龙。

书应桓香大兄雅属，芸台阮元未定稿。

钤印：阮元之印（白）、芸台（白）。

鉴藏印：古歙汪氏珍赏金石文字历百千万劫与天地毋极（朱）、忒翁（朱）。

王尔达致曹仁虎诗札

鹊噪枝头散晓烟，轩车枉过敝庐前。故人暮景成三老，（尊翁檀溽先生、钱太翁方壶及予俱以暮年受覃恩，里中称为三老。）才子言旋计十年。欲诉）旧愁如积帑，幸逢乞假许归田。耳边蚁斗何曾歇，（予近患耳疾。）只恐高谈听未全。

转眼风光早夏时，江乡香趣只侬知。登厨樱笋初尝过，绕迳蓬蒿欲扫迟。久别浑疑梦未觉，重逢何意问频垂。感君慰藉情尤渥，可惜朱颜对雪髭。

早传尺一下枫宸，恩被高堂浩荡春。忆别故乡逾数载，从官清禁甫三旬。书添杜郑推鸿笔，（时方续纂三通诸书。）诗比应刘认后身。闻道石渠天禄里，还朝计日待斯人。

老亲相见动欢颜，玉杖双扶鹤发斑。细话国恩从日下，正开家宴在花间。试骑银鹿儿逾好，（用吴越王事，时新得令子。）倩画修蛾手未闲。多少枌榆旧同学，一时争羡锦衣还。

编荆插槿圃添樊，雨雨风风过几番。亲健正期追洛社，君恩暂许住潘园。筐铺细蚁蚕初子，箨解新龙竹有孙。景物乡关原最美，得闲爱煞闭衡门。

风前拂拂快披襟，握手殷勤话旧深。散栎自惭难用世，焦桐差喜遇知音。新诗款曲频教和，古义苍茫试共寻。细领清言霏玉屑，不容方寸着尘心。

奉和习庵世老先生归省述怀原韵并政，虚亭王尔达拜手。

王元勋致曹仁虎诗札

宫袍犹带御炉烟，暂返江乡绕膝前。颜鬓不曾殊夙昔，头衔却已胜当年。一区新买邻家宅，二顷旧营郭外田。禄卷且休嫌薄宦，何人得似二亲全。

江上花开烂漫时，远人欲到鹊先知。心依魏阙登车晚，意恋庭闱见客迟。仕宦归来诸事好，文章争羡大名垂。君家兄弟东南少，科第真如摘颔髭。

天上频年侍玉宸，故园欢对梦中春。尝新筠笼时方暖，话旧柴门雨浃旬。差喜宾朋重握手，未容富贵早抽身。试开小阁摊书坐，暂与莺花作主人。

诸郎白皙好容颜，瑜珥瑶环彩袖斑。与姊齐肩行树下，见即转面向怀间。乍疏晨夕偏生恋，小住田园未许闲。玉杖板舆扶侍好，花前欢笑抱孙还。

十弓已拓旧荆樊，吟赏还携纸百番。花径亚枝捎客帽，竹丛抽笋过邻园。遥闻好鸟呼朋友，暗觉巢禽长子孙。景物尽堪供染翰，新诗卷送□衡门。

燕台犹记共披襟，酤酒烧灯夜话深。京国故交成远梦，江湖流□□知音。方期轻舸将修谒，何幸高轩忽重寻。愿共秋风趋日下，云龙远慰十年心。

次元韵奉和习庵老先生乞假归省初到家述怀之作，即请郢政，晚弟王元勋呈本。

钤印：元勳（白）、叔华（白）。

曹学闵致钱大昕书札

揭晓之前二日，即闻广东之信，既为吾兄喜，转为同辈惜，盖在他人不过少一谈友，在弟则少一师资矣。然吾兄由此甘旨有供，买山有资，则弟亦未尝不畅满如意也。人来所委事，已妥。至尊眷在京诸皆安妥，一切与程姑爷商办，无庸廑怀也。现在东事已就绪安帖，明春南行，亦斟酌万全而后动。尊寓房契，弟与程公有约，家信内自当详叙。龚梧孙同年拣发山东，伊匆匆起身，急于觅马，适见弟借骑尊骥，伊坚欲得之，已专擅转送矣。不尽之言，俱嘱胡价口禀。粤东潮热，诸慎起居，统希心照不既。辛楣先生同年。年愚弟曹学闵拜手，九月卅日。上书房新派：达大理、吴光禄、王露仲、姚雪门、彭六一。折内『扬』字改『溶』，『甲戌』上添『乾隆』二字。余依原稿。并呈缴。

卢文弨致钱大昕书札

望前同人相约为吴中之行，看宋元以来旧本，弟正思一晤清颜，细聆教益，欣然规往。继而不果，曷胜怅然。想大人近履绥佳，著述益富。当今数第一流，无有过于阁下者，弟辈真汗流走且僵矣。两《唐书》《五代史考异》并《通鉴考异》，乞各见赐两部，缘孙怡谷谆嘱再四。弟云何不削牍自求？渠以制中不便为辞，应蒙鉴谅也。此外，《辽》《金》《元》亦有刻成者否？亦冀先见之。近浙中士子好古者殊少，远不及贵省，而又得通儒为之裁成，其足以为传薪者，不知几辈，可胜艳羡！弟新纂成《仪礼注疏详校》一书，尚谋剞劂，呈教。今遣奴子来吴，倘辱赐回音，即交舍亲许宅，至便也。顺请近安，不一。竹汀老先生大人阁下。卢文弨顿首，十月廿五日。

钤印：文绍（朱）。

谈泰致钱大昕书札

受业谈泰顿首。竹汀老师大人讲座。客秋顾广文来，接诵教言，始知南海三郡如后世羁縻之州，并非三十三年始有三郡之名，于是前疑冰释，快何如之！泰考《淮南·氾论训》云：『秦之时，西至临洮、狄道，东至会稽、浮石，南至豫章、桂林，北至飞狐、阳原。』是会稽与桂林分叙之证，盖合前后所置言之。至宋时经义，俞宁世《百二名家》中有王安石、苏辙之文，亦不知其何所本，且其格式，与《文鉴》两篇同否？仍望便中查示为要。又《宋史·张概传》内回恩寿母一段，所谓母者，概之母耶？抑概之妻耶？文义不能了了，乞先生考之。前在书肆中见大著《考异》已经刻成，不胜惊喜。惜价值太贵，不能买也。《史记》、两《汉》《晋》《宋》《齐》《梁》《陈》已蒙赐读，《隋》《唐》以下敢恳见惠各部，以免悬望，是所切祷。兹因人便，附具禀函，恭请文安，不一。泰谨禀。外李竹君札一件，乞转交之。

钤印：学篆未名家（白）、谈泰之章（白）。

严元照致钱大昕书札

八月廿四日，后学严元照顿首，谨启竹汀老大人阁下：季夏接付鄙著一册，并长书一通，辩广伯论韵之误，指陈精确。鄙著曾引广伯语，今已删去矣。入秋来，伏想阁下兴居绥畅，著述弥多，虔颂虔祷。鄙著近又得一弓，（上方系德清徐新田之笔，西湾编修之长子也。）敬呈台览，伏求削正。恳转交泰伯庙桥陈亿中号湖约绸庄，托敝友陈二松职方见寄，可无遗失之虑也。鄙著删除芜杂，编成十卷，孙颐谷、梁曜北、臧在东、许积卿四君交劝付梓。元照自知梼昧不敢问世，特因迩来境遇不佳，心神渐耗，恐因循日久，致数年心力虚掷，既可惜，而亦无以报答阁下教诲乐育之盛心，用是勉应诸君雅意，大约冬底拟付剞劂，未知阁下以为可否？现在清稿尚未有就绪，俟阁下批本发还，当即行料理也。尊制《答问》亮此时蚤已刷印，伏乞见赐一册，亦冀于鄙著有所增损也。专函布渎，恭请台安。临颖神驰，伏希钧照不宣。元照再拜。夏间所赐书，论韵非无关系，如得入集，则鄙怀大慰矣。设尊处无稿，乞示知，当录呈。又旧藏宋本《仪礼要义》廿册，今欲售去，以供刻费，若得二百金，则可酬宿愿矣。未知阁下可为元照留意否？琐渎恐皇。元照又拜。

家君命笔请安。

沈德潜致沈廷芳书札

旌节所指，威惠并行，洵乎一路……福星也。令弟贽见过丰，屡辞……，谨已纳之，但殊不自安耳。致马……画卷并附到，令弟面致之……也。愚精神大减，下血不止，故翁……及完河台序尚未走笔，然……以报命，晤时祈致明为感。本月……命题韩幹《照夜白》卷、王晋卿《瀛海……》、牟益《捣衣图》，具称旨。又题御画墨梅帧端有诗一章，上即用韵和就，题中云：『沈德潜题句寄托……而特反其意』，命更和一章，几日间殊疲倦也。谨此奉闻，余俟续报，以悉种种。潜顿首。椒园侍御古贤。

百年铁骨风霜炼，一点冰心天地知。御笔写神兼写格，艺林无画亦无诗。

香流南国凝晴雪，影动西墙见折□。……御制及后和诗另日录寄。

十一月廿六夜草。

钤印：可游退谷（白）。

袁枚致汪大梠书札

袁枚拜手。雪礓世台阁下：前有两札奉寄，为尊大人诗集之事，想俱收到矣。弟长夏无事，念与尊公文字之交，颇非泛泛，故已将墓志铭撰有成局，所以从六朝骈体而为之者，从客吟先生生平之所好也。五十后之行踪，已于诗中得其大概，故将锦裹四本寄上奉缴。将来付梓时，千万不可将小序删去。即如《呰窳庵记》一篇，可以想见客吟先生人品之高、立身之洁，而其措词属笔，亦颇古峭，如何可以一切抹杀耶？弟都已加粘红签，写一『存』字，所谓救琴材于将爨之余，知客吟先生必含笑于九原也。墓志所以未敢寄上者，缘其中有不得不问之事。特差家人渡江，将应问数条开列于后，求即赐覆。不宣。伫候，伫候。

一、祖籍何处？系何达官之后？何时迁到扬州住阙口门？

一、五十以前曾否应试？抑或居家？抑或幕游？

一、卒于乾隆何年何月？是否武昌客寓？

一、子女若干？

一、享年若干？

一、将卜葬何地？或且空填一『某』字？

六月初四日状上。

汪姓大概是越国公之后，未知是否。

钤印：、情莫若率（白）、文章如面（朱）。

吴骞书札

……良书，欣稔孝履安善，而读礼之余，著述逾富，曷任凫藻。愚父子辱先大人曲垂矜睐，邮筒往复，至为亲密。兹复荷大兄顾念世好，不我瑕弃。即此可征世德高门，必有余庆也。六月间，陶轩见过，知有崇祀乡贤之举，尔日想已详定矣。以先公之人品，乃允惬公许者也。弟比来襟抱更复不堪，块然终日，不异面墙。屈指后岁秋闱，期非甚远，倘得与贤昆季把袂于两峰三竺间，细叙阔悰，然后静听嘉音，何快如之。兹以俞先生之便，附到家刻二纸，希察入。承此，并候日绥，不既。

骞载拜 儿辈禀笔问安。

侄、令弟各位世兄均此候好。

重阳前一日冲。

鉴藏印：张爰（朱）、大千（白）。

翁方纲致丁兆隆书札

字候受堂姻家九弟新禧。昨日五鼓与石君暨诸公同直殿帘下，石君云：『丁九弟欲托谁写札乎？』我说：『此事我不管。』石君云：『何也？』我说：『顺天人习气，平日并不周旋老师，及至有事情，乃欲烦老师笔墨，此所以我难对筠心先生也。』一笑而散。是晚筠心即送此缄来。今封送上，务必写一回禀，致谢致谢。

阖潭迪吉，驰切驰切。

方纲顿首。

钤印：苏斋（白）。

树端所上岳父之札，甚写得好，是方纲教之如此写者。大意且不可使之归也。必待有手札往唤之，方可使之归耳。其埸似乎不必下矣。此实正论。总其中曲折，一依树端札耳。容谢，不既。

方纲顿首。

受堂九弟姻家文侍。

其兄之札亦不可使知，断不可令树培知我此札。但深累老亲家矣。心实不安，不安。

钤印：秘阁校理（朱）。

朱筠书札

七兄老先生太守执事：弟舟过浙，不及尊治。在杭游湖之日，闻蠹魔之省，而弟已解缆矣。桑梓违判，又复数年，不得一晤，为怅怅也。兹有杭州陆解元飞，字起潜，别号小隐，通经之士，弟所素知。春闱罢归，愿得一馆。若吾兄于郡斋书院，延之课士，则于郡人大有裨益，非私誉也。想大贤必有礼致此宾耳。令侄时过从，佳善。并候淑祉，道想不尽。辛丑五月十二日，弟筠顿首。

钤印：朱筠日事（朱）、之谦审定（白）。

程瑶田致汪梧凤书札

贞庵有乙游黄山粮诗卅七韵，弟亦次韵成一诗，堇录呈政。绥兄寿章亦成，并蕲楠如意字俱附到，砂青亦乳就，致上查收。外扇十柄，比之陶公乞食诗，则吾岂敢。然有爱我者取去遗赠，亦岂虚来哉。吾兄必能有以为余筹之者。《西园雅集》屏幅见以安兄为弟索观，至谢至谢。文兄过舍未面，慢甚慢甚。兰州囗已与家二弟说过，容日送阅。如使至城过我，带归可也。学院八月初一取齐，荒废之余，茫然无下手处，奈何奈何。上在湘大兄足下。

愚弟瑶田顿首。

孙星衍致法式善书札

年余伏处南中，恭稔老前辈大人乐育英才，总持风雅，金台归向龙门，胜简斋先生白门坛坫多多矣。

晚侨家糊口，近状毫无足述。惟新辑《春秋长编》，取诸子百家所载春秋时事迹，按杜征南《释例》年月辑成若干卷，似有密于《绎史》《尚史》之处，俟北上时求指正也。新刻《易解》《夏小正》《急就章》就正有道。如有撰著，亦望寄一二种。曹茂才目依许秋岩太守来金陵，相晤见，其能篆刻及分书，诚楚中好学之士。兹游燕，附请钧安，并祈接纳是荷，且可试其技也。此上。

时帆前辈大人侍史

后学制孙星衍叩首

钱维乔致钱大昕书札

前蒙赐分书，即肃函驰谢，谅邀鉴入。溽暑郁蒸，交秋未已。伏惟道履顺时保护，定多康胜也。维乔畏炎杜户，人事屏绝，惟自愧目眊神疲，不能从事编摩，徒为视荫而已。《毗陵志》事，因经费无出，六邑解体，竟无成局。抱经先生复将绅士谩骂手书糊壁，今无一人敢于投谒。此维乔辈桑梓之羞，奈何奈何！《考异》未审续刊几帙？深秋凉爽，或当鼓棹吴门，躬诣讲堂请益耳。乘便草率布候，不尽依驰。

竹汀先生师事

维乔顿首

七月廿七日

钤印：乔（朱）。

陈鸿寿致吴文澂书札

南芗尊兄大人侍史：

一别十年，能再禁五六番别耶？壬戌之秋，曾一致书，不知能达否？顷偶经历下，亟欲一图良晤，不记潭第是何地名。（记是大布政司街否？去此远矣。）闻馆郡斋，辄敢专人奉迓，可否惠顾一谭？主人既有半宵酬应，而此间车马不便，非不惯诣人贪客至也。

伯生亦同馆否？前此齐河觌面，失之草草。即问尊候万福，不尽跂切。

愚弟陈鸿寿顿首，廿七日。

钤印：曼龚父（朱）。

王昶致王鸣盛书札

小别又二旬余，伏惟杖履增胜。节近清和，雅兴为何如耶？弟归家碌碌，四方宾客，联翩而至，竟无寸晷之暇，是以耳益聋而目亦昏也。顷有娄东之行，欲竟在彼销夏，过吴门当秋以为期。吴白华《少定集》奉上，史西村集亦归记室。夏日初长，正拟趁笔墨余闲，排纂《湖海诗传》，大约四五月后可呈教，并请椽笔序之，以付梓耳。谨白不宣。西庄大兄大人。

年愚弟昶拜上。

钤印：杨世泽印（白）、述菴（朱）。

黄易至武亿书札

家心盦过济，具道大兄好古笃友，深切企慕。俗事纷如，未及函候。兹在兰河帅幕中接手书，极承雅爱，惟奖许过情，谦冲太甚，读之不禁颜汗。弟此间事竣，数日内必驱车至汴，怅聆雅教，畅作嵩洛之游。晤期不远，先此敬候

台祉不备。敬璧谦光。愚弟制黄易顿首。八月廿四日，丰收节馆具。

伊秉绶致黄海书札

别来三月，两接手书，甚慰远怀。先生洛城闭户，玉川子之流也。故交不易者吾敬之，虽远犹亲，顿改此度者可发一笑也。计游兴将阑，急图南下。东阁梅开甚早，望文驾速来耳。适趋公高邮，草草数行裁复。诸希保重，不宣。

愚弟伊秉绶顿首上

黄海先生仁兄侍右

七月十四日冲

钤印：吾得之忠信（白）、悫斋收藏（朱）。

王鸣韶致钱大昕书札

送还《书录解题》八本，舍下所藏系郑芷畦从书籍中抄出，虽跋语大略相同，而前后颠倒，亦间有刻本有抄本无。刻本、抄本详略各不同，看来聚珍板乃善本也。《新唐书纠谬》俟觅人抄毕即还。此上。钱大人，鸣韶顿首。

李锐致何元锡书札

别来数日，想阁下已得麟儿，不胜遥贺。弟承校诸书，已全数告竣，所有稿本拟于日内就近呈茂堂先生，其经局书存弟处者（十行《周易》八本，闽本《周易》六本，《释文》两本，浦校一本。）共十七本，并尊藏卢本《释文》一部，当俟小溪过吴面缴。岁内恐不及来杭，须俟春和再作湖山游矣。见中丞希为道谢请安，并致此意。专此。顺请梦华三兄大人近安。愚弟李锐顿首。

来人张源系杭人，在弟处甚苦。倘可驱策，希留之。否则赏荐一吃饭处为感。又拜。

十一月廿五日。

曼生有不能往广之信，确否？便希示知。

李赓芸致钱大昕书札

受业李赓芸谨禀老夫子大人阁下：

秋凉荐爽，伏惟鼎履寿祺，潭庭纳祜为颂。

四月中至武林，从何梦华处接奉赐书，并领到《三统术衍》《答问》《题跋》各一部，如获珍珠船也。洪、陆年谱已刻就，谨为呈样，内文敏谱，乃老夫子大人手书底稿，上下眉头细书遍满，赓芸细分次弟，不知有无舛误。有小种书尚乞赐寄副墨，续付梓行。赓芸海澨闲曹，本无要务，惟公私简札甚多，既无书记，亲为作答，亦有日不暇给之势。所入仅供所出，而承办战船赔累甚大，俸满迁官，已成『债帅』矣。谨此。肃请福安，伏惟慈照。受业赓芸顿首。

八月初吉。

纪昀书札

尚有法制陈皮否？有契友托觅，遂不免为微生之续。如有，奉乞一两罐，如无则已。不必微生之后，又牵出一微生也。

昀拾纸。

高丽使臣偶馈诗笺，□一卷分赠，乞检入，其中苔笺颇佳。（有发纹者是也。）又及。

叁　钱氏子弟及相关文献

金启绘《钱坫像》轴

（右上方题）芒芒遗世首重回，汉石周金生面开。谁把千秋真事业，飘然云水傲人来。小诗奉题，十兰老先生正之。张问陶。

（右下方题）乾隆甲寅五月既望，长洲金启写。

左下方题：清燕酣歌湖上眠，一州引退感年年。邗沟山列如螺髻，何日结邻了醉缘？伊秉绶草。

钱坫篆书五言联

嘉庆笔。

诗人廿四品，帖临十三行。

嘉定钱坫书。

钤印：奈何以左手作书（朱）、钱坫之章（白）、跳扁病夫（朱）。

钱东塾、许荫基书画立轴

想见西园暑乍收，碧梧翠竹雨修修。六郎池上凭栏立，我替莲花起暮愁。传闻遗失金条脱，羽化银杯可绝踪。惟有玉人偏不恼，抱郎双腕暂轻松。短曲长歌字数行，六年无日不相将。屏风若有萧娘记，红豆抛残第几箱？约我花阶设绮筵，定期七夕晚凉天。牵牛织女河边笑，又累人间请客钱。

辛酉八月三日录随园太史句，即请澹如仁兄先生雅政。石桥钱东塾。

钤印：石桥（朱）。

辛酉桂秋写似。淡如先生，梅坡许荫基。

钤印：荫（白）、基（朱）、武林人家（白）。

钱侗行书轴

昔阅高丽史，爱其臣金富轼之文，又兄弟一名轼，一名辙。疑其当宣和时，去元祐未远，何以已窃取眉山二公之名？读《游宦纪闻》云：『徐兢以宣和六年使高丽，密访其兄弟，命名之义，盖有所慕。《子由集·使契丹至涿州寄东坡诗》云：『谁将家集过燕都，每被行人问大苏。莫把文章动蛮貊，恐妨谈笑卧江湖。』《宋史》亦称辙使过燕馆，客能诵其《茯苓赋》及洵、轼文。三苏文名之重至此，与香山鸡林购诗事何异。庚午七月既望，钱侗书。

钤印：臣侗私印（朱）、赵堂（白）。

钱庆曾隶书中堂轴

海内文章有定称，南来庾信北徐陵。谁知著作修文殿，物论翻归祖孝徵。

暴书亭句。同治丁卯仲秋，嘉定钱庆曾。

钤印：庆曾私印（白）、伯沂甫（朱）。

钱大昕墓志铭并盖

皇清诰授中宪大夫詹事府少詹事钱君墓志铭并序

光禄大夫予告刑部右侍郎青浦王昶撰文

朝议大夫江南扬州府知府宁化伊秉绶书丹

文林郎陕西乾州直隶州州判犹子坫篆盖

乾隆十三年夏，昶肄业于苏州紫阳书院，时嘉定宗兄凤喈先中乙科，在院同学，知其妹婿钱君晓征幼慧，善读书，岁十有五补博士弟子，有神童之目。及院长常熟王次山侍御询以嘉定近日人才，凤喈则以君对。转告巡抚宗室公蔚文，喜甚，招君至院，试以《周礼》《文献通考》两论，君下笔千言，于是惊异，院中诸名宿莫不敛手敬之。后三年，高宗纯皇帝南巡，君献赋，召试，赐举人，官内阁中书，与同年褚搢升、吴荀叔讲《九章算术》。时礼部尚书大兴何公翰如领钦天监，精于推步，每与君论宣城梅氏之学及明季利马窦、汤若望、罗雅谷日躔、月离、五星诸表，君洞若观火。何公又以御制《数理精蕴》于中西两家之妙，实总其全，君悉心研究，曲鬯旁通，故于平三角、弧三角、割圜八线剖晰无遗。繇是用以观史，自《太初》《三统》《四分》，中至《大衍》，下迄元之《授时》，尽能得其推算之法，故于各史朔闰薄蚀、凌犯、进复、疆弱之殊，指掌而知其误，悉抉摘更定之。

初，君在书院，时吴江沈冠云、元和惠定宇两君，以经术称吴下，而惠君三世传经，其学必求之《十三经注疏》，又求之诸子史并注，参之以《方言》《释名》《玉篇》《广韵》《释文》诸书，而总归于《说文》，以洗宋元来庸陋。君推而广之，更多前贤体会未到处，且谓：『形声相附、双声迭韵之秘，实具于《三百篇》中。即字母所繇始，初不传自西域。』亦古人所未发者。近海内言六书，如大兴翁振三，朱竹君、石君兄弟，高邮王怀祖、伯申父子，余姚卢召弓，邵二云，宝应刘端临，仪征阮伯元，阳湖孙渊、洪稚存，金坛段若膺，皆同声相应也。尤嗜金石文字，访有所得，则句栉而字比之，考群书以证其同异得失。同好者如毕湘蘅、武虚谷、黄小松及振三、伯元，咸有记撰。而君更熟于历代官制损益、地理沿革，以暨辽、金国语，蒙古世系，故其考据精密，多有出于数君之外者。所著《经史答问》《廿一史考异》《通鉴注辨证》《元史氏族表》《补艺文志》《三统术衍》《四史朔闰考》《金石文跋尾》《养新录》诸书，凡二百余卷行于世。

君弱冠，与东南名士吴企晋、赵损之、曹来殷、张蒂时、汪韡怀、朱吉人辈，精研《风》《雅》，兼有唐宋。逮入翰林十余年，所进应奉文字及大考时赋，恒邀睿赏。故诗格在白太傅、刘宝客间，古文法欧阳文忠、曾文定暨明之归太仆。春荣渊雅，质有其文，读者知其为端人正士焉。

君入中书后，十九年成进士，改庶吉士，授编修，迁右赞善、侍读、侍讲学士，充日讲起居注官，擢詹事府少詹事。君以绩学著闻，秦文恭公辑《五礼通考》及奉撰《音韵述微》，皆请相助。时朝廷修《热河志》《续文献通考》《续通志》《一统志》《天球图》各书，君咸与纂修。己卯、壬午、乙酉、甲午，充山东、湖南、浙江、河南主考官。庚辰、丙戌，充会试同考官。京察一等者三，即于主考河南之岁授广东学政。明年，丁父忧归。先是，君以在上书房行走，每预内廷锡宴，先后蒙赐福字、貂皮、缎匹，恩礼有加，盖上深知其硕学淹通，将次简畀。顾君澹于荣利，尝慕邴曼容之为人，谓官至四品可休，故于奉讳归里，即引疾不再出。嘉庆四年，今上亲政，询问君在家状，朝臣寓书劝驾，君辄婉言谢之。是以林下三十年，历主钟山、娄东诸讲席，而在紫阳至十六年，门下士积二千余人，其为台阁侍从、发名成业者不胜计，皆钦其学业，高其行谊，士林闻风兴起，当事咸以师道尊礼之，今巡抚汪君稼门待君尤独挚云。

君讳大昕，号竹汀，晓征其字，生雍正六年正月初七日，以嘉庆九年十月二十日卒于书院，年七十有七。君卒之日，尚与诸生相见，谭笑不辍，及少疲，倚枕而卧，不逾时，家人走视，则已与造化者游矣。非天怀静定、涵养有素者，能与于此哉？君先世自常熟迁居嘉定。曾祖讳岐，潜德弗耀。祖讳王炯，父讳桂发，并邑诸生，耆年笃学，长厚有余。以君贵，赠祖奉政大夫、翰林院侍读，父中宪大夫、詹事府少詹事，祖妣朱赠宜人，妣沈封太恭人。配王恭人，即凤喈之妹也，婉娩有妇德，先君二十七年卒。君事庭闱以孝闻，待乡党宗族以睦姻闻，而与弟大昭尤以古学相切劘，故后以孝廉方正征，赐六品顶带。他如犹子江宁府学教授塘、乾州州判坫、举人东垣、附监生绎，廪生侗，率能具其一体，文学之盛，萃于一门，亦可以觇世泽矣。子二：东壁，附监生；东塾，廪贡生、候补训导。昆季皆友爱，克守家学。女二：一适同邑附贡生、候补布政司理问瞿中溶，一适青浦县诸生许希冲。并浦孺人出。孙三：师慎、师康、师光，尚幼。东壁等自苏州奉君柩归家，将以乙丑冬十二月初六日，合葬王恭人于城西外冈镇火字之原。先期具状来请铭。

呜呼！昶长君四岁，回忆与君及凤喈同居学舍，时距今忽忽五十七年，逮同年、同籍、同官、同朝亦几二纪，中间昶以奉使滇、蜀，与君别日较多，而音问往还，无时不以学问文章相质，盖著作渊源、性情趋向，有非侪辈中所得道其详者。然则窀穸之文，非昶谁能尽也！凤喈先以光禄寺卿复归十二年，而君继之又二十九年，而昶始以年届七十，蒙恩予告。三人者，所居百里而近，春秋佳日常聚于吴中，诸弟子执经载酒称为『三老』。曾几何时，而凤喈先逝，君归道山又期年矣，独昶龙钟衰病，奄息床笫，且念企晋、损之、来殷诸友，更无一人在者。执笔而书君行事，得无层欷感叹而不能自已耶！

铭曰：

博文礼里道所基，下包《河》《洛》上璇玑。三才万象谁测蠡，君也闳览兼旁稽。海涵地负参精微，儒林艺苑资归依。龙蛇入梦未告期，文昌华盖沈光辉。丸丸松柏临练祁，三尺堂斧千秋思。

图书在版编目(CIP)数据

一代儒宗：钱大昕 / 嘉定博物馆编. —— 上海：上海书画出版社，2021.7
ISBN 978-7-5479-2645-1
Ⅰ. ①一… Ⅱ. ①嘉… Ⅲ. ①钱大昕（1728-1804）—全集 Ⅳ. ①C52

中国版本图书馆CIP数据核字(2021)第121744号

一代儒宗——钱大昕

嘉定博物馆 编

责任编辑 赖 妮
特约审读 章 行
装帧设计 锡尊文化
技术编辑 顾 杰

出版发行 上海世纪出版集团
上海书画出版社
地 址 上海市延安西路593号 200050
网 址 www.ewen.co
www.shshuhua.com
E-mail shcpph@163.com
制 版 上海雅昌艺术印刷有限公司
印 刷 上海雅昌艺术印刷有限公司
经 销 各地新华书店
开 本 889×1194 1/16
印 张 11.25
版 次 2021年9月第1版 2021年9月第1次印刷

书 号 ISBN 978-7-5479-2645-1
定 价 **230.00**元